シュリマン・ナラヤン・アガルワル
Shriman Narayan Agarwal

佐藤雅彦訳

自由国家インド実現のためのガンディー憲法案

論　創　社

本書の底本は『*Gandhian Constitution for FREE INDIA*』（by Shriman Narayan Agarwal ／ foreword by Mahatma Gandhi, from Kitabistan〔in Allahabad〕, first published in January, 1946）である。文中の（　）は原注、〔　〕は訳者が補った注記である。人名に関しては本文中に注番号を付し、巻末に【人名訳注】として掲載した。

自由国家インド実現のためのガンディー憲法案　目次

第4章　ガンディー流の民主主義へ

第Ⅱ部

序　言

モハンダス・K・ガンディー

本書は「ガンディー憲法案（Gandhian Constitution）」を表題に掲げていますが、アガルワル学長が著したものですから、この書名じゃ相応《ふさわ》しくは、ありますまい。

便宜上、簡潔な書名がよいというのなら、これでも構わないでしょうけれども、それにしてもこの本は、私がいろいろと書いてきたものを、アガルワル学長が御自分で研究し、それを元に、学長ご自身が書き上げた、彼の作品なのです。

彼はこれまで長年にわたって、私が書き記した様々な事柄について、その意味を汲み取ろうと努めてこられました。しかし彼は、読み誤りを恐れ、私の〝査読《さどく》〟を経ぬうちは決して公表しようとは、されなかったわけです。

この御姿勢は素晴らしいものでありますが、しかし問題となり得る点もあります。長所は明らかですから、今更《いまさ》ら言うまでもありますまい。しかし本来は彼の著作なのに、その一言一句にいたるまでを、読者に〝わたくし《ガンディー》の言葉〟であると、間違って受け取られてしまうなら、それは困るわけです。だから私は彼に、読者がそういう誤解を抱かないように注意して書いてほしい、とお願いをしたのでした。本書に記された一言一句に私がすべて責任を持とうと思うなら、いっそのこと、私が自分で一冊、著したほうが良いのかも知れません。

これまで私は、多忙きわまる最中《さなか》に何とか時間をやりくりし、あらん限りの労力を費《つい》やして〝憲法案〟が綴られた本書の徹底的な〝査読〟をすでに二度にわたって努めてまいりましたが、それでも本書に記された思想や言葉の適否とか正誤を、ひとつ残らず吟味することまでは出来ませんでした。

それに、人には踏みはずしてはならぬ礼節があると思いますし、自分が著した本を他人にとやかく言われて書き直しを迫られるなんて個人の自由を踏みつけにすることだと思うわけで、そういう非道な振るまいをするなんて私としては御免こうむりたいところです。これら諸々の努力の賜物《たまもの》として、この小冊子は、可能なかぎり正確な記述を期して、著者のアガルワル学長が執筆に注いだ膨大なる心血が、目に見える形となって現れたものだと言えるほどであろうと、私は思うのであります。私の趣意に合わず不本意だと感じるような箇所は、本書にはただの一つもありません。

本書の完成原稿が出来上がるまでには、私には書き直しが必要だと思えた部分もいくつかありましたが、アガルワル学長はそんな私の思いにも心よく応えてくれたことを、申し添えておきたいと思います。

なお、本書は表題で、「憲法」の草案を提示すると謳《うた》っているわけですが、だからと言って著者のアガルワル学長は読者の皆さんに完全無欠の憲法草案の丸ごと一式を、ここに提示すると宣言しているわけではないので、そこは誤解の無きように願います。

第1章「はじめに」で著者がハッキリと述べているように、本書は、私が構想してきた〔来《きた》るべき〝自由な独立国家〟としてのインドに相応しい〕憲法のあり方の概要を、この著者なりに描いたものに過ぎないのです。

著者のアガルワル学長は、私にとってインドにおける〔自主独立の〕憲法の実現に向けた数多《あまた》の試みに、思慮深い貢献を為《な》してきた人物であり、尊敬してやまぬ人物なのであります。

時間が足りなくて私には為し得なかった様々な試みを、実現させてくれたのが彼でした。私は、彼の努力を賞讃せずにはおれません。

一九四五年十一月三十日
カルカッタ行きの列車の車中にて記す

第Ⅰ部

第1章　はじめに

《連合国《ユナイテド・ネイションズ》》は確かに〝全面戦争《トータル・ウォー》〟で勝利を収めた。なにしろドイツと日本を〝無条件降伏〟で屈服させたのであるから。しかしその《連合国《ユナイテド・ネイションズ》》が、〔ちなみに《連合国》が、第二次世界大戦の終結直後に創設した《連合国戦後世界管理機構《ユナイテド・ネイションズ》》も同じ名前の組織である〕、ならば〝全面平和《トータル・ピース》〟を勝ち得たのかといえば、その証拠はいまだ示されていないし、〝全面平和〟の具体的現実にお目にかかってもいない。〔第二次世界大戦の勃発から二年近くの歳月が経ち、太平洋戦争勃発の四ヵ月前の一九四一年八月に、米英両国の首脳が、来るべき大戦終結時には手を取り合って世界平和構築を進めていこうと誓い合った外交文書である〕《大西洋憲章》は、すでに戦時下で反故《ほご》にされてしまうという破廉恥《はれんち》きわまる事態に至っているし、〝看板〟を書き替えて《国際連盟》の二番煎《せん》じと呼ぶべきものを新たに設立し、更にまた《ポツダム宣言》の登場によって〔第一次世界大戦で対戦した連合国とドイツが一九一九年六月末にパリ郊外ヴェルサイユ宮殿で結んだ講和条約であり、この大戦後の平和的世界秩序の再建と固定化に向けた国際政治体制の枠組を定めることになった〕《ヴェルサイユ条約》も存在意義を失うことになったわけだが、こうして国際政治に大きな転換が到来したところで、明日への希望は一向に見えてこない。ウェンデル・ウィルキー★1〔Wendell L. Willkie 一八九二～一九四四年〕がいみじくも述べたように、「戦時においてさえ解決できなかった重要問題を、平時に解決することなんて出来るはずがない」のである。(1)《国際連合》が言行《げんこう》一致の誠実さを有しているか否かを証《あか》す決定的な試金石となるのは、インド問題に他ならない。

〔米国の女流作家で、宣教師の娘として自らが少女時代に暮らした中国の、農民たちの生活を描いた『大地』で世界に名を広め、一九三八年にノーベル文学賞を受けた〕パール・バック〔一八九二～一九七三年〕は鋭い警句を発している――「英国《ブリテン》は民主主義の国だと自称しながら、帝国たる自らの利益を守るために、戦争をしているのです」(2)。

人類の歴史において、この特異現象《フェノメノン》ほど複雑怪奇なことは、他には有り得ないだろう。なぜなら民主主義と帝国主義は、本質的には両立し得ないものだからである。ところが英国はこれまでずっと、こうした偽善的な道徳原理を実践してきたわけで、だからそんな国が潔《いさぎよ》く「インドを手放してくれる」だろうなどと当て込むのは、馬鹿げているのである。ともあれ、遠からずインドが、「この国を手放すものか」と必死な英国の強欲をはね除《の》けて、自らの政治的自由を勝ち取るであろうと、私は確信している。

〔数多のＳＦ小説のみならず予言的な文明批評の『来るべき世界』や百科全書的な歴史著述の『世界史大系』などで知られる英国の作家・評論家の〕Ｈ・Ｇ・ウェルズ〔一八六六～一九四六年〕は、『世界はこうなる（*Shape of Thngs to Come*）』〔一九三三年〕のなかで大英帝国の未来図を次のように活写していた――「がっちりと掴《つか》んだまま放《はな》そうとしない英国のインド支配であるが、固く握りしめるあまり〝硬直性の痙攣《けいれん》発作を暫《しば》し発症〟するに至り、そこから後は麻痺で力が入らぬまま、最後は無力症に陥るであろう」。私は心の底から確信しているのだが、彼が予言したこの〝硬直性の痙攣発作〟はすでに始まっていて、ここ三年はそれがあまりにも顕著であるわけで、これはもう〝痙攣発作〟の発症期が最も終末に至ってしまったのであろうから、憂鬱と暗黒に掩《おお》われた今のような時代はもうすぐ終わり、インド独立の輝かしい夜明けが訪れるはずだ。インドのように巨大で古代から続いてきた国に自由が訪れぬかぎり、世界平和の実現なんて全くもって不可能なのである。《奴隷帝国インド《スレイヴ・インディア》》のままでは、国際的な協調と親善を脅かす危険性が今後も増すばかりなのだ。だからもはや世界には〝〔奴隷状態から解放されて〕自由の身になる自由《フリーダム・トゥ・ビー・フリー》〟を求めるインドに対して、それを拒んでいる余裕なんぞ無い(3)。

そうなると当然ここで疑問が湧き上がる――「自由国家インドが実現した暁《あかつき》にはどんな憲法を持てば良いのか？」「スイスや米国や、はたまたソ連《ロシア》のような、西洋のどこかの国の憲法を真似れば良いのか？　あるいは、そうでなく、この国ならではの土地柄《ヂーニャス》や文化や伝統に根ざした《自国産の憲法《スワデーシー》》の構築に努めるべきなのか？」　私が思うにこれらの疑問はこの上なく重要なので、今ここで答えておかねばなるまい。実際に政治権力が我々自身に委《ゆだ》ねられることになる未来のその日まで、回答を先送りするわけには行かないのだ。

インドは遥《はる》か昔から続いてきた国である。この国で過去に憲法がどのような展開を遂げてきたのかを少しばかり調べれば、キリストが誕生する遥か以前に、考えられるかぎりの殆ど全ての政治的統治のやり方を実行していたことが見えてくる。ヨーロッパにも新世界アメリカ大陸にも文明出現の兆《きざ》しすら無かった時代に、インドでは既に君主制も独裁制も民主制も共和制も、いや、それどころか無政府社会《アナーキー》まで実験済みだったのである。

〔インドの民族独立運動で指導的役割を果たした法律家・歴史学者で、古銭学の分野でもインド古代文明の先進性を実証し、とりわけ文献調査を通じてインドが世界最古の共和政を実現し成功させていたことを突きとめた〕K・P《カシ・プラサド》・ジャワスワル〔Kashi Prasad Jayaswal 一八八一～一九三七年〕は、〔インド亜大陸に古代から生成発展してきた様々な政治体制を概観した〕自著『インドという国《ヒンドゥー・ポリティー》（*Hindu Polity*）』〔一九一八年〕で、古代インドには「非世襲統治者政治《ブハウジャ》（Bhaujya）」や、「大統領自治政治《スヴァラージャ》（Svarajya）」や、「王権否定の民主政《ヴァイラージャ》（Vāuājya）」や、「住民共和政《ラーシュトリカ》（Rashtrika）」や、「二頭政治《ドヴァーイラージャ》（Dvāirājya）」や、「統治者無用の無政府民主権《アラージャカ》（Arājaka）」などの憲法《コンスティトゥーションズ》を有する政体が存在していたことを、我々に教えてくれた。これらの立憲政体のなかには、他の国ではこれまで全く試みられたことがなかったものも、あるかも知れない。つまりインドという国は、立憲政体の開発を進めた古代の実験室だったと見なすことが出来るわけだ。そうした国に今、西洋の国々のさまざまな憲法を乱雑に混ぜ合わせたものを御仕着《おしき》せようとしている。インドに仕着せようとしている「新しい憲法」なるものは、西洋諸国のいろいろな憲法を投げ混ぜただけの代物《しろもの》で、多様な政治文化を溶け合わせて〝合金〟のように何か新しくて調和的な優れた価値を生み出す〝坩堝《るつぼ》〟にさえ成《な》っていない。そんな粗雑な舶来憲法をおし着せるのは、インドの大いなる伝統文化を見くびった非道《ひど》い侮辱だし、それだけでは終わらずに、社会科学を全く知らない無学ぶりを世に晒《さら》す愚行でもあろう。

憲法というのは常に、生物のように成長して行くものである。だから、どこかの国で、その土地柄に合うように生まれ育ってきた統治のための制度や仕組み《システム・オヴ・アドミニストレイション》を、外《よそ》の国に、歓迎もされていないのに強引に押しつけるのは、甚《はなは》だしく非科学的なことなのだ。統治のための制度や仕組みは、移植できるものではないし、移植してはならぬものである。〔英国オックスフォード大学で近代史を講じ、数多の啓蒙歴史書を著し、保守党の国会議員としても活躍した〕ジョン・マリオット卿〔Sir John Marriott　一八五九〜一九四五年六月六日〕はこんな名言を残した――「憲法というのは輸出用の商品ではないのである」(4)。

国や民族《ネイション》は、それぞれが、まさに「自国の魂《ソウル》」「民族の魂《ソウル》」と呼ぶに相応《ふさわ》しい独自の文化や文明を有している。民族の暮らし《ナショナル・ライフ》、あるいは一国の生存《ナショナル・ライフ》の全ての時期と局面で、この独自の特色を、存亡の危機から守りながら維持存続させ、発展させて行かねばならない。元気が満ちあふれ、自《おの》づから多様な形に増えて行くことこそが生命の本質であり、生存の決め手である。活力を失ったまま、他者と同じ画一的な生きざまに甘んじることは、死を選ぶに等しいのだ。

誤解しないで頂きたいのだが、私は、外《よそ》の国なり民族の経験など無視すべきだ、などと主張しているわけではないし、心が狭く不寛容な狂信的愛国主義《ナロウ・ナショナリズム》の類いを煽《あお》り立てる気も毛頭ない。むしろ私の意図はそれとは正反対だ。我々は今こそ、背負い込まされてきた国民的「劣等感」を振りはらい、常に西洋を羨望《せんぼう》してきたこれまでの態度を改めて、自己省察と自己発見《ルッキング・ウィズイン》の生活態度《ハビット》を育《はぐく》んで行くべきである。この国民的課題を我々自身によって実現できる絶好の機会が、ついに訪れたのだ。

我々は久しく、西洋の猿まねをしてきた。だが今こそ、我らは心がけを正しく改め、インドの文化と、この国の先人たちが築き上げてきた諸々の社会制度に誇りを持とうではないか。

ここで議論をさらに進めたい。インドという国は、往古《いにしえ》から、《村落共和政体の集合態《ヴィレッジ・リパブリックス》》という形で、何百年にも弥《わた》って〝地方分権に基づく民主政《デセントラライズド・デモクラシー》〟の模範型を丹念に開発進化させ、維持してきたが、これは〔すでに生命力を失った〕〝過去の遺物〟などでは断じて無いし、〔特殊な時代的・地理的・文化的・社会的状況のなかで極く短期間しか存続し得ないような〕〝特定部族内の原始共産制〟が偶然にも長《なが》らい得たのとも事情がちがう。先人たちの成熟した思索と、誠実なる試行錯誤《エクスペリメンテイション》が産み出した一大成果だったのである。我々の国が無数の《村落生活共同体》において往古より育み続けてきた、この一種の〝地方自治政体《ローカル・セルフガヴァーンメント》〟は何世紀にもわたって続いた政治的激動という試練に耐え、今もなお民主的統治施政《デモクラティック・アドミニストレイション》の一大理想形態を編成組織して行くための基本的土台となる潜在力を有しているのだ。私はなにも、かつて地方の施政に用いられていた往古の制度を、往古の形のままで復活させるべきと言っているわけではない。現代社会において良好な市民生活を実現して行くために必要な、諸々の条件を満たすように、それなりに若干の修正は施して行かねばなるまい。

ここで二〇世紀になってからのインドにおける憲法づくりの歩みを、ざっと眺めておこう。だが英国政府が一九〇九年と一九一九年と、さらに一九三五年にこの国に持ち込んだ一連の《大英インド帝国憲法の改正《コンスティトゥーショナル・リフォームズ》》に言及する必要はあるまい。なにしろ〔大英インド帝国〕憲法改正を推し進めようとした英国の連中は、「〔インドに〕他所《よそ》の国の憲法を輸出するなんてあり得ないことだ」などと断言していたくせに、実際にこの〝植民地帝国〟の《憲法改正》を行なう段になるや、躊躇《ためらい》なく英国からインドへの「〔「インド統治法」と称するおしつけ舶来〝憲法〟の〕輸出」を繰り返したのだった。そんな態度は、この国の再生復興《ルネサンス》の精神とは無縁である。〝偉大なる魂《マハートマー》〟ガンディーは、土地に固有《インディヂャナス》の文化と文明が発展進化するものであることに気付き、それに想いを注ぎ込んだ最初の指導者に他ならない。彼は一九〇八年に『インドの自主独立《ヒンドゥ・スワラージ》（*Hind Swaraj*）』を著したが、この本には、やがてインドが持つことになる〝真正なる憲法《コンスティトゥーション》〟が立憲の土台に据えるべき、基本的な政治的・経済的・社会的思想の数々が盛り込まれていた。その後、我らがインドは一九一六年に《国民会議派と回教徒連盟の共闘態勢《コングレス・リーグ・スキーム》》〔ラクナウの盟約《パクト》〕を見出すことになる。これはとりたてて民族自決や自主独立の原理原則を含むものではなかったし、英国の議会制度をそのまま模倣《もほう》したような構想ではあったが、確固たる〝共闘態勢《ジョイント・スキーム》〟が立ち上がったわけで、ヒンドゥー教徒もイスラム教徒も偕《とも》に満足して受け入れることができる議会を創り出そうとする、誠実な試みだった。

一九二二年にガヤで開催された国民会議派〔の第四〇回〕年次大会を経て、〝国の友《デシュバンドゥ》〟・C・R《チッタランジャン》・ダース〔Deshbandhu C.R.Das〕〔一八七〇～一九二五年〕と、〔法学博士で神智学協会インド支部事務総長としてベザント女史を助け、大聖ガンディーらとスワラージ〔＝自主独立〕闘争を闘った〕バガヴァンダス博士〔Dr.Bhagavandas 一八六九～一九五八年〕が、《自主独立のための構想の概略《アウトライン・スキーム・オヴ・スワラージ》》〔一九三〇年出版〕を書き上げるに至る。

だが〔インド固有の文化と文明を維持発展させながら民族自決の立憲政治を創り出していく、という目的に向けて〕真の意味で先駆的な偉業を成したのは、アンニー・ベザント博士★2〔Dr. Annie Besant 一八四七～一九三三年〕であった。彼女は一九二四年から二五年にかけての時期に、インド独立運動で目覚ましい活躍をしていた。数多の指導者と会って意見聴取を重ね、その成果を《インド共栄自治連邦の建国法案《ザ・コモンウェルス・オヴ・インディア・ビル》》という形にまとめ上げたのである。

ベザント博士自身は、インドが〔英国の重要な植民地が独立を求めて続々と宗主国への反乱を起こすようになった結果、英国政府が妥協策として、植民地での限定的な〝自治〟を容認する代わりに、植民地側に英国による「封土」としての領有継続を受け入れさせた結果として確立してきた〝英国植民地の新たな呼称〟である〕《自治が認められた（英国王の）封土《セルフ・ガヴァーニング・ドミニオン》》の一つとして大英帝国の領土の地位に留まることを望んだのだが、しかし我々が将来かまえるべき国家の〝真正なる憲法《コンスティトゥーション》〟の土台には、この国で大昔から続いてきた、〔語源的には「五人（panch）」で構成されていたと推測されるが、インドの村落・カースト・地域社会などで昔から行なわれてきた自治的な司法・行政制度である〕《村民五賢評議会《ヴィレッジ・パンチャーヤト》》を据えるべきであるという考え方を支持したのである。その後、一九二八年には『インド全政党協議会報告書（*Report of the All Parties Conference*）』が発表され、これは『〔対英独立直後のインド連邦初代首相ジャワーハルラール・ネールーの、その父であるモティラール〕ネールーの報告書（Nehru Report）』の名で世に知られている。一九三九年にはガンディーの指導のもとで〔大英インド帝国下〕アウンド藩王国《ステイト》〔＝現在の西インドのマハーラーシュトラ州に一六九九〜一九四八年に存在した土侯国〕の憲法が新たに作られたが、これもまたインドの憲法発展史上、画期を成す偉業である。なにしろこの憲法によってアウンド藩王国では《五賢評議会による統治《パンチャーヤト・ラージ》》が、完全に民主的な行政司法体制の礎として確立したのだ。

そして〔本書執筆時点の一九四五年における〕憲法創出に向けた最新の成果として、〔インド独立運動の代表的な活動家で、国民会議派よりも一層強力なインド人民の自由人権を求めてガンディーが指導する非暴力直接行動を支援し、弁護士として英国総督との〝対話による独立獲得〟を求めて奮闘しながら、一九二七年にインド全政党協議会を立ち上げて〝インド初の民間憲法案〟というべき『ネールーの報告書』の作成を助けた〕テジ・バハドゥル・サプル卿〔Sir Tej Bahadur Sapru　一八七五～一九四九年〕が、〔インド独立の方向性を巡って頑固な対立を続けていたヒンドゥー勢力とイスラム勢力の政治的和解と、英国現地勢力との意見調整を目的に、サプル卿の奮闘によってそれら諸勢力の代表的有識者をメンバーに据えて一九四四年十二月に発足させた〕自ら議長を務める〝内政問題懇話会（Conciliation Committee）〟の報告書が世に出され、広く知られるに至っている。〔ちなみに一九四五年四月八日に発表されたこの〝内政問題懇話会〟報告書は、来るべきインド独立後の立憲政体のあり方として、次のような方向性を提言した――(1)いかなる形であれインドの分離独立に反対する、(2)成員一六〇名の憲法制定議会を開設して来るべきインドの新憲法案を起草する、(3)来たるべき独立国家〝インド連邦〟には英国統治下の藩王国もそのまま参加できる、(4)来たるべき独立インド憲法には諸々の基本的人権を列挙した権利章典を明記する、(5)来たるべき独立国家〝インド連邦〟に、英領インド時代の〝属州《プロヴィンス》〟をそのまま参加することは認めない、(6)英領インド時代に〝属州〟だった地区であれ藩王国だった地区であれ、来たるべき独立国家〝インド連邦〟にひとたび参加した以上、その後の分離独立を認めない、(7)少数民族《マイノリティー》の権利と利益を守るために、単独の〝少数民族委員会〟を創設する、(8)〔宗教の違いに基づき別個の選挙枠を設定する〕分離選挙制を廃止して、〝指定カースト〔＝事実上の不可触賤民〕〟を除いたヒンドゥー教徒とイスラム教徒を平等に扱う大前提のもとに、憲法制定議会および中央立法府と中央行政府を設置する。〕

以上が今世紀に入ってからの、最近までこの国で進められてきた憲法づくりの歩みの概略なのであるが、いずれにせよ求められるのは、インドという国と、そこに生きてきた人民の、諸々の伝統に根ざした憲法を創り上げることだ。ところが残念なことに我らが指導者の大部分は、往古からインドで行なわれてきた様々な社会制度を研究して学ぶということに、関心を持ってこなかった。この国の民族と国家の再建《ナショナル・レコンストラクション》にはこの方面の努力が欠かせないことを力説してきたのは、ひとりガンディーだけなのである。それゆえ私は、この国の《自主独立《スワラージ》》の達成に向けた《自国産の憲法《スワラージ・コンスティトゥーション》》を作成することの妥当性について、彼に序言を仰ぐことにした。彼はこうした憲法の必要性に心の底から共感し、必要な指導序言を私に与えてくれることに快諾してくれた。この来たるべき憲法を「ガンディー憲法《ガンディアン・コンスティトゥーション》（Gandhian Constitution）」と呼ぼうと、私は心に決めた。なぜなら他の誰にも増して、ガンディーこそがインドの文化と伝統を象徴する人物であり、これらを支え、援護してきた人物なのであるから。そして私は、といえば、これまで彼と、来たるべき憲法の詳細のほとんど全てを議論してきたし、真正なるインド独立のための《自国産の憲法》がどう有るべきかについて彼が語ってきた〝憲法観〟を正確に書き留めるために、あらゆる努力を重ねてきた。そうは言っても〔本書に記された〕あらゆる言葉と考えについて、その責任をガンディーに負わせることは出来ない。なぜなら本書の全ての責任は、執筆者である私にあるからだ。

この小冊子だけで、わが国に提供できる憲法の構想を、漏れなく全て紹介したなどと言うつもりは元より無い。本書は、将来の、独立を勝ち得たインドが持つことになる〝真正なる憲法〟が、当然に備えねばならぬ基本的な実現目標と立憲構想を書き留めたにすぎない。しかし私は力を込めて、こう言わねばならない。「地方分権に基づく民主政《デセントラライズド・デモクラシー》」という考え方《アイデア》は、心のなかで〝ありもしない理想郷《ユートピア》〟を思い描くだけの妄想ではないのだ。本質的に、実行できるし実現可能な政治思想なのだ。総選挙が実施された暁には、憲法制定議会が開催され、その新たな議会はこの国にふさわしい新憲法の起草という難しい課題に直面するであろう。その重大な局面に本書が活用され、この国固有の伝統に根ざした〝真正なる憲法〟を創り上げるには何が必要なのかに我らが指導者のみならず人民大衆も気付いて、それぞれの思索を深めてもらうことが出来れば、私も苦心してこの本を書き上げた甲斐《かい》が大いにあった、ということになろう。

第2章　立憲政治の基本原理

私は、理想的な政治組織の土台を成す原理原則について網羅的に語り尽くすような一大論文を、ここの書き上げるつもりは微塵《みじん》もない。とは言え、揺るぎなき堅固な政治体制を構築する必要がある以上、そうした政治体制の基礎付けとなるような若干の原理原則を詳細に見ておく必要はある。こうした根本的な政治思想《アイデア》を多少なりともハッキリと確認し、理解しておかないと、どんな憲法であっても、憲法づくりの作業そのものが、成果を生むことのできない虚《むな》しく無意味なものとなってしまうであろう。

先ずもってハッキリと自覚しておく必要があるのは、あらゆる時代のあらゆる国に通用するような「最も良い憲法」などというものは、この世に存在しないのだ、ということ。政府というものは必然的に〔その国の〕古来の伝統と現在の状況を反映し、それらに適合した形になる。「どんな政府にあっても、個々のどんな国家にあっても、政府というものをそもそも存立させている目的に対しても、最も望ましい成果をもたらす憲法こそが、最も良い憲法なのである」と喝破したのはジョン・マリオット卿であった。(1) アリストテレース★1〔紀元前三八四〜三二二年〕は、おそらくこの見地を力説した最初の思想家である。彼によれば、国家というのは、個々の人々がそれぞれに享受しうる限りの最高の人生《ライフ》を生き《リヴ》ることを実現するために存在しているのであり、しかもそもそも「当然の道理であるが、自分が暮らしている現下の境遇において、最善の礼節《ベスト・マナー》と待遇による統治を受けている人々こそが、最良の人生《ベスト・ライフ》を享受することになろう(2)」。

だから我々が〝国家の善し悪し〟というものを判定しようと思うなら、検討対象の国家に特有で、他の国々とは際立った違いが認められるような、何らかの価値観にもとづく国家目的とか政治習慣とか統治制度を〝判定基準〟に据えるのではなく、「その国の国民《シティズン》が暮らしている生活の〝総体的な質《クオリティ・オヴ・ライヴズ》〟こそを〝判定基準〟に据えて(3)」、国家への審判を下さねばならない。国家のかたちは種々様々だが、どんな国家だって実現すべき〝国家目標〟は根本的には全く同じかも知れない。だがそれにしても、それぞれの地域の特殊事情に応じて国家のかたちがそれぞれに異なって行くのは必然なのである。

1　国家目標とは何か

だが、そもそも《国家目標《エンド・オヴ・ザ・ステイト》》とは何だろうか？　およそ往古《いにしえ》の昔から今日に至るまで、政治思想というものは、まさにこの問いかけをめぐって展開してきたのだ。古代ギリシアの人々にとって、「国家とは〝人生における至高の現実《シュープリーム・ファクト・オヴ・ライフ》〟に他ならないものであり、個人が行なう奮闘努力や諸々の活動は、あたかも川の流れがやがては大海に注ぎ込むように、国家に注ぎ込まねばならぬもの」なのであった。[4]　その古代ギリシア文明の中心地だった都市国家アテーナイ〔＝ラテン語では「アテネ」だが、古代ギリシア語（現地読み）では「アテーナイ」〕においては、〝市民たる身分《シティズンシップ》〟は至高の名誉とされた。アテーナイの市民にとって「〝都市を論じること《ザ・テオリー・オヴ・ザ・シティ》〟は、〝政治《ポリティクス》〟を論じるだけでなく、〝倫理《エティクス》〟を、〝社会《ソシオロジー》〟を、そして〝経済《エコノミクス》〟を論じるに等しい行為」であった。[5]　そして彼らの〝都市〟は「市民が皆で共有する一大生活《ア・ライフ・イン・コモン》」に他ならなかった。だから必然の結果として、古代ギリシアにおいてあらゆる政治思想の土台を成していたのは「〝皆が共有して営む一大生活《コモン・ライフ》〟の調和《ハーモニー》」はどうすれば実現できるのか、という問題意識だったのである。

〔ソークラテースの弟子にして、アリストテレースの師に当たる古代ギリシアの哲学者〕プラトーン〔紀元前四二七〜前三四七年頃〕は国家を、一個の〝大宇宙《マクロコスム》〟と見なした。すなわち彼は

〔〝小宇宙《ミクロコスム》〟たる〕個人が自分に相応しい居場所を見出し、自分に最も適した務めをやり遂げることができるような〝人生の一大舞台〟だという意味を込めて、国家を〔〝小宇宙〟として調和的・自己充足的に生きる人間に、等身大をはるかに超える大きさでありながら、完全に対応する形で調和的・自己充足的に〝生きて〟いる巨大なる一大体系としての〕〝大宇宙〟だと考えたわけであった。

古代ローマの人々は〝国家目標〟というものについて、あれこれと思索を巡らすことはしなかった。彼らの精力の大部分はローマ帝国の領土拡大に注ぎ込まれたのだった。

ヨーロッパでは中世の時代を通じて、キリスト教会の物書きたちは殆ど常に、国家というものを、キリスト教の信仰を守り抜くために神が意のままに利用できる道具にすぎないと考えていた。

トマス・ホッブズ★2〔一五八八～一六七九年〕によれば、国家を存立させるそもそもの〝利用目的《パーパス》〟とは、社会秩序を維持して財産所有権を守ることなのであった。

ジョン・ロック★3〔一六三二～一七〇四年〕にとって、〝国家統治機関《ガヴァンメント》〟である政府を設置する目的は、「〔人民の〕生命と自由と財産」を保護するためなのであった。

ジャン・ジャック・ルソー★4〔一七一二～一七七八年〕は、国家というものを、〔それぞれの個人が自分に利害に関して抱く私的・個別的意思（＝「特殊意思」）ではなく、それぞれの個人が〝社会契約〟を行なうことによって成立している法の下にある〝人民総体〟の公共的な意思である〕「一般意思《ジェネラル・ウィル》」を実現成就させるために生み出された「社会契約」の具現形態だと見なしていた。

（ゲオルク・ヴィルヘルム・フリードリヒ）ヘーゲル★5（一七七〇～一八三一年）は、はるか昔の古代ギリシアで受容されていた、国家を最も偉大な実在物とみなすあの国家観を復活させた。「国家の存在というのは」――ヘーゲルに言わせれば――「世界に唯一存在している神の運動に他ならないのだ」。「それ〔＝国家〕は、この世で絶対の権力なのである。なにしろ国家は、それ自体が究極的な目的であり、自己成就させるべき対象なのであるから」と、彼は主張したのであった。

ジェレミー・ベンサム★6（一七四八～一八三二年）は、国家は「最大多数の最大幸福」を確実に有《あ》らしめるために存在しているのだ、と断言して憚《はばか》らなかった。

ハーバート・スペンサー★7（一八二〇～一九〇三年）にとって、国家とは「〔人民の〕お互いの安全な暮らしを保証するために協同出資で設立された一種の〝安全保障会社《プロテクション・カンパニー》〟」に他ならなかった。

ジョン・ステュワート・ミル★8（一八〇六～七三年）は、〝個人の自由〟〔の擁護と増進〕こそが〝国家に課された神聖なる義務〟なのだ、と情熱を込めて主張した。

カール・マルクス★9（一八一八～八三年）は、「階級のない社会」が実現した暁には、国家は「生命力が尽き果てて枯死に向かう」であろうと予測した。

そして我々が生きている現代〔すなわち本書執筆当時の二〇世紀前半〕では、ハロルド・ジョセフ・ラスキ教授★10（一八九三～一九五〇年）は、国家というものを「〔人民が〕〝皆で共有しながら営む一大生活《コモン・ライフ》〟の意義を高めることを目指す人々の協同組合《フェロウシップ》」だと見なしている(6)。

〔イギリスの劇作家・批評家でフェビアン協会員でもあり、風刺と機知に富んだ辛辣な作品で英国近代劇を創出した〕ジョージ・バーナード・ショー〔一八五六～一九五〇年〕にとって、国家が目指すべき目標とは「何か一つの階級ではなく、すべての生活者《ホウル・ポピュレイション》に〝実現可能な最大限の幸福《グレイテスト・アヴェイラブル・ウェルフェア》〟を提供すること」であらねばならない。

〔イギリスの文明批評家で小説家としても名高い〕ハーバート・ジョージ・ウェルズ〔一八六六～一九四六年〕は、〝世界統一国家《ア・ワールド・ステイト》〟の樹立を唱えて止《や》まない。彼が構想するこの〝世界統一国家〟では「人間の諸権利を明文化した〝権利章典〟を土台に据えた一種の〝世界憲法《ユニヴァーサル・ロー》〟によって、すべての個人の自由と健康と幸福が保障される」ことになっている。[7]

インド古来の政治思想は、主に、二大叙事詩『ラーマー王の物語《ラーマーヤナ》』〔紀元二～三世紀頃に成立〕と『偉大なるバーラタ族《マハーバーラタ》』〔紀元前四世紀～紀元四世紀頃に成立〕、そして〔紀元前二世紀～紀元二世紀頃にまとめられた作者不詳の、古代インドの代表的な法典であり、人類の始祖「マヌ」が伝授したとされる生活および社会全般の規範や法制や知恵を網羅した聖伝である〕『始祖《マヌ》法典』と、〔古代インドのマガダ国マウリヤ朝初代チャンドラグプタ王〔前三四〇～二九三年〕の宰相で軍師でもあり、冷徹で合理的な政治哲学で同王朝の戦勝と国家統治を指導したことで、現代では「インドのマキャベリ」とも呼ばれている〕カウティリヤ〔前三五〇～二八三年〕が著した『実利の聖典《アルタシャーストラ》』、〝聡明なる導師《シュクラーチャーリヤ》〟が著した『統治の聖典《ニーティサーラ》』〔紀元前四世紀頃に成立〕に、凝集されている。

『ラーマ王の物語《ラーマーヤナ》』は、主人公のラーマ王が理想的な徳政をもって統治した〔コーサラ国の都アヨーディヤーの〕王政を描いているが、この王国では人民は平和と繁栄に恵まれた幸福な生活を享受したのであった。

『偉大なるバーラタ族《マハーバーラタ》』の〔全十八巻中の十二巻目である〕「平和の巻《シャーンティ・パルヴァ》」では、〔この巻の主人公であり、呪いを受けた神の子として生まれ、王に就く能力を持ちながらもそれが宿命的に許されず、勝《すぐ》れた戦士として生涯を終えることになった〕〝恐るべき誓約者《ビーシュマ》〟が、王政が負わねばならぬ数々の義務を列挙している。ビーシュマはここで、国家を世に有《あ》らしめている主要な目的は、国民《シティズン》が各自の〝法《ダルマ》〟、すなわち義務に従いながら、幸福で公正で調和のとれた人生を送れるよう、国民を「保護すること」であると言い切った。

〔『実利の聖典《アルタシャーストラ》』を著した〕カウティリヤも、人民の健《すこ》やかで幸せな暮らしを保障することこそが国王なり国家の主要な義務である、という〝統治の基本原理〟を力説した。「彼〔＝国王〕が治める臣民の幸福のうちにこそ、彼の幸福が存するのであり、彼ら〔＝臣民〕の健やかな暮らしのうちにこそ、彼の健やかな暮らしは存するのだ(8)」。

〔〝聡明なる導師《シュクラーチャーリャ》〟が紀元前四世紀ごろに著した、とされる『統治の聖典《ニーティサーラ》』、すなわち〕いわゆる『聡明なる統治《シュクラニーティ》』もやはり、国王とは何よりもまず、自らの臣民に「保護と恩恵を施す者」なのであり、国民《シティズン》が各自《めいめい》に他者の領分を侵すことなく、各人が天から授かった〝義務《ダルマ》〟に従って暮らすことが出来るよう、国民に規律と訓練を与えて国民生活を律する務めが、国王に課されているのだ、と説いていた。

2　全体主義国家《トータリタリアン・ステイト》 vs 全体主義人間《トータリタリアン・マン》

国家の存在目的《エンド》と、国家が果たすべき〝所定の働き《ファンクション》〟という事柄に着目しながら、ヨーロッパおよびインドで唱えられてきた政治理論の数々をすべて一通り、注意ぶかく調べて分析してみると、我々の眼前には、互いに全く性質の異なる二種類の思想の潮流が立ち現れる。

一方の思想家たちは〔個人よりも〕国家に重きを置き、個人の自由というものを、国家権力に従属させるのである。この連中は、個人というものを犠牲にしてまでも、国家を礼賛し、国家をまるで〝神〟であるかのように崇《あが》める。この連中にとって〝国家の存在目的〟とは、諸々の個人というものを、〔国家という〕〝政治《まつりごと》〟を行なう一個の巨大な権力装置を成り立たせる単なる〝歯車〟として扱い、国民を統制することなのだ。この思想の流れが行き着いた果てが「独裁政治《ディクテイターシップ》」であり、〔一九二九年の世界恐慌をきっかけに、英米仏などの旧帝国主義国が自らの植民地や半植民地を糾合して、関税障壁で守られた〝ブロック経済圏〟の構築を進めるなかで、後発の帝国主義国だったドイツ・イタリア・日本が「国家生存圏《レーベンスラウム》」だとか「大東亜共栄圏」といった呼称で〝自給自足経済《アウタルキー》〟を実現させるために実行した、ファシズム的な、対外侵略による領土拡張主義と一体化した独裁的で国民統制的な国家統治形態である〕「自国充足的専制政治《アウタルキー》」であり、あるいは「全体主義《トータリタリアニズム》」なのである。

しかしもう一方の思想家たちは、人間〔の幸福〕こそが「あらゆる物事を考えるうえでの基準」にならねばならない、と考えてきた。彼らにとっては、個人が自由を享受し、人間としての発展を遂げていくことこそが、何にも増して重要なのである。彼らの考え方では、国家が果たすべき〝所定の働き《ファンクション》〟とは、個人の諸々の権利を〔危険や損失から〕守り抜く《セイフガード》以外の何ものでもない。彼らは人間を尊重するわけであるが、何かの〝道具〟として大事に扱うというのではなく、諸々の個人の存在そのものが〔国家を有らしめる〕〝目的〟であると考えて、人間尊重を貫いてきた。

クーデンホーフ・カレルギー伯爵[★11]〔一八九四〜一九七二年〕は、自著『人類に敵対する全体主義国家〔*Totalitarian State against Man*〕』〔ちなみに『*The Totalitarian State against Man*』は英訳書で、その底本は一九三二年出版の『*Totaler Staat-Totaler Mensch*〔全体国家・全体人間〕』だが、この底本から日本では一九五三年に鳩山一郎が邦訳書を『自由と人生』の書名で鹿島出版会から刊行している〕のなかで、この政治思想の二大潮流を「国家の全体的絶対性《トータリタリアン・ステイト》を求めるスパルタ的理想」と「人間の全体的絶対性《トータリタリアン・マン》を求めるアテーナイ的理想」と呼んで、区別した。古代ギリシアの都市国家スパルタでは、人々は国家の利益を充足させるために暮らしていた。一方、都市国家アテーナイでは、国家が人民に奉仕するものとして存在していたのだ。政治のあり方をめぐるこの二種類の〝考え方の類型《イデオロギー》〟は、「集産主義《コレクティヴィズム》」に対する「個人主義《インディヴィヂュアリズム》」という呼び名で語られても来た。対立し合う二つの政治思想の流れが幸福な合流を遂げたところに〔国家統治の〕真理が存在しているのであろう。

国家の存立目的なり、国家が果たすべき〝所定の働き〟は、個人と国家の双方の利害を、調和のとれた形で調整すべきものであるべきだ。換言すれば、我々の〔目指すべき立憲政治の〕目標は〝自由独立《リバティー》〟と〝統治権勢《オーソリティー》〟との釣り合いをとることに置くべきである。国家というものは、個人の〝幸福および利益《ウェルフェア》〟と集団の〝幸福および利益《ウェルフェア》〟が互いに調整適合して行けるよう、その調整活動を助成・増進・強化すべきなのである。個人は国家への〔〝借り《デュー》〟を返す、という意味において、各人に割り当てられた〕義務を果たすべきであるが、一方の国家もまた、個人の諸々の権利を〔危険や損害から〕守り抜き、それぞれの個人が有している潜在的な可能性を存分に開花できるよう、各人の人格陶冶《とうや》を助けるべきなのである。

リチャード・ヘンリー・トーニー教授★12〔Richard Henry Tawney 一八八〇～一九六二年〕も、「健全に働く社会（Functional Society）」という独自の学術用語を用いて、これと同様の〝あるべき社会〟の姿を描いて見せた。彼が謂《い》うところの「健全に働く社会《ファンクショナル・ソサエティー》」とは、諸々の〝権利〟は〔無条件に無限の効力を持つわけではなく〕〝社会そのものの健全なる働き《ファンクション》〟すなわち〔権利と義務との相互関係のなかで成立する、国民全体を対象にした〕〝社会福祉《ソシアル・サービス》〟を前提にして効力を持ちうるものなのである。[9]〔トーニー教授は一九二〇年に『獲物盗り社会《アクィジティヴ・ソサエティー》』という資本主義社会への批判書を著した。彼によれば現代の産業組織は、資本家たちが私的利益を貪欲に追及しているせいで機能不全に陥っているので、健全な産業社会へと矯正し〝健全に働く社会〟を実現するには、労働者が自己教育を高めて人格陶冶《とうや》に努め、民主的な自己管理社会を築き上げて労使間で富を平等に分配して行かねばならない、と説いた。〕

これは言い換えれば、個人の諸々の権利と自由は〔無条件かつ絶対的な効力を持つものとしてではなく〕、相対的で条件付きのものとして扱うべきである、ということだ。つまり個人の権利や自由といえども、絶対至高のものではあり得ないのである。

アルフレッド・ジョージ・ガーディナー★13〔Alfred George Gardiner 一八六五〜一九四六年〕は、「個人の自由独立《リバティー》は」と切り出して、その句をこう続けた——「社会の無政府状態を意味するでありましょう」。彼は言う——「総員全体《オール》の自由を保持するためには、各人すべて《エヴリボディ》の自由を切り詰めねばなりません」。完全に私的な事柄で、他人の自由独立に抵触することが全く無いのであれば、我々は自らの欲することを自由に行なえばよい。「もしも私が自分の意志で。寝間着のうえに部屋着《ガウン》を羽織り、髪はボサボサ、裸足《はだし》のままで、ロンドン中心街のストランド大通りを闊歩《かっぽ》したら、誰もそれをダメだとは言えますまい。貴君《あなた》には私を嘲笑《わら》う〝自由《リバティー》〟がある。だが私には、そんなあなたを無視する自由《リバティー》がある。もしも私が自分の髪を染めたいとかヒゲにつや出し脂《ワックス》を塗りたいとか（そんなことは天地天命に誓って絶対にあり得ないのだが）、山高帽をかぶりたいとか、大袈裟礼服《フロックコート》を着たいとか突っ掛け草履《サンダル》を履きたいとか、はたまた今宵は夜更かししたいとか、明日は早起きしたいとか、そうしたことを気紛《きまぐ》れやってみたいと思ったら、私は悩むことなくそうした思いつきを実行に移すだろうが、無論のこと誰にも許可など求めはしないのであります(10)」。けれども我々はこの〔極私的《ごくしてき》生活の〕〝王国〟から一歩、外へ踏み出した途端に、我々の極私的行動に許されていた自由独立は、他の人々の自由独立とも適切に併存して行けるよう、一定の制約を受けることになる。世界には数多の人々が生きているわけだから、我々はそれらの人たちが各自《めいめい》に有する自由独立との折り合いがつくように、自らの自由独立を和合に向けて調整する必要があるのだ。

〝自由放任主義《レッセ・フェール》〟とか〝絶対的個人主義《アブソルート・インディヴィヂュアリズム》〟という政策原理《ドクトリン》は〔かつてインドのマスカリーン諸島のモーリシャス島とその近隣の島に棲《す》んでいたハト目《もく》の巨鳥で、体長およそ一メートル、体重は二十キログラム以上という七面鳥並《な》みの巨体でありながら、翼と尾が退化して飛ぶことが出来なかったため、西洋列強の植民地拡大に伴い、食料を求める水夫たちによる乱獲で一八世紀のうちに絶滅した〕〝愚鳩《ドードー》〟と同様に、今や死に絶えた。この先の重要な政策原理として復活し影響力を保つなどということは、決してあり得ないであろう。とは言え、諸々の個人が〝かけがいのない自我《パーソナリティー》〟を犠牲にして国家という〝祭壇〟に捧げるというのが当世流行《はや》りの風潮なのであり、これは大いに非難すべきものなのである。

イマヌエル・カント★14〔一七二四〜一八〇四年〕が説いた道徳原理はまったく正しい。彼は言う――「あなた自身が行なうことであれ、ほかの誰かが行なうことであれ、人を相手にする時は、どんな場合でも相手を〔存在すること自体に価値がある理性的存在であり、それ自体が価値そのものである〕究極目的《エンド》と見なすべきなのであって、決して単なる便宜的方便《ミーンズ》と見なしてはならないのだ」。だから例えば、国家が有する軍事組織の方便のために、個人を搾取利用するとか抑圧するなどというのは、人の道に背く罰《ばち》当たりな罪業《ざいごう》に他ならない。このような〔軍隊や全体主義体制には付きものの〕〝厳格画一の集団統制《レヂメンテイション》〟は必然的に専制独裁国家《ディクテイターシップ》を生み出すことになるが、そんな体制の下ではシェイクスピアの名言どおり「人を呪わば穴二つ《トゥワイス・クースト》」になる。すなわち専制独裁体制においては、〝支配される側〟の国民だけが呪いを受けるのではなく、〝支配する側〟の為政者たちも呪われるのである。

全能の国家は、諸々の個人を、単なる〝無価値《ゼロ》〟の集合体へと貶《おとし》める。おまけにこうした全体主義国家というのは、〝極右独裁国家主義《ファシズム》〟の国であろうが、〝左翼統制社会主義《ソーシャリズム》〟の国であろうが、結局は、一人なり少数なりのいわゆる「超人《スーパーマン》」によって統制支配されることになるわけで、つまりそんな一握りの〝超人〟どもが、幾百万の人民の運命を牛耳るわけなのだ。けれども我ら人類は、たとえその種の〝超人〟がどんなに人格高潔で高邁な志《こころざし》に溢《あふ》れていようとも、我らがこの先も生きのびて行くためには、〝超人〟なんぞというものを追い払わねばならないのである。「だれか一人の個人を、神様みたいに偶像崇拝するような政治体制《ガヴァメント》の下で、文明《シヴィライゼーション》が花開くことなんぞ望むべくもない[11]」。

アドルフ・ヒトラー★[15]〔一八八九～一九四五年〕と、ベニト・ムッソリーニ★[16]〔一八八三～一九四五年〕

は、まさに見世物のような興亡劇を我々に見せつけたわけであるが、いずれも傲慢きわまる独裁政治の無益さを、実証によって我々にありありと示すものになった。

ヒトラーが死んだにせよ、〔本書執筆の一九四五年当時は「ヒトラーは自分の〝替え玉〟を焼死体にして〝死亡説〟を流布しつつ、自らは逃亡した」という臆説も巷間《こうかん》に語られていたので〕まだ生きているにせよ、とにかく今や事実として、彼はもはや神話とか伝説で語られる悪党の類いに成り果てたのである。

3　ソ連の「民主政体《デモクラシー》」

〔第一次世界大戦さなかの一九一七年に起きた「ロシア革命」（＝二月革命とそれに続く十月革命）によりロシア帝国が打ち倒され、ロシアに史上初の社会主義国家「ロシア評議会《ソヴィエト》社会主義共和国」が樹立されたのに続き、一九二二年にロシアおよび東欧から中央アジアに広がる近隣十四ヵ国によって成立した社会主義共和国十五ヵ国による史上初の地域連邦体であり一九九一年に崩壊に至った「評議会《ソヴィエト》社会主義共和国連邦」すなわち〕ソ連は、〔西洋諸国に登場してきた民主政体やファシズム政体とは〕異なった様式の政体を発展させてきたが、この〝ソ連型の政体〟は一般に「無産労働者階級《プロレタリアート》による独裁政体《ディクテイターシップ》」と呼ばれている。マルクス主義国家の存在目的は、〝階級なき民主主義〟を実現させることだ。ところが現実に、そうした社会の実現をめざして行なわれているのは、国民大衆には「やがては国家そのものが消滅するはずだ」と儚《はかな》い期待を抱かせながら、その大衆を情け容赦なき〝厳格画一《レヂメンテイション》の集団統制〟で服従させておくという統治に他ならない。だが、〔英国の小説家・批評家で、『すばらしい新世界』（一九三二年）、『ガザに盲《めし》いて』（三六年）、『平和主義者の道』（三六年）、『永遠の哲学』（四五年）など、第一次世界大戦後の西洋文明への幻滅・不安・懐疑を色濃く反映した作品を世に問うた〕オルダス・ハクスリー先生〔一八九四〜一九六三年〕が警告しているように、「かくも強力に中央集権化を進めた独裁専制的な国家となれば、戦争でこなごなに粉砕される恐れも高まるし、下からの革命が起きて転覆されてしまう事態だってあり得るわけで、『やがて国家は生命力が尽き果てて枯死に向かう』などと想定できるような理由など微塵《みじん》もないのである[12]」。

〔米国のジャーナリストで『シカゴ・デイリーニューズ』特派員として世界各地に赴《おもむ》き『欧州の内幕』（一九三六年）を始めとする〝内幕〟探訪ルポを次々と発表し、調査報道の新たなあり方を生みだして世界的人気を博した〕ジョン・ガンサー〔一九〇一〜七〇年〕は、懸念の所在をハッキリとこう記した――「〝プロレタリアート独裁〟を自ら任じるソ連であるが、実のところ、〝プロレタリアートによる独裁〟ではなく、〝プロレタリアートに対する独裁〟の国家に成り果てる恐れがあるのだ[13]」。

〔シリル・エドウィン・ミッチンソン〕ジョード先生[★17]〔Cyril Edwin Mitchinson Joad　一八九一〜

一九五三年〕も、『道徳と政治の哲学への手引き』（*Guide to the Philosophy of Morals and Politics*, 一九三八年）のなかで、こんな批判をしている――

「歴史を研究していて見えてくるのは、独裁政権《ディクテイターシップ》というのは本来の性分《しょうぶん》として、時が経つにつれて穏和になるどころかますますます激烈の度を増し、批判に対しては寛容になるどころか、耐える精神を失ってますます怒りを表しやすくなる、という教訓なのであります。現代世界の展開を見ても、この教訓の正しさが裏付けられるわけです。ところが共産主義の理屈《セオリー》では、まさにこうした歴史の教訓と正反対のことが起こるであろう、と頭ごなしに決めつけている。いつかこの先どこかの時点で独裁政府が自ら進んでいきなりエンジンを逆回転させ、その支配権力を自ら放棄して、これまで否定してきた〔人民の〕自由を自ら進んで認めるであろう、などと主張しているわけです。歴史学も心理学も、そんな結果がやって来るなどと保証することは到底できないのであります」。

〔イギリスの社会学者で、人間同士の相互関係をその条件や結果を含めて全体的に捉える〝総合社会学〟を唱えた英国の社会学の先駆的構築者である〕モーリス・ギンズバーグ先生〔Morris Ginsberg　一八八九〜一九七〇年〕も、自著『社会心理学』（*Psychology of Society*, 一九二〇年）のなかで、「中央集権の政体は、どんな形のものであれ、必ず少数独裁政治に成り果てる」という〝政治法則〟をわかりやすく説明してくれた。

〔大聖《マハートマー》ガンディーと共にインド独立闘争を闘い、第二次世界大戦に際しては宗主国イギリス側に従属しながらの自動的参戦に抵抗し、インド独立が成就した後も、暗殺されたガンディーの遺志を継ぎ、一九五一年には平和的手段による社会改造をめざして土地贈与（ブーダン）運動を開始し、紛争の平和的解決をめざす〝平和主義団（シャンティ・セーナ）〟を指導した〕導師《アーチャリャー》ヴィノバー・ブハヴェー〔Acharya Vinoba Bhave 一八九五～一九八二年〕も、中央集権の政治というのは資本主義社会であれ社会主義社会であれ、必ず暴力と抑圧と軍国主義を伴うものに成り果てる、という理由で、ソ連の「民主政体」なるものについては、やはり悲観的な先行きを見ている。(14)

4　なぜ民主主義を擁護するのか

そういうわけで〔全体主義や、そのソ連における派生型ともいうべき〝プロレタリアート独裁〟の自称「民主政体」なるものからは悲観的な将来展望しか見えてこない以上〕、国家の存在目的として現代社会に提示できるのは、唯一、民主主義しかないのである。その「民主主義」の意味するものは、各人が、適切なやり方で組織した〝政体《ガヴァメント》〟の枠内で、〝人間としての個性《ヒューマン・パーソナリティー》〟を十全に発展実現させて行くことであるし、少なくとも「民主主義」とはそのようなものであらねばなるまい。民主主義の社会では、個人はめいめいに〔他者から支配されずに生きる〕〝自由《フリーダム》〟を与えられるが、同時に民主社会は、法律で認められた諸々の〝権利〟を各人が行使するに際しては、国家なり社会に対してめいめいが負っている一定の〝義務《デューティーズ》〟を果たさねばならないのだと、その自覚を常に喚起するわけである。

エイブラハム・リンカーン★18〔一八〇九～六五年〕は、〝民主主義〟を「人民から成り、人民によって為される、人民のための統治（the government of the people, by the people, for the people）」であると定義した。リンカーンがゲティスバーグ演説で言明したこの金言は、今や使い古された感があるものの、しかしこの言葉の意味は、我々が漫然と考えているものよりも遥かに深い。

エリノア・ルーズヴェルト夫人★19〔一八八四～一九六二年〕が指摘するように、民主主義というのは道徳的・宗教的土台の上に成立するものなのだ。すなわち民主主義というのは、他者をも兄弟のように慈しみ、「わが身の成功が、必ずや、他の人々の正真正銘の成功につながって行く(15)」と確信できるほどにお互いが尊敬し合う、という心がけを持たねば成立し得ないものなのである。

プラトーンは〝民主政体《デモクラティック・コンスティトゥーション》〟というものに好意を抱いていなかった。なぜなら彼によれば〝民主政体〟は、ともすれば「ふしだらな怠け者たち」の階級に牛耳られてしまいがち、だからなのであった(16)。

「〔哲学的に鍛えられた精神と、啓発された知性を持ち、それゆえに国家主権を委ねられた理想的人物である〕〝哲人王〟が行なう啓蒙専制」のほうが、〝民主政《デモクラシー》〟よりもまだましであると彼が考えたのは、そうした理由からだ。

ルソーは、完璧な民主政なんて人間の分限を超えたものだ、と主張した。「神々から成る社会というものが、もしあるとすれば、そうした社会の政府はきっと民主的なものと成ろう[17]」。

（アレクシ・ドゥ）トクヴィル★20〔一八〇五～五九年〕も、〔民主主義の到来は人類進歩の必然である、と唱えていたために〕結局は、民主主義は度《ど》し難《がた》き〃凡夫政治《メディオクラシー》〃をもたらす、という見識に行き着いた。

〔イギリスの歴史法学派を代表する法学者・歴史学者で、ケンブリッジ大学卒業後に同大の民法教授になりローマ法を研究、その後インド総督の法律顧問としてインド法の集成に努め、オックスフォード大学の歴史学・法学教授やケンブリッジ大学の国際法教授を歴任するなかで、古代法や村落共同体における法的観念の研究によって〃法人類学〃を築き上げた〕ヘンリー・メイン卿〔Sir Henry Maine　一八二二～八八年〕は、〃大衆主導の通俗政治《ポピュラー・ガヴァメント》〃の登場によって「停滞の時代が幕開けする」ことを恐れた。

（ウィリアム・エドワード）レッキー★21〔William Edward Hartpole Lecky　一八三八～一九〇三年〕は、〃民主政体《デモクラシー》〃を、あまりにもお節介で、自由《リバティー》とは正反対の代物《しろもの》だと見なしていた。

（オットー・フォン）ビスマルク★22〔一八一五～九八年〕は、民主主義を「泣き虫の感傷的な戯言《たわごと》」だと言って嘲笑《あざわら》った。

　フランスの有名な批評家〔で、高等師範学校を卒業したのちパリ大学教授、アカデミーフランセーズ会員となり、『一九世紀の政論家とモラリスト』〔一八九一～一九〇〇年〕や、『フェミニスム』〔一九一〇年〕などの著作で知られる〕（オーギュスト・エミル）ファゲ〔Auguste Émile Faguet

一八四七〜一九一六年〉は、民主主義を「能なし連中のカルト信仰」だと評した。〈フリードリヒ・ヴィルヘルム〉ニーチェ★23〈一八四四〜一九〇〇年〉にとって、民主政体とは「政治組織の堕落的な形態」なのであった。〈フランソワ〉ヴォルテール★24〈一六九四〜一七七八年〉でさえ、人民大衆を「首をつないでおく〝絆《きずな》〟と、追い立てに用いる〝突き棒〟と、エサの〝乾し草〟が必要」な〝去勢されたオス牛の群れ〟に譬《たと》えて、民主主義に反対したのである。

当世においてもバーナード・ショー〔George Bernard Shaw 一八五六〜一九五〇年〕が、かのリンカーン大統領の〝民主主義の定義〟を「夢がたりの戯れ言《ロマンティック・ナンセンス》」だと評して警戒心を露《あら》わにしている。「人民は」と、ショー氏はこう断ずるのである——「じつにしばしば政府の邪魔をしてきたのである。なにしろ彼らは反乱を起こしてはきたが、彼ら自身が正真正銘に世を治めたことなど一度たりとも無かったのだ(18)」。

それにしても、各々の個人と〝主権国家《ステイト》〟がそれぞれに有している諸々の利害を調整和合できるような〝社会の舵取りをする手段《ガヴァーンメント》〟は唯一「民主主義」だけなのだ、という真実は依然として揺るがないのである。本章の冒頭ですでに述べたように、〔人類社会の多様性に応じて様々な方式の政治的統治が存在し得てきたなかで、それら統治方式の違いに応じて様々な〝類型《タイプ》〟が存在し得てきたわけだけれども〕何か特定の、一つの憲法の〝類型〟だけを殊更《ことさら》に名指しして、その憲法があらゆる時代のあらゆる国にとって「最も良い」憲法であるなどと決めつけることは出来ないわけだが、「素晴しい人生《グッド・ライフ》」を奨励増進して行ける最もすぐれた境遇なり社会環境を〔社会の成員である全ての個人に対して〕供給することは〝民主政体《デモクラシー》〟にしか出来ない事業《わざ》なのだということは、認めねばなるまい。

〔イギリスの法律家・歴史家・政治家で、オックスフォード大学ローマ教皇設置講座教授や自由党下院議員を務めたのち駐米大使となり、退職後は日本やオーストラリアを訪れて各国の民主政を比較研究し、名著『現代の民主政治』（*Modern Democracies*, 一九二一年）を世に出した〕ジェイムズ・ブライス卿（Lord James Bryce　一八三八〜一九二二年）は、〔世界の国々の民主政治を多数観察してきた経験にもとづいて〕こんな所見を述べている――「生活共同体《コミュニティー》が行なう施政《ガヴァメント》の〔構成員《メンバー》各人に求める負担や、供与する便益といった〕平等な〝割り当て《シェア》〟に、その生活共同体の出来るだけ多くの構成員を参加させることができれば、構成員全員の個人的な必要の充足《サティスファクション》だけでなく、その生活共同体の全体としての幸福《ウェルフェア》および利益も、最も有効に増進できるのである」[19]。

さらに〔オックスフォード大学で経済学史を教える〕（レジナルド・ヴィヴィアン）レンナード先生〔Reginald Vivian Lennard　一八八五〜一九六七年〕が喝破しているように、「民主主義というのは単に〝統治の形式《フォーム・オヴ・ガヴァメント》〟にとどまるものではない。それは〝社会がめざすべき努力目標《ソーシャル・アイディアル》〟に他ならず、理想の実現がどれほど困難かは、その社会がどれほど高潔かで変わってゆくものなのだ[20]」。

民主主義は人間を尊とび敬うものだからこそ、限りなく貴重なのである。

（ビアトリス・ポッター）ウェッブ女史★[25]〔Beatrice Potter Webb　一八五八〜四三年〕は、「政治に民主主義を貫徹することは魔法のような効用がある」と断言し、その理由をこう述べる――「人間としての個性《ヒューマン・パーソナリティー》を拡げて」くれるからである、と。(21)

ジョン・ステュワート・ミルは、〝国民道徳《ナショナル・モラリティー》〟という観点から民主主義の効用をこう説いた――「民主主義の至高の効用《スープリーム・メリット》は、他のどんな政体《ポリティー》よりも優秀で高潔な〝国民性《ナショナル・キャラクター》〟を増進してくれるのが民主主義である、という事実のなかに見出すことができる」。

教育という観点から見ても、やはり民主主義の政体を選ぶべきだ。なぜなら、(セシル・デライル)バーンズ先生★26〔Cecil Delisle Burns 一八七九～一九四二年〕が力説したように、「〝主体的な自学自習《セルフ・エデュケイション》〟こそ最良の教育」なのだから。民主主義は、他の種類の統治制度の下では到底見出すことが出来ないような優れた政治的才能をもつ人材に、活躍の場を与え、その才能を全面的に実現させることを可能にするのである。

とはいえ、人生に幸福をもたらす〝この世の善きもの《グッド・ティングス》〟には付きものなのだけれども、民主主義とて数多の罪業《ざいごう》を孕《はら》んでいることは、認めねばなるまい。民主主義は今この瞬間にも、夥《おび》ただしい害悪と欠点に蝕《むしば》まれて苦しんでいる。文字どおり、民主主義はいま試練のさなかにあるのだ。別の言い方をすれば、民主主義はいま重大な岐路《きろ》に立っている。民主主義が直面している現下の危機がもつ意味を、次章でさらに詳しく考察してみよう。

第3章　岐路に立つ民主主義

第一次世界大戦は「民主主義にとって安全な世界を築き」、戦争を永久に終わらせる、という大義を掲げて戦われた。ところが、その戦争が終わって現れ出た世界は全く幻滅させられるものだった。平和を確立させるどころか、《ヴェルサイユ条約》によって、先の大戦よりもはるかに悲惨な第二次世界大戦へと向かう道が開かれてしまったのである。第二次大戦後に現出した世界は、〝民主主義にとって安全な世界〟を作るどころではなく、〝民主主義をとって（＝取り除《の》けて）安全な世界〟を築こうとする勢力と直面し、苦悶しているのだ。来たるべき民主主義の時代に先駆けて世界に吹き荒れたのは、混乱する社会を暴力によって統制しようとする試みであったが、これが欧州に続々と全体主義の政権を誕生させる結果を招いた。それらの独裁国家と戦うために民主主義諸国の政府が行なったのは、意図するしないに関わらず、自分の国から民主主義を追い払うことだったのである。

〔一九四一年八月十四日に米国ルーズヴェルト大統領と英国チャーチル首相が大西洋上の米英の軍艦にて協議して発表した共同宣言であり、第二次世界大戦を戦って勝利したのちに築くべき世界平和の基本原則を確定し、その原則的趣旨が翌四二年元日の「連合国共同宣言」にも採り入れられ、戦後の「国際連合」設立の指導理念とも成った〕《大西洋憲章》の文言を引用するなら、第二次世界大戦は「自らがそこで生きて行きたいと望むような政体を選びとるという、万人に与えられた権利を、尊重する」ために戦われたはずだった。

ところが〔ファシスト枢軸諸国を叩きつぶす戦いに同盟決起した〕〝反ファシズム連合諸国《ユナイテド・ネイションズ》〟の、文字どおり馬鹿げた馬鹿正直のおかげで、《大西洋憲章》は大西洋の海中につつがなく没し去られる羽目になり、戦争が終わったのちに〔「帝国主義列強による植民地支配を終わらせる、と全世界にむけて公約した《大西洋憲章》は結局のところ列強が植民地諸国を世界戦争に動員するために用いた欺瞞的演出だったのか！」と〕幻滅を嘆く〝大義〟すら奪い去られることになった。結局のところ、このたびの〔第二次世界〕大戦を戦った本当の目的はただ一つ、「とにかく戦争で完勝する」というものでしか無かったわけだ。

〔第二次世界大戦の最末期となった一九四五年四月二十五日～六月二十六日に反ファシズム連合国五十ヵ国の代表が米国サンフランシスコに参集し、間もなく訪れる戦後世界の平和秩序を確立維持するための国際機構（＝国際連合）を、設立準備するために開催した、正式名称を「国際機構に関する連合国会議（United Nations Conference on International Organization）」と称した〕

いわゆる《サンフランシスコ会議》の運営の仕方をみても、やはり「三大強国《ビッグ・スリー》」〔＝米国・英国・ソ連〕が永久に「世界の親玉《トップ・ドッグズ》」のまま居座ろうとする意図が見え透いていて、まったく疑いようがないのである。もちろん〔弱肉強食の野犬の群れのごとき近現代の世界秩序の、その〝犬の群れ〟の最高位に座を占める〕これら〝勝ち犬《トップ・ドッグズ》〟たちは、いつだって待ってましたとばかりに〝自由と民主主義〟を讃える口先ばかりの空《から》っぽのお世辞を唱えたり、あるいはまた「（占領支配下での）自治《セルフ・ガヴァーンメント》」と「自主独立《インディペンデンス》」との間にはっきりと線引きをしたうえで、〔前者の「自治」と称する空虚な美辞麗句をひけらかして〕〝負け犬〟の境遇に押さえつけられてきた植民地の人民におべっかを使うことに余念がない。

たしかに、このたびの大戦で、イタリアと、ドイツと、日本のファシスト政府を屈服させることは出来た。しかしファシズムの精神は、いまや未曾有の成功を収めているように思える。「勝利《ヴィクトリー》とは」と、ラスキ教授はこんな誡《いまし》めを説く――「元来、それ自体は単なる〝好機《オポチュニティー》〟にすぎないわけで、〝成就《フルフィルメント》〟を意味するのではない」。「勝利は民主主義にもう一度〔実現に向けた〕機会《チャンス》を与えてくれる。だが勝利したからといって、それだけで〔民主主義の実現が〕成功することが確実に見込まれたという保証を得たことにはならない[1]」。

それどころか、その〔民主主義を実現させる〕機会なるものが、またもや失われてしまったことは、今やほぼ確実なのだ。「西洋社会《ザ・ウエスト》に民主主義なんか全く存在しない」と喝破しているのはバーナード・ショーである――「そこにあるのは腐敗しきった金権政治《プルートクラシー》だけだし、どれもこれも今やファシストどもの手の内にある」。この訓戒《いましめ》は現在の〔すなわち本書執筆当時、つまり第二次世界大戦の最末期（一九四五年七月五日）の総選挙で圧倒的多数の票を得てチャーチル前首相の保守党を破った〕英国の労働党（クレメント・アトリー宰相の）政権にもそっくりそのまま当てはまる。なぜなら帝国主義と民主主義は両立し得ないのだから。〔第二次世界大戦下の英国の、保守党主導で労働党も参加した〝挙国一致内閣〟が行なった〕「宰相チャーチル流のファシズム」と唯一ちがっているのは、現今〔＝一九四六年現在〕の英国では「労働党の独裁政治」が行なわれている、ということくらいだろう。アメリカ合衆国は、英国よりも若くて賢《かしこ》い国だから〝露骨な帝国《ヴィジブル・エムパイア》〟を追い求めてはいない。だが彼《か》の国とて〝隠微な帝国《インヴィジウル・エムパイア》〟としての触手を確実に拡げつつあるし、しかも〔英国と〕同様に〔第二次世界大戦さなかの一九四一年一月六日に、それまでは対ヨーロッパ不干渉の孤立主義外交を貫いてきた米国が、対イギリス支援への一大政策転換に踏み切るための大義名分として、F・ルーズヴェルト大統領が年頭一般教書で表明した〝連合国が実現すべき民主主義の四大基本原則〟であり、具体的には、(1)「表現の自由」、(2)「信仰の自由」、(3)「(経済的)欠乏からの自由」、(4)「(侵略の)恐怖からの自由」を意味する〕「四つの自由」という美辞麗句を唱えながら、それを行なっている。列強諸国のなかでも一番狡猾《こうかつ》なのはソ連で、〝社会主義のとって一番安全な世界〟の構築に向けて〔紀元前三世紀ごろにエーゲ海はロードス島の港口に立っていたと伝えられ、〝古代世界の七不思議〟に数えられている高さ三十メートルを超える太陽神アポロの青銅像である〕コロッソスさながらに、世界中を闊歩《かっぽ》している現実がある。

そういうわけで〔「四つの自由」を実現させて民主的な世界を実現する、という大義名分を唱えながら〕第二次世界大戦を戦い終えてはみたが、依然として民主主義の見通しは暗くて侘《わび》しい。だから今後数年のうちに国際連合《ユナイテド・ネイションズ》がもしも〔幾つかの国家集団の派閥に分裂して〕〝国際離合《ディスユナイテド・ネイションズ》〟への道を選ぶことにでもなったら、この世界はまさに完全なる破壊を運命づけられてしまうだろう。目下〔＝一九四五年現在〕の英国与党、労働党の〝影響力〟の伝達装置である『デイリー・ヘラルド』紙は、「世界はいま、十分にわかっていながら新たなる戦争に向かってまっしぐらに突き進んでいる」と、あからさまな警告を発しているほどだ。「この調子で行けば」――と同紙は嘆いてみせる――「遠からず我々は〔(自らが敵役《かたき》を演じることで)本来は競い争っていた世界中の列強とその従属国を一致団結させて〕〝連合国の統一体《アライド・ユニティー》〟を築き上げたあの比類なき創造主ヒトラーの死を惜しむことになるであろう」。

1　資本主義社会《キャピタリスト》の「民主政体《デモクラシー》」

西洋社会《ウェスタン》・の民主主義《デモクラシー》が直面している危機の原因を、見つけ出すのは容易《たやす》い。〔リチャード・ヘンリー〕トーニー教授の言い回しを借りるなら、まさに今われわれの眼前で展開している

《獲物盗り社会《アクィジティヴ・ソサエティー》》こそが、我らが経済と政治を蝕《むしば》む〝不安と沈滞《マレーズ》〟の元凶に他ならない。資本主義は銭《ぜに》の力で〝自由《リベラル》でお上品で洗練された甘美な社会〟を購《あがな》うことが出来るけれども、それとて資本家たちの財力にさわりが生じぬ範囲に限られる。資本主義のもとで社会の改良や自由な政治活動は保障され得るけれども、それとて、資本主義体制を根絶しない範囲で政治権力を用いる、という暗黙の了解があってのことにすぎない。自らの存続を脅かしそうな気配を感じたとたんに、資本主義はお上品な〝絹の手袋《ヴェルヴェット・グラヴ》〟を脱ぎ捨てて鉄拳制裁に乗り出してくるのだ。

つまるところ資本主義体制のもとで民主主義の社会を作ろうとしている人々というのは、特権階級の連中のまえで〝笛〟を吹いている〝笛吹き〟のようなもので、連中の耳に心地よい〝笛の音〟を奏《かな》でている限り、この連中から報酬を受け続けることが出来る。とはいえ、この特権階級は、自分らの過ぎ去った栄光だの現在の享楽だのをそのまま保ち続けるためには、獅子《しし》のごとくに獰猛《どうもう》な暴力を躊躇《ためら》いなく行使するのだ。

ラスキ先生は「ファシズム」をこのように定義している――「(ファシズムとは) 腐《くさ》り廃《すた》れた過去を、暴力を用いて守り抜くことで、未来を封じ込めようと奮闘している特権的勢力に付された、墓標《エピタフ》である(2)」。

すなわち「ファシズム」とは、窮地に追い詰められて犬のような吠え声を上げながら反撃に出た状態の「資本主義体制下《キャピタリスト》の〝民主政体《デモクラシー》〟」のありようである、と言うことができる。

しかしそもそも資本主義《キャピタリズム》と民主主義《デモクラシー》は互いに矛盾するものであり、両立しようが無いのである。

資本主義の社会で生産活動を駆り立てる〝動因〟となっているのは、生産手段を私有している者がそれを利用して儲けを生むことだ。けれども民主主義の政体のもとで国民《シティズン》が求めるのは、民衆が自らの政治権力《ポリティカル・パワー》を用いて、〔国家《ステイト》の権威《オーソリティー》と権力を具現する機関である〕〝政府〟を自らの裁量で利用して、ちゃんと実利《マテリアル》のある〝幸福な生活状態《ウェルビーイング》〟を増進することなのだ。経済生活《エコノミック》における少数独裁制《オリガーキー》支配と、政治生活《ポリティカル》における民主的統治《デモクラシー》が、一心同体となって社会生活をつつがなく進めて行けるのは、資本主義が自己拡張の時代を享受できている限りにおいてであった。ところが先の〔第二次世界〕大戦が終結し、資本主義は収縮の時代を迎えることになる。その結果、失業が世に広まり、「豊かさのなかの貧困」という奇妙な現象が見られるようになった。そうしたなかで無論、〔無産階級《プロレタリアート》である〕一般大衆には、〝幸福であるべき生活状態《ウェルビーイング》〟の現状を改善して行くために自らの政治権力を行使しようと試みた。これは生産手段を所有する階級が享受してきた諸々の経済的特権を脅かす、あからさまな挑戦なのであった。

かくしてファシストたちの独裁政治《ディクテイターシップ》と、全体主義《トータリアニズム》による社会支配が、姿を現わす。英米両国の「民主主義《デモクラシー》」と称するものには、本質的にファシズムが内在している。英国は〔ヒトラー総統のナチス「第三帝国」を出現させた〕ドイツと違うではないか、という反論も受けそうだが、これらは〔ファシズムが〝社会統治の原理〟として利用される〕程度の違いであって、〔〝社会統治の原理〟としての存在を許している、という意味では〕本質的な違いはないのである。イタリアやドイツのように、社会主義勢力に怯えるファシズムが攻撃性を増して独裁政治を増長する、というのが歴史の教えるところである。

いわゆる「民主主義の国々《デモクラシーズ》」では、資本主義は〔自らの存亡に関わるような〕深刻な危機に直面したことなど皆無であった。だからこそ〔ファシズムの国々に比べれば〕比較的に平穏だし寛容で居られたのである。しかし哲人プラトーンの言葉を用いるなら「富者の都市」と「貧者の都市」へと分断されたままの社会で、本当の民主主義を実現させるなんて不可能だ。ラスキ教授が喝破しているように、「国家が経済上の階級的分裂を具現したものである限り、国家は永久に、生産手段の所有権を自ら占有したり支配している階級に奉仕する〝奴隷〟であり続ける」(3)

そういうわけで現今の社会は、その社会の経済を成り立たせている諸々の基本原理に一大変革が起こらぬ限り、社会の在り方の本質的特徴《キャラクター》が根本から変わるなんてことは絶対に起こりえない。別な言いかたをするなら、〝民主政《デモクラシー》〟は今や資本主義の〝侍女《ハンドメイド》〟に成り果てたのだ。立法府も報道機関も出版社も教育機関も、そしてこれら以外にも様々な形で存在している宣伝布教機関《プロパガンダ》も、直接であれ間接にであれ、金持ちの階級に牛耳られているのだから。富裕階級は自分たちの願望《おもい》を遂げるために〝民主政治〟を喰いものにして、あげくの果てにこれを〝金権政治《プルートクラシー》〟に変えてしまう。鋭い所見を述べているのはブライス卿である――「民主主義にとって金銭の威力《マネー・パワー》ほど、しぶとくて強烈な破壊作用がじわじわと後から効いてくる敵対物は他にない」。この〝敵対物〟は「力づくではなく説得や欺瞞《ペテン》によって、こっそりと人心に働きかけ、その結果、人々は無意識のうちにすっかり騙《だま》されてしまうので」手に負えないほど恐ろしいのである。(4)

昔日《せきじつ》の〔一八三二年に選挙法が改正されるまで英国に存在していた、特定の個人や家族が全権支配で国会議員選挙の得票を買い取っていた〝都市選挙区《バーロウ》〟の蔑称である〕「懐中選挙区《ポケット・バーロウ》」が、現代では「議員操縦活動《ロビーイング》」や「地元有権者たちに〝肥料〟を施しての〝選挙地盤固め《ナーシング》〟」に形を変えただけであって、「資本主義社会の民主政体」に纏《まとわ》り付く醜聞は、今も昔もまったく変わりがないのだ。

2 「民主政治《デモクラシー》」対《vs》「衆愚政治《モボクラシー》」

現代のいわゆる「民主主義」諸国では、〔民主主義を蝕《むしば》む〕不健全な〝金銭の威力〟だけでなく、〝選挙運動《エレクショニアリング》〟の在り方そのものが全く欠陥だらけで、社会に害を為《な》すものになっている。選挙区の規模が大きくなると、有権者と候補者が直接に顔を合わせて親密に語り合うことなど、ほとんど不可能になってしまう。その結果、必然的に「野戦まがいの得票工作《エレクショニアリング・キャンペイン》（＝選挙運動）」が戦われるようになるわけだが、その害悪は今や誰もが嫌《いや》というくらいに知っている。そうした選挙戦につきものの候補者宣伝集会を、バーナード・ショーは彼ならではの語り口で、こんなふうに扱《こ》き下《お》ろしているほどだ――「酔っぱらってもいない正気そのものの連中が大声で意味もなく喚《わめ》き散らしていて、冷静な部外者が先入観なしに目撃したなら、重度の精神錯乱患者だけを特別に収容している狂人隔離施設の中にいるのでは、と勘違いしてしまうような、吐き気がするほど醜悪な見世物である」と……。「私は齢《とし》を重ねるにつれ」――とショー氏の嘆きは更に続く――「こうした見世物が一国の政府のまじめなお仕事の一部であるということは、人間が〝人間としての尊厳〟を保ちつつ、公民が品性と良識をそなえて生きて行くうえで、まったく耐え難い恥辱である、との思いを強めるばかりなのだ(5)」。

そういうわけで〔昔のイギリスの「懐中選挙区《ポケット・バーロウ》」のように特定の権力者が思いのままに〝票まとめ〟ができる選挙区でなく、たとえ選挙制度改革を行なって得票支配を望む権力者にとっては〕思いどおりに〝票まとめ〟が出来ないようにした選挙区に登場したとしても、それだけでは有権者が〝適正な代表者〟を選びとる保証はないのである。「民主政治」と思いきや、我らの目の前で行なわれているのは実は「衆愚政治《モボクラシー》」である――とガンディーは喝破する。礼節をわきまえ、有能で、言葉にも慎《つつ》しみがある人々は、まさにそうした人徳ゆえに、このような選挙には近づかないが、賄賂《わいろ》や不正行為を駆使して選挙戦を行なう無節操で〝ツラの皮が厚い〟候補者たちが結局そんな選挙戦を勝ち抜いてしまうわけである。選挙で戦うには法外な出費が欠かせない。……となれば当然の帰結として「民主政治」は、気に入らない相手を酷評したり嘲笑したり、あるいは自分に向けられた酷評や嘲笑を黙らせることを、〝金銭《カネ》の力〟でたやすく実行できる〝兵器〟に成り果ててしまうのだ。

のみならず、広大な選挙区で実施される現代の選挙の制度は、あまりにも事務的で退屈なものになりがちだ、という問題もある。ゴリゴリと硬直化した党組織であるとか、〝党内候補者選出大会《コーカス》〟が選び出した選挙候補者がどんな人物であるのか、一般有権者が自分で直接に会って体験的に深い知識を得るのは不可能だ。いろいろと選挙は行われるけれども、〔国や地方の政府が行なう〕立法活動も行政活動も今やあまりにも中央集権化が進んでしまったせいで、有権者の地元《ローカル》の利益に資するものでは殆んど無くなっている。どこの「民主主義国」でも有権者大衆の〔政治的〕無関心《アパシー》は今や周知の事実である。ひとたび選挙が始まると、有権者は投票所に仮設した〔候補者の名前を投票用紙に、誰にも見られずに書き込むための〕〝間仕切《まじき》り〟のなかに強引に引きずり込まれるようにして、各々の〝選挙権〟を〝行使〟させられる。アメリカ合衆国のように進歩的な国でさえ、〔選挙権という〕〝基本的人権《ザ・プリヴィレッヂ》〟行使の資格を与えられた国民は、平均して半数未満にとどまっている。物事を決める際に〝挙手〟させておいて、挙がった〝手〟の本数だけは数え上げるが、決定の手続きに参加した人たちの〝頭のなか〟は端《はな》から無視して済ませる制度、つまり投票で集まった〝票の数〟だけを数え上げ、その票に込められた〝有権者の思い〟を無視して済ませている選挙制度の下では、知識階級《インテリゲンツィア》の人々が発奮して政治に参加してくることなど期待しようがない。

3　公職選挙に向けた政党の〝党内候補者選出大会《コーカス》〟

ゴリゴリに組織を固めた「政党」と称する政治団体が世に蔓延《まんえん》するに至り、そうした政治団体とは無関係な〝孤立した個人〟が「政党」の教義に引きずられることなく独自の政治思想を養ったり政治活動を行なう場が、ほとんど奪い去られてしまった。公職選挙の候補として最適な、有益な人物がいたとしても、「政党の顔役《ボス》たち」のお気に召さなきゃ選挙に立つ機会を得られる見込みはない。それどころか選挙戦が始まると、政党が推す候補者の応援のために現職の議員に〝出動要請〟が出て駆り出されるのが常態となっている。私は、現代の「政党」という制度にまったく価値など無い、と全否定するするつもりは端《はな》から無い。国家にとって重要な、何か特定の事案について、有権者を啓発するぶんには「政党」は実に有用な道具なのであるから……。だが現代では「政党」という政治団体があまりにも硬直化し、煮詰まってしまったことは認めざるを得ないだろう。

アーサー・リッチー・ロード氏★1〔Arthur Ritchie Lord　一八八〇〜一九四一年〕の言葉を借りれば、「政党制度は世論を分裂させる方法としては今やあまりにも機械的になってしまったので、どんなに頑張っても一般大衆の意思を、代議政治に正確に反映することが出来なくなってしまったように思えるのである」[6]。

「我々の現在の選挙のやり方は」――と語るH・G・ウェルズ氏の言葉は手厳しい――「代議制政治を歪曲して描いた戯画《おどけえ》にすぎない」。さらに彼は続ける――「そんな選挙制度が、大西洋を挟んだ二つの世界に、腐敗した政党組織を産み落としたのだ」[7]。

議会での討論の進め方も、今では全く現実の国民生活から遊離してしまい、芝居じみたものに成り果てた。なにしろ重要な議会審議はどんなものでも大抵は、与党が設《しつら》えた〝結論〟があらかじめ準備されており、議事はそれに向かって運ばれて行くだけなのだ。そういうわけで「代議制の議会《リプレゼンタティヴ・パーラメント》」などと大層《たいそう》な呼び名を戴いてはいるが、今や議会は単なる「おしゃべり長屋《トーキング・ショップ》」へと急速度で堕落しつつある状況を呈しており、一般国民の軽蔑の対象になっている。

4　中央集権化〔＝少数特定機関への政治権力の過剰な集中〕

世界中が戦争に取り憑かれていた時代に、他所《よそ》の国が攻め寄せてくるという脅威に直面した国々では、その対応策として政治権力の中央集権化《コンセントレイション》を進めた。こうして議会が担うべき仕事も〔地方議会の領分だったものが、国会の領分へと〕中央集権化《セントラリゼイション》が進み過ぎてしまった結果、

「民主政《デモクラシー》」は〝蜃気楼《しんきろう》〟のごときものに成り果て、単なる〝金がかかる見世物〟になってしまった。実際、今や立法府は、山積みとなった案件を抱え込んだまま審議が滞《とどこお》って〝決裁〟が進まない。議会における〝決裁〟の渋滞は〔民主政治の〕効率を殺《そ》ぎ、政治の運営をむやみに遅らせて、時間と人力を浪費させる。そして更に、「皆にかかわる物事は、皆で決めねばならぬ」という民主主義《デモクラシー》の根本原理そのものを無に帰してしまうのだ。

　ここまで述べてきたように、要するに現代の「民主政《デモクラシー》」には、その働きを妨げている欠点がいくつも存在している。ここに挙げた以外にも、数多の欠点をたやすく数え上げることができよう。だが、そうした欠点を網羅的に列挙するのは我々の本旨から外《はず》れる。ここではこう述べるだけで十分であろう。「民主主義は今や正真正銘の岐路に立たされている」と……。だが民主主義は、この先も生き延びて行かねばならないのだ。しかし一体、民主主義は未来に向けて、どのような〝道〟を歩んで行けば良いのだろか?

第4章　ガンディー流の民主主義へ

民主主義が、直面している危機を乗り越えて生き延び、更なる発展を遂げて行くために、選び得る〝道〟は色々とありそうだ。すでに当代の思想家たちが様々な改善策を提案している。

ジョン・ラムゼー・ブライス・ミューア[★1]〔John Ramsay Bryce Muir　一八七二〜一九四一年〕は、自著『民主主義は失敗したのか?』（*Is Demoracy A Failure?*, 一九三四年）で、選挙当選者が一度だけ〝移譲票〟〔＝比例代表選挙制で、得票数が当選数を上回った候補者が、他の候補者に移譲できる〝自分の残余票〟〕を別の候補者に譲ることを認める方式の、《比例代表制》〔＝各党派の得票数に比例して当選者を決めることで、落選候補者に投じられる「死票《しにひょう》」が出ず最大多数の有権者の意思が公平に代表できるように工夫したもので、一八五五年にデンマークで初めて実施されて以来、徐々に実施国を増やしてきた選挙制度〕による選挙の実施を提唱している。彼が《比例代表制》の選挙を推すのは、この方法とて国内の少数派集団が政治的多数派になるのは全く不可能ではあろうけれども、だがとりあえず議会の〈政党別の議員数の〉構成は国内世論の多様性とその数量的比率を、無理なく反映したものになることが期待できるからだ。それに選挙を《比例代表制》にすれば、極めて優れた才能を有しているのに〈選挙の〝集票マシン〟と化した有力政党とは相性が合わないせいで〉国内に埋もれている逸材たちに、政界で活躍しうる機会を十分に与えることができるから、これまで選挙の機会を席捲《せっけん》していた有力政党の〝党内候補者選出大会《コーカス》〟の勢いを削《そ》ぐことも期待できる。、更にミューア氏は「委員会方式《コミッティー・システム》」を採用すれば、本会議に殺到していた国会の審議案件の〝混雑ぶり〟を緩和することも出来る、と唱える。

彼の提案はまったく実用的なのだけれども、〝民主主義の危機〟という問題の、本質ではなく周辺を撫で回しているにすぎない。たしかに《比例代表制》は優れた選挙制度だけれど、それだけでは〈民主主義の危機を乗り切るには〉不十分なのだ。国会に《委員会方式》を導入する提案とて、やはりそれで行政府や立法府への権限集中が生み出す本質的な難題の数々を解決することにはならない筈だ。

ブライス卿は、民主主義が生き残るための要件として、「人類全体の道徳性と知性の進歩」に望みを託した。彼は言う――「知性と思いやりの心、そして義務の意識があってこそ、万事が順調にすすむのである」(1)。

だがそんな宗教じみた願望を抱いたところで、現代の民主主義諸国を苦しめている〝民主主義を蝕む疫病〟をすべて治すことなど出来やしない。この厄介な難題に取り組むには、何らかの建設的で具体的な方策が求められるはずだ。

ラスキ教授はこんな期待を述べている――「誰もが豊かに暮らせるはずのこの社会の真っ只中に〝貧困〟が実際に存在している、という一大矛盾を、《社会主義化を推し進めることで従来社会の特権を廃絶する》という方策で解消させることが出来れば、健全で安定した民主主義《デモクラシー》社会を作り出すことが出来るであろう」。

だが果たして《社会主義》は、この期待に十分に応えられるのであろうか？　ソ連のご自慢である〝社会主義的民主政《ソーシャライズド・デモクラシー》〟が、国民大衆に対して〝厳格画一の集団統制《レヂメンテイション》〟を行なわねば存立しえないような全体主義《トータリタリアニズム》の統制体制に成り果てたことを、我々はすでに目撃しているのである。

リチャード・スタッフォード・クリップス卿[★2]（一八八九～一九五二年）は、「民主主義だけがもたらし得る文化的・政治的自由を確保しながらも、経済の分野では全体主義的な統制と計画を実施して効率的な経済運営ができるような、全体主義と民主主義が融合した統治形態《ガヴァンメント》を創出する」必要があると力説する。(2)　だがこれは何とも曖昧な提案で終わっている。

チェコスロヴァキアの現職の大統領を務めているエドゥアルト・ベネシュ[★3]（一八八四～一九四八年）は、民主主義の指導者として成功するための人格的要件を縷々《るる》と書き連ねている――「求められているのは、大いなる知性と教養、そして該博なる学識を備えつつ、鋭い直感力と天性の才能に恵まれ、なおかつ強靱な精神力を持ち、なおかつ決断と行動が速やかに出来て、なおかつ度胸があって雄々しい体躯を持つという、これら諸々の美質がきわめて調和のとれた形で統合されて一個の人格を成している、傑出した人物なのである」(3)。だが一体どこへ行けば、これほどの能力に恵まれた指導者と出会えるのであろうか？

例によって、この人ならではの奇抜な発想で〝民主主義の救済策〟を説いているのはバーナード・ショー氏だ。〔成人に達した国民すべてに選挙権を与える、という〕「普通選挙権」こそが民主主義を死滅させる、というのが彼の持論なのである。「小生は〝人間学〟と称する生物学の一分野を研究しておる学問の徒でありまして」――とショー氏は『時代潮流《タイム・アンド・タイド》』誌の最近の号で〝自己紹介〟をしたあとで、こんな議論を進めて行く。「〝人民の声〟が、即ち〝神の声〟である世界。二一歳以上のすべての人が、限りなく偉大で絶対に間違いのない政治的才能と聡明さを持ち合わせている世界。そんなものは、これまでこの世に一度たりとも存在したことがない〝お伽《とぎ》の国〟でありまして、いかに小生の〝ご託宣〟といえども、主張するわけには行かないのであります」。こう言い切ったあとで彼はこんな提案をする――「試験を行なって〝適格〟であると認定された議員のみから成る審議会《カウンシル》を設置し、なおかつその審議は国民一般からの可能なかぎり手厳しい批判に曝《さら》すとともに、議員を定期的に解任したり交代させる仕組みを確立することこそが、我々が目指すべき最も無難な目標なのであります」(4)。

彼によれば、民主主義者《デモクラット》たちが為すべき務め《ビジネス》とは、生まれながらにして〝超人的な立法議員《スーパー・レヂスレイター》〟を嗅ぎつけて、その男性なり女性なりを、我々のために働いてくれる議員を選定する〝適格議員審査委員会〟の審査にかけさせることだ、ということなのだ。つまりバーナード・ショー氏は

「全体主義的な民主主義《トータリタリアン・デモクラシー》」とでも謂うべきものを信奉しているわけである。「超人的な劇作家《スーパー・プレイライト》」で在《あ》られるこの御方《おんかた》には、私も当然ながら敬意を抱いているけれども、しかし彼にはこう問いかけてもよいはずだ。——けれども一体、「超人《スーパーマン》」だと認定するための選考試験をだれが作るんでしょうね？

〝超人的な立法議員〟たちが「救世主」や「現人神《あらひとがみ》」として振る舞うことで、自らに期待された職分を果たして行くことになるであろうことは、火を見るよりも明らかだ。結局のところバーナード・ショー氏が唱える「全体主義的な民主主義」は、突きつめて吟味すれば全くの「全体主義」なのであり、「民主主義」などとは微塵も呼べない代物なのである。

ならば一体、民主主義はこの先、いかなる〝道〟を歩んで行けばよいのか？　私ならこう答える——「ガンディーが拓いた道《ガンディアン・ウェイ》を行かねばならない」と。これは二大根本原理の実践を意味する。すなわち《非暴力主義《ノン・ヴァイオレンス》》と《分権主義《デセントラリゼイション》》の実行。この二大原理がどういうものかを、いま少し詳しく説明しよう。

1　非暴力主義

大聖《マハートマー》ガンディーによれば、民主主義《デモクラシー》は〝暴力には絶対に頼らぬ覚悟《ノン・ヴァイオレンス》〟を徹底させて実現に努める以外に、救済の道はない。なぜなら「たとえ〝民主主義《デモクラシー》〟を自称する社会なり政体であっても、それが暴力によって維持されている限り、弱い立場の人々を守って行くことが出来ない」からだ。「私が理解している〝民主主義《デモクラシー》〟というのは、最も弱い立場の人々が、最も強い立場の人々とまったく同じ〝幸福の機会《オポーチュニティー》〟を、当然のこととして享受して暮らしてゆける社会のあり方です。しかしそれは、暴力を用いては絶対に実現しないものなのです[5]」。

更にガンディーは続ける——「西洋社会で現在展開している〝民主主義《デモクラシー》〟と称するものは、激しさを薄めたナチズムかファシズムに他なりません」。更に言う——「それが言い過ぎだというなら、せいぜいが帝国主義に付きもののナチス的、ファシスト的な性癖を隠すための、単なる偽装にすぎないのです」。彼は別の場所でこうも語っていた——「民主主義と暴力は両立できないものなのです。今日、名目上は〝民主主義〟と称している国も、結局はあからさまな全体主義に成り果てるか、それが嫌で本当に民主主義をめざすなら勇気をもって非暴力主義を徹底させて行くしかないのです[6]」。

さもなくば、憲法でいくら「民主主義」を名乗っても、いつまでも儚《はかな》い夢のままであろう。資本主義の社会というのは〝搾取の象徴〟というべきものであるが、あらゆる種類の〝搾取〟の本質こそが、〝暴力〟に他ならない。だから〝搾取〟を根絶するには〝暴力のない社会《ノン・ヴァイオレント・ソサエティー》〟なり〝暴力のない国家《ノン・ヴァイオレント・ステイト》〟を確立せねばならない。そのような社会は必然的に〝経済活動における自由と平等《エコノミック・フリーダム・アンド・イクォリティー》〟を土台に据えて築かれて行くはずだ。なぜなら〝経済活動における平等〟無き所に、〝政治における正真正銘の民主主義《リアル・ポリティカル・デモクラシー》〟は存在できないからだ。

では一体、この〝経済活動における自由と平等〟はどうすれば実現できるか？ そのための一方策と言われてきたのが《ソ連方式の共産主義《ソヴィエト・コミュニズム》》なのであるが、実際のところ、これは「無産労働者階級《プロレタリアート》による独裁政体《ディクテイターシップ》」であって、これは別の言い方をするなら「不労所得生活者」の階級を情け容赦なく「暴力的に抑圧する体制」を意味している。この体制の下《もと》では〔〝社会の主人公〟であり〝政体の主権者〟であるはずの〕「無産労働者階級」自体の生活さえもが、厳しく規制管理されていて、その厳しさたるや〝自由で民主的な社会生活〟がほとんど帳消しになってしまうほどなのだ。つまり〔旧来〝資本主義〟社会に顕在化した〕〝病気〟を治すために荒療治を試みたが、その〝治療〟のほうが元の〝病気〟よりも有害になってしまっている、というわけである。

ボリス・ダヴィドヴィチ・ブルツクス[★4]〔Boris Davydovich Brutskus、一八七四〜一九三八年〕は、こう喝破している——「〔トマス〕ホッブズは個々の人々の尊厳をことごとく喰い尽くして肥え太り思いのままに権勢をふるう〝國體怪獣《リヴァイアタン》〟の脅威を論じたが、西洋でかつて栄えた君主国家でもなければ、今日の〝民主国家〟でもないものが、今や〝國體《こくたい》怪獣〟となって立ち現れている。すなわち現代では〝社会主義国家〟が、〝國體怪獣〟として猛威を振るっているのだ」(7)。

マックス・フォレスター・イーストマン[★5]〔Max Forrester Eastman 一八八三〜一九六九年〕は、かつてソヴィエト連邦を熱烈に賛美していた人物であるが、彼ものちに幻滅を抱くに至った。彼は嘆く――「今では私は、高度《ごりごり》に組織化された小さな党派が、〔〝ロシア社会民主労働党〟（ロシア革命成就後の一九一八年に〝ロシア共産党〟に改名）の党内分裂でレーニンらが主導権を握った〝多数派《ボリシェヴィキ》〟が唱えた〕《無産階級による独裁》だとか、〔ムッソリーニが率いるイタリアの〝国家ファシスト党〟が唱えた〕《ローマの栄光》だとか、〔ヒトラーが率いるドイツの〝国民社会主義ドイツ労働者党〟（通称：ナチス）が唱えた〕《北方ゲルマン人の絶対的優越》だとか、あるいは今後もそんな調子で新しい標語《スローガン》の類いがひねり出されるかも知れないが、あれこれと美辞麗句を並べ立てて武力でもって国家権力を強奪するならば、その党派がどんなに巧みに国民大衆をまとめ上げることが出来たとしても、当然のように全体主義国家に成り果てる、と考えています(8)」。

その「全体主義国家」であるが、これは結局のところ、統治手段こそ最新鋭であるが本質的には〔古代ギリシアで非合法の手段によって政権を奪取し、独裁制を樹立した〕〝僭主《タイラント》〟による暴政を、現代風に呼び替えただけの代物である。こうした僭主政治《ティラニー》は〝戦争機械《ウォーマシン》〟としての国家の効率向上を御旗《みはた》に掲げながら、自由に自発的に人格を発展させようとする個々の人々の創造的な生活をかならず弾圧して窒息させてしまう宿命を抱えているのだ。

ジョン・ステュアート・ミルも認めていることだが、長い目で見れば「一国の価値というのは、その国を構成している国民一人ひとりの価値に他ならないのだ」ということを、我々は忘れてはならない。「たとえ有益な目的のためであっても、国民が支配されるがままに従順な下僕《げぼく》として生きるようになることを望んで、国民を萎縮に追い込むような国家では、そんな小人物ばかりなので偉大な事業なんて何一つやり遂げられないのである」[9]。だからこそ、民主主義を発展進化させたいと望むなら、先ずもって民主主義を非暴力主義の路線に乗せることが何よりも必要なのだ。

2　分権主義〔＝権力の分散〕

ならば非暴力主義の民主主義を実現させるために、どんな手法を用いれば良いのだろうか？

その答えは《分権主義《デセントラリゼイション》》〔＝権力の分散〕である。暴力〔を用いた統制支配〕は必然的に〝中央集権化《セントラリゼイション》〟〔すなわち少数特定機関への、権力の過剰な集中〕を招き寄せる。だからこそ非暴力主義の社会を築くために本質的に必要なのは《分権主義》の徹底なのである。ガンディーはこれまで常に、政治経済分野における《分権主義》〔すなわち政治的・経済的な権力の分散〕を唱えてきたが、彼が求める《分権主義》の姿は、経済的に〝自給自足《セルフ・サフィシエント》〟し、政治的に〝自己決定・自己統治《セルフ・ガヴァーニング》〟が出来ている《村落生活共同体《ヴィレッヂ・コミュニティーズ》》のようなものだ。彼はそうした《生活共同体《コミュニティーズ》》が〝暴力なしで生きて行ける組織体《ノン・ヴァイオレント・オーガニゼイション》〟のお手本になると確信している。もちろん彼とて、古代インドの《村落共和政体《ヴィレッヂ・リパブリックス》の集合態》をそっくりそのまま復活させるべき、などとは考えていない。そんなことは出来っこないし、望ましいことでもない。昔とはちがう現代の社会状況や必要性に見合った、然《し》かるべき改良を施さねばならないのである。それに昔の《田舎の生活共同体《ルーラル・コミュニティーズ》》に欠点が無かったわけでもない。けれどもそうした《村落共同体》が、〝権力分散型の経済《デセントライズド・エコノミー》〟と〝地方自治政体《ローカル・セルフガヴァメント》〟の形を備えた、政治的にも経済的にも理想状態に達している最大規模の社会組織体を生み出す〝胚芽〟を孕《はら》んでいたことを、認めぬわけには行かないのである。それゆえガンディーは、確固たる伝統的・社会的合意のもとに行なわれる直接民主制と、〝暴力的な強引さ《ヴァイオレンス》〟とは無縁の〔自給自足によって住民の経済生活がほぼ自己完結し得る〕〝家内産業的な経済生活《コッテージ・エコノミー》〟と、住民同士が親密で豊かな相互づきあいのなかで暮らして行けるような、〔すべての住民の幸福実現に向けて〕配慮が行き届き、精妙に組織されている《村落生活共同体《ヴィレッヂ・コミュニティーズ》》を絶対不可欠の本質的な土台に据えた憲法こそが、来たるべき独立国家の樹立によって新生インドが持つはずの《正真正銘のインド憲法》のあるべき姿なのだと確信しているのだ。彼はこう断言する——「政府の統治が最もゆるい国家こそが、最も優れた国家なのです（That state will be the best which is governed the least）」[10]。

権力を〔集中的に独占してきた〝お上《かみ》〟から、それまでは中央集権機構の支配下に置かれてきた〝下々《しもじも》〟の者へと〕移譲《デヴォルーション》して政治権力の〝分散配置《デセントラリゼイション》〟を行なうことが絶対的に必要だ、という考え方はガンディーが気紛れで言っているものではない。実際、西洋社会の進歩的な政治思想家たちの大部分が、今やその重要性を認識しつつある。〔第一次世界大戦後に英国のH・ラスキやE・バーカー、米国のR・マッキーバー、フランスのL・デュギーらが「国家の絶対主権を否定し、国民が自発的に創り出してきた様々な集団の

〝多元的共存態〟と見なして、従来は政府が独占していた国家主権を分割してそれらの民衆的・自発的集団に分散移譲することで、個人の自由を回復すべきである」と説いた政治理論である〕「**多元的国家論**《プルーラリズム》」や、〔二〇世紀初めにフランスで生まれた実践的な社会革命思想で、労働組合が全国規模のストライキ、サボタージュ、ボイコットなどの集団的直接行動を闘うことによって現存の国家権力を打倒し、自主運営・自主管理の生産活動を行なうことで政治的・経済的権力を獲得して社会革命を成就しようと目指す〕「**革命的労働組合主義**《サンディカリズム》」や、〔サンディカリズム（＝革命的労働組合主義）の直接的影響を受け、二〇世紀前半に英国でG・D・H・コウルなどが理論化して生まれた、実践的でいっそう現実的な社会革命思想で、労働組合を産業別・職業別に再編成して全国規模の各種の一大ネットワークを創り上げて階級闘争を行ない、ゼネスト（＝全国一斉怠業）によって有産階級が占有してきた権力を奪取し、各産業の〝全国ギルド〟（＝全国規模の職人組合）が生産活動を担うとともに、〝全国産業ギルド会議〟を設けてギルド間の紛争の調停を行なうことで、労働者の生活と権利の向上をめざす〕「**同業者組合社会主義**《ギルドソーシャリズム》」や、〔基本的には「一切の権威、とりわけ国家の権威を否定して、諸個人の自由を尊重し、その自由な諸個人の合意のみに基づく社会づくりをめざす」政治思想であり、その最も端的な方策として、宗教も道徳も国家もすべて廃棄する、という個人主義的な〝生き方〟の思想もあるが、サンデイカリズム（＝革命的労働組合主義）の影響を受けてフランスのピエール・プルードンが唱えた「生産労働者と小農民と手工業者の互恵的協働による無政府主義の実現」をめざす社会思想や、ロシアのミハイル・バクーニンが唱えた「限定的な財産私有を認めながら組織労働者による土地と資本の集産制度と直接的実力闘争を通じた無政府社会の実現」をめざすものや、同じくロシアのピョートル・クロポトキンが唱えた「農村共同体を土台として個人の自発性と相互扶助に支えられた共同所有の社会を創ることで無政府主義を実現させる」思想など、実現方法について様々な模索や議論や試行が続けられてきた〕「**無政府主義**《アナーキズム》」など、社会思想が違えば〔理想の現実に向けた戦略・戦術の力説箇所などの〕細かい部分で異なるところもあるけれども、しかしいずれの理論を主張する者も、「民主主義の実現」を名目に築き上げられてきた〝中央集権〟の在り方を根本から見直して〝中央集権政府〟に集中してしまった〝民主主義実現のための役割分担《ファンクション》〟を〔〝お上《かみ》〟から〝下々《しもじも》〟の者へ〕分散移譲すべきだと声を揃えて唱えているのである。実際、いずれの〝主義〟を目指すにせよ、いずれも皆、経済と政治の両部門で〝統治管理《アドミニストレイション》の担当者〟に権力が高度に集中することに反対している。

「世の人々の、社会活動への信頼感を回復させたいと願うなら、中央政府《ザ・ステイト》は自らが占有する諸々の職権《ファンクションズ》を細切れにして分散せねばならない」――そう喝破するのはジョード教授である。

「執行権限を発揮して生産および地域行政と取り組むことができる小規模の各種団体に、個人がその団体内で自分は政治的な存在意義を有していて自分の意見が尊重されており〔団体内での〕自分の努力《ワーク》が社会に本当に役立っていると、あらためて実感できるような構成員として、所属できるようにせねばならない。つまり一大機構となっている政府の規模を、縮小することが緊要の課題となっているわけだが、ここで肝心なのは人民が自分たちで行なった政治的な努力の成果を自分たち自身の目で確かめながら《〝自主管理の政治《セルフ・ガヴァメント》〟が実際に行なわれれば社会は自分たちの意志で変えて行くことができるのだ》と実感できるようにするために、政府を〝人民が暮らす地元《ローカル》のもの〟にすることで〔地元住民自身が〕管理運営できるようにせねばならないのである[11]」。

G《ジョージ》・D《ダグラス》・H《ハワード》・コウル教授★6〔George Douglas Howard Cole 一八八九～一九五九年〕は言う――「そもそも民主主義は〝中央集権化〟に敵対するものなのだ。なにしろ民主主義というのは、どんな場合であれ〝集団としての意志《コレクティヴ・ウィル》〟を表明する必要が生じたときには、まさにその時その場で何ものにも縛られずに〝民主主義を実践して見せる《マニフェスト》〟ための自由を求める一大精神に他ならないのであるから」。「だが調子に乗って全ての流れを一本の〝主流〟に流し込んでしまうようなことをすれば、自発性は奪い去られ、それは〝偽物《ウン・リアル》〟になってしまう[12]」。

コウル教授は自著『フェビアン社会主義』（*Fabian Socialism*, 一九四三年）で〔長年にわたる組合活動の経験にもとづき〕こんな達見を述べている――「性別に関わりなく、広く一般市民が集団活動の力量を身につけ公共問題を的確に理解できるようになってほしいと望むなら、我々は先ずもって、労働者たちの小規模な民主政体を土台に据えた、我々自身の社会を築くことから始めなければならない」。

オルダス・ハクスリー先生によれば、「より良き社会への政道とは、〝分権主義《デセントラリゼイション》〟と、責任を伴った〝自主管理の政治《セルフ・ガヴァメント》〟の道に他ならない[13]」。

たとえ、これまでは一応の〝民主政体〟を構えて統治を行なってきた国であっても、ひとたび権力の〝一極集中《セントラリゼイション》〟が進めば、国民各個《かくこ》が享受してきた〝個人として生きる自由〟は切り詰められ、一括《ひとくく》りの〝大衆〟として扱われて〝厳格画一の集団統制《レヂメンテイション》〟が止めどなく進行してしまう。結局のところ〝民主政体〟というのは人間のために作られたものであって、〝民主政体〟のために人間を作ったわけではないのだが、ともすれば我々はこのことを忘れがちなのだ。〝民主政体〟は一定の目的を実現するための、一つの手段にすぎない。だから〝民主政体〟の方を、人間の社会と心理に適合する形に調整なり改造する必要がある。

「人は小さな共同体《コミュニティー》に暮らすとき、一番の幸福を感じる」——現代の社会学はこの原則の正しさを裏付けている。(14)

この〝人間あっての物種《ヒューマン・ファクター》〟であるという肝心かなめを軽んじて、〝調和のとれた小規模の団体〟の創出を怠るなら、新たなる世界秩序の構築を目指してどんなに荘重な社会像を描き出しても、沈没するのが関の山である、とロイ・グレンディー★7〔Roy Goncalves Glenday　一八八九〜一九五七年〕は警告する。

カール・マンハイム★8〔Karl Mannheim　一八九三〜一九四七年〕も、こう喝破しているのだ——「集団との結びつきを失ったら、人は、貝殻を失った牡蠣《カキ》に等しい」。

モーリス・ギンズバーグ教授の言葉を借りるなら、一つの集団に属している各々《めいめい》の個人は、まさに「同類意識《コンシャス・オヴ・カインド》」を共有することで〝仲間同士〟となって結び付くわけだ。こうした〔社会の構成員同士が抱く〕心情的な連帯感と、仲間への献身的な愛情は、〝本当の民主主義社会《リアル・デモクラシー》〟が〝期待に応じた働き《ファンクショニング》〟を全《まっと》うするには不可欠なものだが、現代の典型である〝中央集権化された民主主義政体《セントラライズド・デモクラティック・ガヴァンメント》〟では芽吹きようがない。

だからこそ、アダムズ教授★9〔William George Stewart Adams 一八七四～一九六六年〕は、現代の代表制国家が抱えるさまざまな障害を詳細に分析検討したうえで、われら現代人に「障害の元凶を見きわめ、〔〝お上《かみ》〟による集中的独占から、それまでは中央集権機構の支配下に置かれてきた〝下々《しもじも》〟の者への〕〝権力の移譲《デヴォルーション》〟と、政治権力の〝分散配置《デセントラリゼイション》〟という大胆な政策を、果敢に推し進めていく」ことを求めたのだ(15)。

ラスキ教授も「高度に中央集権化されている国では、〔政府に〕服従しても価値を生み出すことなんて滅多にないし、そうした服従は、個性なき機械的習慣になって、怠惰な生活を招くだけである」という理由で、〝権力の分散《デセントラリゼイション》〟に賛同している。「中央集権化は社会を〝同質化《ユニフォーミティー》〟に追い込む。なにしろ中央主権化というのは、その土地なりその時代なりに独自の気風とか特質というものとは全く関係なく、進行して行くものなのであるから(16)」。

ルイス・マンフォード★10〔Lewis Mumford 一八九五～一九九〇年〕は、「〔誰でも参画できる〕〝開放的な郷土《オープン・カントリー》〟に、調和がとれていて安定している小規模の生活共同体《スモール・バランスト・コミュニティーズ》」を数多《あまた》建設することを推奨している。このような小さな生活共同体は、郷土に数多存在することで、総体として一個の極めて巨大な〝地方自治政体〟に成り得る潜在力を有しているわけだし、個々の生活共同体が、そこで暮らす人々に、活力に満ちた正真正銘の民主主義を習得するための絶好の訓練の場を提供してくれるからだ。つまり郷土に繁茂する細《こま》やかな生活共同体の数々は、〔住民は自分たちの生活上の雑事を〝お役所まかせ〟にし、役人は自分たちの所轄《なわばり》の利権の擁護拡張と厄介しごとの〝たらい回し〟で役人職分の自己防衛に汲々《きゅうきゅう》となる、という〕〝官僚主義根性《ビューロクラティック・スピリット》〟の弊害を防除しうる極めて貴重な〝解毒剤〟であり、その地域に何か問題が生じた時には、住民がみな十分に事情を理解したうえで話し合いを行ない、適切な解決策を見出して行く、という民主的な問題解決へと人々を導いてくれる場なのである。

「まさに、あちらこちらの生活共同体で」――と断言するのはブライス卿だ――「民主主義は最初に生まれた。そしてまさに、あちらこちらの小さな生活共同体から、民主主義について初めて著述を行なった唱道者や福音伝道者たちの諸々の理論が湧き出てきた。しかもまさに、あちらこちらの小さな生活共同体においてこそ、人民が本当の意志を政府の働きに反映させて行く方法を、最もよく発見し、学び、練習することが出来る。なぜなら人が直面し、答えを探し出さねばならない問題というのは、そもそも大部分が人民自らの力で解決できるからだ[17]」。

ベニ・プラサード博士[★11]〔Beni Prasad　一八九五～一九四五年〕は〝地域に根付いた自主管理の政治《ローカル・セルフ・ガヴァンメント》〟の効能の解明を進めるなかで、次のように数多の利点を述べ挙げている――

「〝自主管理の政治《セルフ・ガヴァンメント》〟の構成単位として理想的なものは、おそらく古代ギリシアの哲人アリストテレースも同じ事を言ったであろうが、人民の各々《おのおの》がお互いの人格を知ることが出来るような、家族のように親密な環境なのである。村落《ヴィレッヂ》や町区《タウンシップ》や〝自立共生態《コンミューン》〟の内部では〝自主管理運営《オートノミー》〟が行なわれているので、直接民主政が優勢になり、人々は〝公民《シヴィック》としての愛郷心〟に目覚め、自分自身を向上させようと努めるようになり、他人と協力して事を進める習慣が身につき、判断力が養われ、〔中央集権政体に暮らしている一般庶民には〕〝雲の上の世界〟のようで到底近づきがたくなってしまった代議士とかお役人の、通常なら自分が成るのは望み得ない〝経世済民《世をおさめて民をすくう》〟の実体験を、無数の民衆に教え伝えて行けるのだ。町や地域で〝地元に根付いた自主管理の政治《ローカル・セルフ・ガヴァンメント》〟を行なえば、中央政府の立法府や行政府に集中してきた業務上の負担は軽減される。現代世界では国家が巨大化してしまったが、〝地元に根付いた自主管理の政治〟を振興することで、個々の有権者が一塊《ひとかたまり》の巨大な〝選挙民〟集団の中に埋没してしまいケシ粒のように存在感を失ってしまうことを、防ぐことができるので、人民主権の実現にとって賞讃すべき価値がある。

巨大な票数を競う現代の国政選挙のごとき政治的行事に付き合わされる有権者たちは、ともすれば圧倒的な威圧感に襲われて政治参加に恐れをなしてしまう。その威圧感たるや、慈悲とか情け容赦といった人間らしい感情など全く存在しない〝非常の世界〟に独り捨て置かれたまま、その〝世界〟を止めどなく支配する途方もなく強力な連中を、呆気《あっけ》にとられて眺めるままになっているような、〝一人の人間《インディヴィヂュアル》〟としての無力感に他ならない。これをあたかも宿命のように受け入れてしまうことで、一般大衆《マルティテュード》はあきらめの気持ちを持ってしまうわけだが、これを正《ただ》す最良の手段が、〝地域に根付いた自主管理の政治〟を実施することなのである」(18)。

3　古代ギリシアの都市国家

欧州では古代ギリシア《都市国家《シティー・ステイト》》が、直接民主制による〝地域に根付いた自主管理運営《ローカル・オートノミー》〟の政治を享受していた。この《都市国家》では〝市民総会〟に最高の政治権力が与えられていた。「この〝市民総会〟は」――ブライス卿によれば――「議会《パーラメント》と、内閣《ガヴァメント》と、行政府《エグゼキュティヴ》と、立法府《レヂスレイチャー》と、司法府《ヂューディシャリー》の、全てを兼ねていた」。《都市国家》に住む市民たちは、日々の親しい交際《つきあい》のなかで暮らしている人々だったので、何であれ政党のような政治団体を組織する必要なんて全く無かったのである。それに古代ギリシアに群生していた〝共和政体《リパブリックス》〟は、規模の小さな社会だったので、《民会》〔＝市民総会〕に参加し選挙投票の資格を持つ市民の大多数を一堂に集めて政権表明を聴くことは容易に出来たし、〔「大臣《アルコーン》や「将軍《ストラテーゴス》」のような政治的・軍事的な〕指導者や官職を志願する者がいれば、どういう人柄なのか、市民の誰もが自分の意見を持つことも可能であった。〝国家〟の規模が小さいからこそ、その〝国民〟が団体生活を営むことも可能になる。そういうわけで《都市国家》は必然的に〝小さな国〟の形をとった。

哲学者プラトーンが考えた理想的な国家の在り方は、〝一人の人間〟の健康状態を連想させるものである。つまり〝国体《ボディ》〟の一部が傷ついた場合には全身の働きでその痛みを感じ、全身の働きでその損傷に感応して自然治癒が進み、全身の調和が回復する、という考え方だった。国家が〝小さくて調和のとれた一まとまりの団体〟という形態で存在せぬかぎり、こんな国家理念なんて思い描けなかったであろう。古代ギリシアの人々にとって《都市《シティー》》とは「市民が皆で共有する一大生活《ア・ライフ・イン・コモン》」に他ならず、《国　体《コンスティトゥーション》》とは哲人アリストテレースが説いたように、〝法的な構築物〟というよりも、むしろ「人生を生きる在り方《ア・モード・オヴ・ライフ》」だったのである。

私はなにも、古代ギリシアの《都市国家》は完全無欠の理想国家だった、などと言うつもりは無い。《都市国家》にも、それなりの短所や汚点はあった。例えばこの《都市国家》が奴隷制度の上に成り立っていたことを弁護するなんて、誰が出来ようか？　だがそれにしても、古代ギリシアの《都市国家》は調和と平和のうちに「皆が共有して営む一大生活《コモン・ライフ》」を享有していたので、例えばアテーナイで顕著だったように、その後の欧州に絢爛豪華《けんらんごうか》な花を咲かせることになる思想や文化が力強く伸びていく〝苗床《なわしろ》〟として発展を遂げた事実を、認めぬわけには行かないのである。

デライル・バーンズ教授が指摘したように、アテーナイの市民はじつに実り豊かな生活と自由を享受していた。「更に言えば、どんな都市の歴史を眺めてみてもアテーナイほど芸術家や詩人や哲学者と関わり深い都市は、他に見当たらないのである。あれほど短期間のうちに建築や彫刻や演劇や哲学の分野で、斯《か》くも偉大な業績を生みだした人々は、アテーナイの市民を措《お》いて他には存在しないのだ」[19]。

4　インドの田舎で古来続いてきた〝共和政体《リパブリックス》の集合態〟

欧州では〝産業革命〟の〔一八世紀半ばから一九世紀半ばにこの地域を席捲する〕以前に、様々な国で、小さな村落生活共同体《ヴィレッヂ・コミュニティーズ》の多くが〝地域に根付いた自主管理の政治《ローカル・セルフガヴァメント》〟を実践していた。〔ピョートル・アレクセイヴィチ〕クロポトキン公爵★12〔Pyotr Alekseevich Kropotkin　一八四二～一九二一年〕は、近代以前の欧州の小村に栄えたそうした〝協同互助にもとづく社会生活《コウオペラティヴ・ライフ》〟の様子を、自著『相互扶助論』〔一九〇二年〕で生き生きと描き出していた。

中国と日本も、やはり大昔からこのような〝分権主義にもとづく有機的社会組織《デセントラライズド・オーガニゼイション》〟が田舎の村落に根付いて発展を遂げた代表的な国といえる。だが我らインドの民も、《地域に根付いた自主管理の政治》を社会制度の形で「地上に現れた全ての国のうちで最も早くから発展させ、最も長い年月にわたって維持してきたのは、他ならぬインドなのだ[20]」という事実を、堂々と語る資格がある。

我らがインドには、有史以前の太古から《村落自律共生態《ヴィレッヂ・コンミューンズ》》が存在してきた。神話によれば〔大地母神〝広大妃《プリトヴィー》の息子で、インド最初の〝祝聖された王〟になった〕〝偉大王《プリトゥ》〟がガンジス川とジャムナ川に挟まれた沖積地帯《ドアーブ》に入植したときに、この《村落自律共生態》という社会制度がインドに初めてもたらされたという。『始祖法典《マヌ》』と、『偉大なるバーラタ族《マハーバーラタ》』の「平和の巻《シャーンティ・パルヴァ》」には、「村落の和合衆《グラム・サンガ》（gram-sangha）」が実在していたことを示す数多の言及が見られる。こうした《田舎の生活共同体《ルーラル・コミュニティーズ》》についての記述は、紀元前四〇〇年頃に生きたカウティリヤの著作『実利の聖典《アルタ・シャーストラ》』にも現れている。

〔生没年は不明だが紀元前三世紀ごろの「インド最初の詩人」である〕聖仙ヴァールミーキが書いた叙事詩『ラーマー王の物語《ラーマー・ヤナ》』には、おそらくは《村落共和政体《ヴィレッヂ・リパブリック》》が多数結びついて出来ている一種の〝連邦国家〟だった《部族の足場《ジャナ・パダ》》と呼ばれる〝国〟が登場する。

〔紀元前四世紀の、マケドニア王アレクサンドロスが率いる〕ギリシア連合軍のインド侵略が起きた当時、インドではこの社会制度が広く行き渡っていた。

メガステネース★13〔Megasthenes 紀元前三五〇〜前二九〇年頃〕は、「五人衆《ペンタド》」の活躍を生き生きと描いた印象記を遺《のこ》しているが、彼が「五人衆」と呼んでいた対象は、《村落自律共生態》を運営統治していた《五賢評議会《パンチャーヤト》》に他ならない。

インドを旅して回った中国人である、法顕《ほっけん》★14〔三三七〜四二二年〕や、玄奘《げんじょう》★15〔六〇二〜六六四年〕は、彼らが訪れた当時のインドがいかに繁栄を極め、その国民も「比類なく快活で幸福な暮らし」をしていたかを、我々に教えてくれる。

〝聡明なる導師《シュクラーチャーリヤ》〟が著した『統治の聖典《ニーティサーラ》』には、紀元七世紀当時の《村落共栄自治政体《ヴィレッヂ・コモンウェルス》》の具体的で詳細な記述を見ることができる。

実際、インドでは〔アーリア人のインド亜大陸への侵入から、仏陀（釈迦牟尼《シャーキャ・ムニ》、生没年は諸説あるが紀元前五六三〜前四八三年頃か？）が活躍した時代の〝十六大国〟が並立して群雄割拠し始めるまでの、紀元前一五〇〇〜前五〇〇年頃までの〝インド古代〟を指す時代区分である〕〝ヴェーダ時代〟の最初期に、すでに村落が〝統治機関《アドミニストレイション》〟の基本単位と見なされていた。《グラーミニ（grāmini）》すなわち〝村落の指導者〟のことは『知識讃歌《リグ・ヴェーダ》』（第一〇巻の第六二篇第一一詩節および第一〇七篇第五詩節）で言及されている。〔仏教の〝前世〟物語集で『本生経《ほんしょうきょう》』とも呼ばれ、紀元前三〜四世紀ごろの古代インドで伝承されていた説話をもとに仏教的内容が付加されて成立した〕『本生譚《ジャータカ》』にも《グラーム・サブハー（grām-sabhā）》すなわち〝地域に根付いた村落評議会《ローカル・ヴィレッヂ・アセンブリー》〟への言及が見られる〔ちなみに「グラーマ（grāma）」は「村」、「サブハー（sabhā）」は「会衆、評議会」を意味する〕。

これら以外にも、商人たちの相互扶助的な〝同業者組合《ギルド》〟を意味する《シュレーニー（shrēnī）》という言葉が古来、知られてきた。「村落は〝ヴェーダ時代〟以降も一貫して団体《コルポレイト》として一個のまとまった形を持った政治的な活動単位《ポリティカル・ユニット》であると見なされ続けた。例えば〔紀元前三〇〇〜紀元一〇〇〇年のいずれかの時期、とりわけ紀元七〇〇〜一〇〇〇年頃に成立したと推定される〕『ヴィシュヌ聖典』や、『始祖法典《マヌ》』では、村落は、〝国家という建造物《ステイト・ファブリック》〟を造り上げている最小の政治的活動単位《ポリティカル・ユニット》と見なされている[21]」。

〔ヴェーダ文献における〝律法経典〟で、紀元前六世紀から前二世紀にかけて書かれた法律文献の総称である〕各種の〝法経典《ダールマ・スートラ》〟や、〔紀元前六世紀から紀元一九世紀半ばまで書かれ続けたインドの古法典の総称である〕各種の〝法聖典《ダールマ・シャーストラ》〟には、《ガナ（gana）》および《プーガ（pūga）》についての言及が頻繁に登場するが、この二つの言葉はいずれも〝村〟なり〝町〟なりの自治体《コルポレイション》を指し示す〝専門用語《ターム》〟であったと考えられる。〔ちなみにサンスクリット語では、《ガナ（gana）》には「群れ、群衆、一団、部族、階級、特定目的の団体への参加者全体」、そして《プーガ（pūga）》には「町民や村民たちによる議会や裁判集会、大衆」といった多様な意味があるが、こうした諸々の意味の中から特に一定の事物（すなわち〝村〟なり〝町〟の自治体）を指す〝専門用語《テクニカル・ターム》〟へと、指示内容が〝特化限定《ターミネイト》〟されて用いられていたわけである〕。

古代インドでは〝地域に根付いた自主管理の政治〟を実施する公共的住民自治体が、確固たる〝制度〟として普及していたことが、このように各種の古文書に〝証言〟として現れているわけだが、これまでに発掘収集された夥《おび》ただしい数の古代の〔硬貨や遺跡に刻まれた〕銘刻文も、この歴史的事実を裏付ける証拠をもたらしている。

インドの《田舎の共和政体の集合態《ルーラル・リパブリックス》》は、〔この地の伝統宗教である〕ヒンドゥー教系の王朝や、〔七世紀初めにアラビア半島に生まれ、のちにインド亜大陸にも伝来した〕イスラム教を信奉する王朝や、〔インド亜大陸内部の農耕軍事カーストから派生し、中世以降は自らを「クシャトリア（王族・武士階級）カーストと任じて強力な武人王国の連合体を築き上げた」〕マラータ民族の王朝が栄枯盛衰を繰り返すなか、〔一六〇〇年にイギリス、一六〇二年にオランダ、一六〇四年にフランス、一六二〇年にデンマークが〕《東インド会社》を設立して、この地に立ち現れるまでの極めて長い年月にわたって隆盛を続けた。数多の王朝が亡び、数多の王朝が没落したが、《田舎の共和政体の集合態》は生き延びたのである。「《地域に根付いた政体《ローカル・ガヴァメント》》は〔王朝や帝国という巨大規模の政体から〕独立した発展を遂げ得たおかげで、政乱が嵐のごとくインド亜大陸に吹き荒れるさなかにあっても、あたかも甲羅で守られた亀のように、平和に暮らせる安息の地となり、人々はその場所で安寧《あんねい》を享受しながら民族の文化を育み続けることが出来たのである(22)」。

国王たちは《村落共栄自治政体《ヴィレッヂ・コモンウェルス》》から〝王国への税収〟を受け取るにとどまり、通常は、自らの王領内で営まれている《地域に根付いた政体》に干渉することは無かった。

チャールズ・トレヴェリヤン卿★16〔Sir Charles Trevelyan　一八〇七〜八六年〕が明言したように、「インドには次から次へと外来勢力が襲来して各地が絶えざる征服に曝《さら》されているわけであるが、諸々の《地域に根付いた村落共同体《ヴィレッヂ・ミューニシパリティー》》は〔古来インドで祭祀の際に地面に敷きつめて祭場を造るのに用いられた〝茅《かや》〟に似た植物で、釈尊《しゃくそん》が悟りを開いたときに菩提樹の下にこの草を敷いて坐したとも伝えられている〕〝吉祥草《クーシャ》〟のごとく、大地に深く根を張って、揺らぐことがなかった」。

ジョージ・バードウッド卿★17〔Sir George Birdwood　一八三二〜一九一七年〕も、次のような所見を記《しる》した――「世界広しといえどもインドほど数多の宗教革命や政治革命を経験した国は、ほかには存在しないのだけれども、それにしても《村落生活共同体《ヴィレッヂ・コミュニティーズ》》はインド亜大陸《ペニンシュラ》の全域で、地方自治体としての活力を充分に発揮し続けたのである。スキタイ勢力、ギリシア勢力、サラセン勢力、アフガン勢力、モンゴル勢力、マラータ勢力は、いずれも高地山岳地帯を降《くだ》ってインドに襲いかかった。ポルトガル、イギリス、フランスおよびデンマークの各勢力は、海の彼方から襲来して上陸し、この亜大陸にそれぞれの支配地をまんまと確立させた。だが信仰心で固く結ばれ、生業《なりわい》を共有しながら集団生活を営んできた村々は、潮の満干《みちひ》に日々洗われ続ける岩礁が容易に砕け散ることがないのと同様、そうした侵略者たちの去来に殆ど影響されぬまま、現在に至っている」[23]。

チャールズ・メトカーフ卿[★18]〔Sir Charles Metcalfe 一七八五～一八四六年〕は、インド総督臨時代理に就く直前の時期、すなわち〔インド参事会の委員だった〕一八三〇年に英国議会で植民地行政官としての彼の名声を確固たるものにした報告を行なったが、その議事録によれば、こんな議会報告をしていたのである――

「〝村落生活共同体《ヴィレッヂ・コミュニティーズ》〟は小型の共和国というべきものでありまして、この共同体自体に必要となりそうな事物はほとんど全てが備わっていて、外部とのどんな関係からもほぼ独立した状態で存在しています。他のものが全て滅びてしまっても、この共同体だけは存続して行くだろう、と思えるほどなのです。王朝は興亡を繰り返し、革命も次々と起きていました。……けれども〝村落共同体〟だけは何も変わらずに続いてきました。……この〝村落共同体〟が寄り集まって一個の〝村落生活共同体の連合体《ユニオン・オヴ・ザ・ヴィレッヂ・コミュニティーズ》〟を成しているわけですが、それぞれの〝連合体〟は、またそれ自体が〔他の〝連合体〟とは別個のものとして存在する〕一個の小さな〝主権国家《ステイト》〟を成しているわけでして、私が思うに、インドの人民はこれまで数多の革命や社会変動に直面して堪え忍んできたわけでありますが、そのインド人民を保護するうえで何にも増して大きな貢献をしてきたのが、まさにそうした社会事情だったのでありまして、更にまたそうした社会のあり方が、彼ら人民を幸福へと導き、彼ら人民に大いなる自由と独立を享受せしめるうえで、きわめて有効に働いたのであります。それゆえに私は切望するのでありますが、どうかこの〝村落国家政体《ヴィレッジ・コンスティトゥーションズ》〟を決して邪魔しないで頂きたい。これを壊しかねない性癖《かたむき》が有れば、どんなことであれ、私は心の底から恐れを感じているのであります」(24)。

だがメトカーフ卿の願いも空《むな》しく、冷酷な運命がインドを襲うことになる。イギリス東インド会社〔一六〇〇～一八五八年〕の無節操で不謹慎な強欲が、こうした《五賢評議会《パンチャーヤト》による村落自治政体》を徐々に崩壊を追い込んだのである。決定打は〔ムガル帝国で行なわれてきた〝地租徴収請負人〟に〝土地《ザミーン》〟の〝保持《ダール》〟を認めるという「徴税請負地主《ザミーンダール》」による封建的大地主制度を〝徴税手段〟として受け継いだ東インド会社が、旧来の「徴税請負地主」に認められていた様々な権利を無視して、入札により最高の納税額を提示した徴税請負の志願者にこの特権的職権を与えるという方法を採ったせいで、都市部の富裕層が〝不在地主〟になったり地租徴税権が転貸されることで中間的地主階級が誕生して直接耕作者の負担をますます重くしただけでなく、凶作の際には徴税ノルマを達成できない「徴税請負地主」が逃亡するなど東インド会社の植民地経営の基盤を揺るがしかねない不安な状況が生じた結果として〕東インド会社が従来は《村落が自らの土地を保有し続ける制度》として存続してきた「徴税請負地主《ザミーンダール》」制度を、新たに〔植民地政府が直接に個々の〝農民《ライーヤト》〟と納税契約を結ぶ〕「個別農民徴税《ライーヤト・ワーリー》」制度に切り替えたことだった。これによって、一個の独立した〝団体としての共同生活《コルポラト・ライフ》〟を営んで来られた《村落共和政体》は崩壊に追い込まれたのである。更にまたイギリスの官僚機構が、それまでインド現地の《村落共和政体》が保持し得ていた行政と裁判に関するあらゆる権力を掌握することで、イギリス政府による中央集権的なインド支配が完成し、村民自らが村落共同体の自主管理を行なうために先祖代々にわたって培ってきた自主的な権力や影響力が、奪い盗《と》られてしまったのである。

ヘンリー〔ジェイムズ・サムナー〕メイン卿★[19]〔Sir Henry James Sumner Maine 一八二二〜八八年〕は、自著『東西世界の村落共同体』〔*Village Communities in the East and West*, 一八七一年〕でこう言明した──「インド古来の《村落生活共同体《ヴィレッヂ・コミュニティー》》は生き続けていたのであり、社会制度として屍《しかばね》の姿を残していたのではない」。

〔英国のインド高等文官（ICS）で、パンジャーブ森林保全管理官やラホール首席判事、一八八二年創設のパンジャーブ大学の副学長などを歴任した〕（ベイデン・ヘンリー）ベイデン＝ポウエル氏〔Baden Henry Baden-Powell 一八四一〜一九〇一年〕は、『インドの村落共同体：各地方の地誌・民族誌・歴史的事情に言及しての調査：主に徴税記録と地区便覧に基づく』〔*The Indian Village Community: Examined with Reference to the Physical, Ethnographic and Historical Conditions of the Provinces;*

Chiefly on the Basis of the Revenue-settlement Records and District Manuals, 一八九六年）で、こうした村落共同社会についての徹底的に詳しい解説を我々に提供してくれた。

アナント・サダシヴ・アルテカル教授[★20]〔Prof.Anant Sadashiv Altekar 一八九八〜一九六〇年〕が著した『西部インドの村落共同体の歴史』（*History of Village Communities in Western India*, 一九二七年）は、我らがインドに栄えてきた《田舎の共栄自治政体《ルーラル・コモンウェルス》》がどのように営まれてきたかを教えてくれる貴重な記録である。

しかしこの主題〔＝インド古来の《村落生活共同体》〕についてこれまで世に出た文献のなかで最も優れているのは、次の二冊であろう。――すなわちラードハ・クームード・ムーケルジー博士[★21]〔Dr.Radhakumud Mookerji 一八八四〜一九六三年〕の『古代インドにおける地方自治』（*Local Government in Ancient India*, 一九一九年）とラードハ・カマル・ムーケルジー[★22]〔Dr.Radhakamal Mukerjee 一八八九〜一九六八年〕の『東洋の民主政体：比較政治学的研究』（*Democracies of the East: A Study in Comparative Politics*, 一九二三年）の、２冊だ。

とはいえ、インドの田舎に根付いてきた《共和政体》の集合態がどのような組織であったのかを詳しく述べていくと、この小冊子の本旨から外れてしまう。ここではこう述べるだけで十分であろう――「イギリスがこの国を支配した結果もたらされた最も悲しむべき惨害のひとつは、この《村落で営まれてきた自主管理の政治《ヴィレッヂ・セルフガヴァーンメント》》という社会制度《システム》が抹殺されたことに他ならない」。元来、インドには《地域に根付いた自主管理の政治《ローカル・セルフガヴァーンメント》》が維持されてきたのに、イギリスはこれを否定して、インドにとっては〝舶来の異物〟でしかない《植民占領下での「自治＝自分占領統治《ローカル・セルフガヴァメント》」》なるものを打ち立てようとしたのだ。アンニー・ベザント先生が忌《い》みじくも述べているように、「お役人たちは〔「地方自治」と称する〕用語を相変わらず使っているわけですが、しかし曾《かつ》ては村の戸主《こしゅ》たちが《五賢評議会《パンチャーヤト》》を選挙で選び、《五賢評議会》はこの戸主たちに対して責任を負ったのでした(25)。ところが今では〔選挙で選ばれる〕地元のお役人は〔イギリス直轄の〕インド植民地政府のお役人たちに責任を負っている存在なのでありまして、ですから地元のお役人は植民地政府のお役人たちを喜ばせることばかり考えていて、選挙民の望みに応えることなど眼中に無いわけでありまして、そこが曾てとは大違いなのであります(26)」。

インドに根付いてきた《村落共和政体《ヴィレッヂ・リパブリックス》》は完全無欠とまでは言えないものの、〝正真正銘の民主主義《ヂェニュイン・デモクラシー》〟と〝地域に根付いた自主管理の政治《ローカル・セルフガヴァーンメント》〟の実現にむけた注目すべき実験だったのだ。地域《ローカル》に根付いた一個の独立した〝団体としての生活《コルポラト・ライフ》〟が充分に保障されぬままに中央集権的な統治支配体制ばかりが増長してしまう。というのが近代から現代に見られた国家統治の発展史だったわけだが、こうした発展を辿ったことで世界のあらゆる場所で政治というものが一般民衆の生活感覚や人情の機微《きび》から遮断された、機械じかけのように単調な〝お役所しごと〟になってしまった。そして〔中央集権化によって政治が〝効率化〟したわけでもなく〕、個人と、特殊利益集団なり国家との、利害紛争は今も絶えない。しかしインドの田舎の村落で続いてきた《五賢評議会《パンチャーヤト》》の政治は、こうした利害の衝突を巧みに調停し、人情あふれ尚かつ生産的な社会経済生活を実現維持してきたのである。導師《アーチャリャー》ヴィノバー・ブハヴェーがいみじくも述べたように、この地域に根付いた《村落評議会《グラーム・サブハー》》においては、めいめいの個人が〝自らを律する王〟であったし、しかも同時にこれらめいめいの個人は〝自分と同じ境遇の村民《フェロウ・シティズン》〟と堅固な紐帯《ちゅうたい》で結ばれていた[27]。

つまり、こうした〝村落共同政体〟では、〔哲人プラトーンが古代ギリシアの《都市国家《シティ・ステイト》》という〝共和政体〟を論じる際に用いた《市民《シティズン》》と同様の意味での〕《村民》たちはいずれも、各々が人間として成長発達して行けるような自立的な生活空間を充分に享受し、この〔〝村落共和政体〟という〕〝小型の国家《スモール・ステイト》〟に対して自ら一定の責任を負いながら、尚かつこの〝小型の国家〟に対して有益な貢献を為す資格を有していたわけだ。インドの〝村落生活共同体《ヴィレッヂ・コミュニティー》〟に現出していたような政治権力の〝分散配置《デセントラリゼイション》〟の在《あ》り方は、もちろん西洋人が考えてきた〔中央政府から地方政府への〕「権限の移譲《デヴォルーション》」とか「地方分権《デセントラリゼイション》」の類いとは極めて異なっている。インド伝統の分権主義とは〔政治権力というものが分散配置による分限化で〝中央集権化〟できないような仕組みになっているだけでなく、個々の小さな村々が〝自らの土地〟のうちに自立的な政治権力を保有するという意味では〕〝政治権力〟なるものを設定した本来の庶民生活上・実用上の目的に適《かな》っているし、その〝政治権力〟を必要とし尚かつ過不足なく利用できる〝限定された地理的領分《テリトリー》〟のなかに収まっているわけで、その結果、〔村落を基盤とする民衆が〕日常生活のなかで自発的に政治に参加し、社会的利害の〝協和的な調整《ハーモニー》〟が自ずから図られる社会体制が実現できたわけである。

インドで育《はぐく》まれてきた《田舎の自律共生態《ルーラル・コンミューンズ》》は、当世の「民主主義」を自称する国々の政府を蝕んでいる諸々の害毒をこうむることがなかった。「貨幣経済」はめったに普及していなかったから、賄賂《わいろ》や汚職が行なわれる機会など無きに等しかった。〝カネ儲け最優先〟で組織化され攻撃的に活動する資本主義に襲われることもなかったので、〝村の民主政治〟が「掠め盗られ《ポケッテッド》」て〝資本家を「村の権力者」に押し上げるための道具〟として悪用されることも起きずに済んだ。小さな選挙区、すなわち選挙民の数が少ない地理的区域で選挙を行なうと、たいていは選挙民たちの直感的な意思決定によって、満場一致の票を得て代表者が決まるものだが、インドの田舎の村でも皆から尊敬されている長老が当然のように選任されていたわけで、「得票工作《エレクショニアリング》」に血道をあげる必要なんて無かった。〝政治権力の分散配置《デセントラリゼイション》〟が極めて広範に行きわたり、しかも村落そのものが《地域に根付いた政体《ローカル・ガヴァーンメント》》としての健全な働きを維持していたおかげで、《田舎の住民たちによる政治評議会《ルーラル・アセンブリー》》に業務が集中して活動が滞《とどこお》ることなど殆ど起きなかった。つまり「インドの《インディアン》伝統的な民主主義（なり民主政治）」というのは、〔住民にとっては〕直接的で活発で積極的で生産的で〔強制力に頼って民衆を統制することを嫌う〕非暴力的《ノン・ヴァイオレント》なものだったわけで、これは大方が〔住民にとっては〕間接的で鈍重で消極的で非生産的で暴力的でもある「現代流《モダーン》の民主主義（なり民主政治）」とは対照的だったのである。それゆえ望むらくは、このインドという土地で固有の歴史的発展と政治的成功を成し遂げた往年の社会制度にふたたび生命を吹き込み、それらの制度を、来たるべき時代の《自主独立のためのインド憲法》の根本に据えるべきなのだ。

ラードハ・カマル・ムーケルジー博士が説いているように、〈そうした《自主独立のための憲法》を持つことで〉インド流の《分権主義の民主政体《デセントライズド・デモクラシー》》は「西洋流の政治方式の〝物まね《イミテイション》〟よりも、この土地によく適合して活力をもたらし、そのうえ更に人類の政治の発達史に東洋ならではの英知を捧げることが出来るであろう。何しろ現下の人類たるや、西洋の攻撃的な強権国家《アグレッシヴ・パワーズ》と途方もなく強大な帝国が入り乱れて繰り広げる複雑怪奇な争闘戦にうつつを抜かしているのだから」。

博士の展望はさらに広がる――

「それ〈＝将来のインドが持つべき《自主独立のための憲法》〉は今後の人類社会に現れる新たな様式の〝国体《ポリティー》〟を基礎づける素材になって行くであろう。この、将来現れるべき国家《ステイト》の在り方は、多種多様な〝地縁集団《ローカル・グループス》〟と〈特定目的を実現するために人為的に設置された〉〝機能集団《ファンクショナル・グループス》〟を対等に尊重しながら協調にみちびく能力を有しており、古代ローマとゲルマン民族に由来するヨーロッパ氏族社会の統治様式やその後に彼《か》の地で発達した〝おしゃべりの集い《パーリャメント》〟即ちいわゆる「議会」の有りように特徴的な中央集権の国家体制よりも、国民の願いに良く応えることが出来るものとなる。それどころか、地域の〝自律共生社会《コンミューン》〟に根ざし、東洋アジア文化が天与のものとして享受《きょうじゅ》してきた総合的な直覚力を土台として築き上げたこうした未来国家の在り方は、英知と道義心を結集して団結奮起せんとするアジア人民の現下の意志が今後も持続しさえするなら、新たなる社会的・政治的実験がさまざまに試みられているこの時代に役立てることができる豊かで貴重な体験《データ》を与えてくれるものとなろう。いまや全世界の人類は、機械的で搾取的な類いの国家体制《ステイト》に付きものである荒涼たる〝お役所組織〟の命令指揮系統という〝牢獄〟に閉じ込められている。生まれついた時から属しており、しなやかな融通が利く集団の一員であり、その自らの帰属集団に忠誠心を抱いている世の人々が、自身の天与の才能と直覚をもっと自由に表現できるよう、世の人々に新たなる奮起を促し、その社会的忠誠心に新なる方向づけを与えることができるような、新たな社会体制を築いて行くための編成原理こそが、現今において何よりも必要とされているのだ[28]」。

5　分権主義の経済学

《村落自律共生社会を実践すること《ヴィレッヂ・コンミューンイズム》》はそれ自体が計り知れない潜勢力《ポテンシャリティー》を有しているわけだが、それだけではなくこの《分権主義を土台として田舎に根付いた共栄自治政体《デセントラライズド・ルーラル・コモンウェルス》》は、公正公平な経済的分配をきわめて実現しやすい社会体制なのである。

いま世界に存在している資本主義の社会は、もっぱら資本家階級《ブルジョワ》が生産手段を支配している社会なのであるが、この世界に永続的な平和と実質的《リアル》な繁栄を確立することは既に失敗している。そしてまた一方で、現存する《社会主義》の社会は、〝階級〟を成して存在していた不労所得の生活者たちを情け容赦なく根絶してきた。

たしかに現前の《社会主義》国家は生産手段を〔資本家階級から〕奪取したことによって国民大衆の生活水準を高めたけれども、しかしだからと言って《ソヴィエト連邦方式の共産主義《ソヴィエト・コミュニズム》》を手放しに祝福するわけにはいかない。彼《か》の《社会主義国家》は《計画経済《プランニング》の実現》を進めて行くための途方もなく巨大で強力な官僚機構を有しているわけだが、彼の国の〝国民〟はこうした官僚機構の下で〝個人〟としての自己実現を全《まっと》うすることが許されぬまま、あたかも巨大官僚機構が打ち出す〝波〟の随意《まにま》にむなしく漂《ただよ》う〝芥子粒《ケシつぶ》〟か〝微塵子《ミジンコ》〟のごときものに成り果ててしまった。

しかもロシアに誕生したこの《社会主義》連邦は。自らの〝翼〟を拡げて近隣諸国を覆《おお》い込み始めている。この〔領土なり〝衛星国〟を拡げて行くという〕拡張主義は〝社会主義〟を世に広めるという高邁な理想にもとづく行動なのかも知れないが、しかしその志想《こころざし》がいかに高くても、《ソヴィエト社会主義共和国連邦》が国際社会のなかで果たしている役割を、我々は静観し続けるわけには行かないのである。拠《よ》って立つ土台が資本主義であれ社会主義であれ、我々はいかなる類いの《帝国主義《インペリアリズム》》も支持するわけには行かないのだ。

《社会主義》とて、大規模で中央集権化した統治形態を採れば、どうしても攻撃的で《帝国主義》の様相が強まって行くから、それゆえ、大国であろうが小国であろうが〝国体〟の規模にかかわらず世界の全ての国々に《平和《ピース》》と《幸福繁栄《ウェルフェア》》と《自由《フリーダム》》を確実にもたらしてくれる〝新世界秩序〟の到来を告げるものには成り得ない。

ならばその解決策となるのは何か？《分権主義的で家内生産指向の〝産業主義〟《デセントライズド・コテージ・インダストリアリズム》》が、解決への道標《みちしるべ》となる。

インドの《村落自律共生態《ヴィレッヂ・コンミューンズ》》は古来、自由放任主義《レッセ・フェール》と全体主義的統制のいずれの極にも陥らぬよう、巧みに均衡をとりながら発展してきた。これは容易ならざる社会実験だったわけだが、やがてインドの田舎の村落は資本主義と社会主義の折衷《せっちゅう》とも言えるやり方で〝黄金〟にも比すべき幸福と繁栄の生産方法を見つけ出したのである。すなわち《村落自律共生態》のなかで〝富める者〟が〝貧しき者〟を搾取する余地など殆ど生じない理想的な形での〝野良しごと《アグリカルチャー》〟と〝ものづくり《インダストリー》〟の協同生活の仕組みが育ち上がった。ガンディーの言うがごとく、〝生産《プロダクション》〟は、〝消費《コンサンプション》〟および〝流通《ディストリビューション》〟とほぼ同時に行なわれていた。小屋《コテージ》の中や家内の作業場《ドメスティック・ファクトリー》で手作業で作り出された日用品は、すぐに身近なところで使用されていたわけで、遠い土地にある市場に運んで行って売りに出すなんて想定されていなかったのである。

このように自給自足を前提として〝地産地消《ローカライズド》〟の生活物資を小規模生産する、という村落の経済生活は、資本家による搾取を自づから排除する結果となっていたのだ。そして村民個々の自由を容赦なく抑圧したり、ごく少数の村民だけを〝親分〟に据えて、残りの村民をそれに服従させるという強権支配をまったく必要とせずに、村内に〝経済的平等社会〟を事実上、確立したのであった。

そして言うまでもないことだが、ガンディーが究極の目標に据えている《分権主義的《デセントラライズド》で家内生産指向の〝産業組織《コテージ・インダストリーズ》〟》の在り方というのは、あくまでも〝協同組合的《コウ・オペラティヴ》〟な社会関係に基づくものであって、資本主義の社会関係ではない。もしも日本のように、ごく少数の資本家が家内工業を牛耳ることを許してしまったら、家内工業《コテージ・ワーカーズ》にいそしむ人々は単なる〝人夫・人足《レイバラー》〟の類いとして扱われたきり、いつまでも搾取されるのが関の山である。

古来の《村落生活共同体《ヴィレッジ・コミュニティーズ》》には、それなりの欠点があった。例えば頑迷固陋《がんめいころう》な〝階級身分《カースト》〟制度がそれで、これが続いてきたせいで社会に理不尽な差別が生み出されてきたわけだが、実に嘆かわしい旧弊である。昔のインドにだって、少数であったが、莫大な財力を有する土着の《豪商《セイト》(Seth)》が存在していた。そして《村落生活共同体》といえども、〔自分の村落の枠組みを超えた規模の〕「政治問題」や「経済問題」に適切に対処できるだけの政治的調整能力があったわけでもない。当時の《村落生活共同体》の一般的な生活水準は、現代の我々が魅力を感じるほど十分な〝高み〟には無かったかも知れない。けれどもこうした《田舎で根付いた共和政体《ルーラル・リパブリックス》》は十分に成熟したインド人民の思索活動の所産であり、更にまたその社会思想に基づいて経済組織を編成して行くために考案された具体的・現実的な〝経済組織〟編成の原理原則の所産でもあるのだから、現代の世においてもこのインド古来の《村落共同政体》の編成原理を適切な形にまとめ直せば、戦後の荒廃した世界のなかで我々を日夜苦しめている数多の社会的病害を治してくれる素晴らしい処方箋をもたらしてくれることが、期待できるのだ。

のみならず、《分権主義の経済学》を学ぶことで、我々は〔文明生活の〕〝過剰なる機械化〟がもたらす諸々《もろもろ》の害悪から身を守ることが出来るであろう。「機械装置《マシーナリー》の類いが広範に用いられ、〝労働《レイバー》という活動〟が散り散りに分割分断されてしまったせいで」――と、その害悪を断固として告発したのはカール・マルクスであった――「無産階級《プロレタリアート》の〝仕事《ワーク》〟から〔一人ひとりが掛け替えのない尊厳を有している〕個々の労働者の〝職人としての思い入れや創意工夫や努力の成果《インディヴィデュアル・キャラクター》〟が完全に失われてしまい、その結果、職人《ワークマン》にとっては何ひとつ魅力の無いものに成り果てた」。「そして今では、彼〔＝個々の労働者〕は機械装置のたんなる〝添え物《アペンディヂ》〟に成っている……[29]」。労働者《ワーカー》は、現代の工業生産の工程に組み入れられると「一種の〝かたわ《クリップル》〟であり、尚かつ一種の〝奇形の怪物《モンスター》〟」へと姿かたちを変えられてしまう。だがその一方で、「独立独歩の農民《ペザント》や手職人《ハンディクラフツマン》は、自らの知識と洞察力と意志をますます高めているのである[30]」。

カール・マルクスは〝機械化された大規模生産〟の弊害に気づいていたのだが、この弊害は《社会主義国家《ソウシャリスト・ステイト》》の下で除去されるはずだ、と信じていた。だがいわゆる「合理化」を唱えながら押し進められた〔労働現場の〕機械化というものは、それが資本主義社会で行なわれるものであれ、はたまた社会主義社会で行なわれるものであっても、労働者たちが身体の健康を維持増進し、知的能力を発達させ、道徳心を更なる〝高み〟に導くことで実現しうる〝幸福な生活状態《ウェル・ビーイング》〟

を損なうような有害作用をかならず発揮してしまうものなのだ。

ラルフ・ボーソディ[★23]〔Ralph Borsodi　一八八八～一九七七年〕は、自著『この醜悪なる文明』（一九二九年）でこう警告している――「生産と流通の分野で私的所有を禁絶し、これによって搾取を消し去ることが出来たとしても、それだけではこの難題の根本的解決には至らないのです」。「工場というものが持つ、根絶しがたい属性が。依然として人類に絶え間なき苦しみを与え続けることになるのです[31]」。

だからこそガンディーは、現代的な意味での〝産業化〟《モダーン・インダストリアライゼイション》（すなわち〝工業化〟）に反対し、これに対抗する闘いを続けているのだ。但し、彼があらゆる機械装置の類いに敵意を抱いている、と考えるなら、それは間違いである。彼が異議を唱えているのは、「機械装置の類いを見さかいなく増殖させること」に他ならない。ガンディーの所見はこうだ――

「仕事をやり遂げようと望んでいるのに、それに携わる人手があまりにも少ないなら、その場合は機会を導入《メカナイゼイション》することも宜《よ》しとしましょう。しかし作業《ワーク》で必要とされる以上にたくさんの人手を集めている場合、これは邪悪《イーヴィル》なことであり、そしてまさに今のインドがこうなっているわけです[32]」。

今や機械装置の類いは労働者を〝価値なき存在〟にしてしまった。なにしろ巨大な機械の群れが昼も夜も騒音を出しながら働き続けている大工場のなかでは、個人の労働者の〝その人ならではの人格《インディヴィヂュアリティー》〟は失われてしまう。けれども小規模で使いやすく経済的な機械なら、何百万人もの農民や手職人に、つらい仕事を軽減して利益をもたらすことが出来るであろうから、そうした機械についてはガンディーも歓迎していることは確かなのである。

それに、雇用の観点から考えても、やはり《家内生産指向の〝産業化《コテージ・インダストリアライゼイション》〟》は最重要課題なのだ。西洋社会では《経済計画《エコノミック・プランニング》》なるものが昨今の流行《はや》りであるが、その最新の〝謳い文句《スローガン》〟が「完全雇用」である。けれども機械化された大規模な生産体制のもとで、全ての国民《シティズン》に雇用を保証するなんて、はたして可能なことなのか？　米国や英国のように高度に〝工業化〟を遂げた国でさえ、数百万の自国民に対していまだ雇用を提供できていない、という現状なのに、四億もの人口を擁するこのインドで、製粉所や工場の数を増やせばそれで失業問題が解決できるなどと、この国に生きる我々はまともに期待してよいのか？

いま現在のインドにおいて巨大工場を稼働させている重工業を総動員しても、二〇〇万人ほどの労働者を雇い入れるのが精一杯なのだ。

〔第二次世界大戦後に対英独立が成就し〝独立国インド〟が誕生した時に採るべき経済計画として、まだ戦時中の一九四四～四五年にインドを代表し工業都市ボンベイを拠点に活躍する巨大産業実業家八人が作成した『インド経済発展計画大綱（*A Brief Memorandum Outlining a Plan of Economic Development for India*）』を正式名称とする経済計画案で、独立後の一五年間に一〇〇〇億ルピー（一八〇億米ドル）を投入して農業生産高を二倍、工業生産高を五倍に引き上げることを目標に据え、その実現のため基幹産業を国有化したり自国製品を買い上げるなどの、政府による大胆な介入と規制および自国産業保護政策によって、農業国から工業国への転換を進めるという構想であり、実際に独立後には初代首相ネールーによって精力的に実施され、その成功を土台に一九五一年以降、二〇一七年現在に至るまで社会主義的な「五ヶ年計画」の策定と実施が繰り返されることになる発端ともなった〕通称《ボンベイ発〝経済発展計画〟《ボンベイ・プラン》》の立案者たちによれば、重工業を振興して拡張する計画なのだそうで、それも現在〔＝一九四五年〕の五倍の規模へと大拡張するつもりでいるのだが、これが実現したところで雇われ労働者の数はせいぜい一〇〇〇万人ほどに止《とど》まる。

それでは残りの失業者はどうすれば良いのか？

インドの農民は、今や〔専業農家でなく〕半ば〝雇われ労働者〟の境遇にある。なにしろ〔農耕だけでは生計が成り立たないので〕微々たる賃金を稼ぎ出すために〝非正規社員〟として雇われの身にならざるを得ない困窮の民なのである。だから今の問いへの正解は、《家内生産指向の〝産業化〟《コテージ・インダストリアライゼイション》》を〝大衆的な次元《マス・スケイル》〟で実施すべし、ということになる。つまり〔資本集約的な機械じかけの大規模工業生産による〕〝画一的製品の大量生産《マス・プロダクション》〟ではなく、無数の《村落生活共同体》に暮らす〝村民大衆《ザ・マスィズ》〟が自らの生活の場で実践しうる生産活動《プロダクション》を、組織化せねばならないのだ。もちろん現代の世で経済計画を進めて行くのであれば、当世の「基幹」産業《キー・インダストリー》、すなわち重工業も、ある程度は必要となるだろう。しかしガンディーは、これについても確固たる見解を有している。すなわち基幹産業は国有や国営にすべし、と。

我らが伝統であった《田舎に根付いた共和政体《ルーラル・リパブリックス》》において復興すべき《家内生産指向の〝産業組織〟《コテージ・インダストリーズ》》が、理財の道理に合わない「不経済」を成してしまうことにはならないか？——などと思い悩むのは無用である。

ヘンリー・フォード★[24]〔Henry Ford　一八六三～一九四七年〕は現代世界が生みだした最も卓越した産業経営者《インダストリアリスト》であるが、その彼がこんな断言をしているのだ——「原則として言えば、大工場ってのは経済的ではないのです[33]」。

この警句から導き出されるのは、〔〝生産拠点〟たる大工場に産業資本を集中投下し、機械装置の類いを一極集中させ、労働者たちをこの生産拠点に一極集中させることで初めて成立する〕〝一極集中《セントラライジング》〟方式の〝工場大量生産型の生産工程《マニュファクチャリング・プロセス》〟は役に立たない、という見識である。「労働生産物《プロダクト》というのは」——フォード氏はハッキリこう言っているのだ——「国じゅうのあらゆる場所で使用される生産物なら、輸送経費を節約するためにも、更にまた全国どこでも国民が均等な購買力を持つことが出来るようにするためにも、国じゅうのあらゆる場所で生産するのが当然の道理なのです」。まさにフォード氏が究極の理想は、「農民が、同時にまた一個の産業経営者として、小さな工場《こうば》で働いて物を産みだして行くような、完全なる《地方分散《デセントラライゼイション》》」なのである。「それ（＝生産拠点の完全なる《地方分散》、すなわち《分権主義》の徹底）が実現できれば、一人ひとりの人間が〝個人〟としてもっと全面的な自主独立《インデペンデンス》を達成できるはずだし、のみならず、商品であれ食料であれ、もっと安価に入手できるようになるはずです[34]」。

ルイス・マンフォードもこれと同じ考えを表明している——「多種多様な産品を生産でき、尚かつ〔消費者の要望に〕即座に応えて改良を施すことができる〝小さな《スモール》〔生産〕組織《ユニット》〟のほうが、〝大きな《ラージ》〔生産〕組織《ユニット》〟よりも実利的《エコノミック》なのである[35]」。

大規模で一極集中的《セントラライズド》〔すなわち中央集権的〕な生産活動に支えられた資本主義の社会は、人類世界をあまりにも頻繁に、血まみれで壊滅的な戦乱に突き落としてきた。そんな戦争がもたらした人命と財貨の損失を〔戦争の元凶になり、あるいは戦争を助長する要因になってきた〕大規模生産活動の〝避けられない代価〟と見なして損得勘定に組み入れるなんて、許されるはずが無いではないか？

こうして現実の惨状を直視しながら考察を行なえば、機械化された生産活動というものが極めて費用の嵩《かさ》む不経済なものだという結論に至らざるを得ないのである、全くもって……。

《分権主義の経済学》について、私はすでに『インドにふさわしいガンディー主義の経済開発計画』（*The Gandhian Plan of Economic Development for India,* 一九四四年）を著し、そこで徹底的に詳しい議論を展開した。今この小冊子でこの課題についての議論を全面展開するのは本書の趣旨にそぐわないので、さらに詳しく知りたい読者はそちらを参照していただきたい。

6　分権主義の哲学

ガンディー翁《ヂー》が《分権主義》〔すなわち権力の分散配置〕を提唱しているのは、経済的・政治的に有利だからという理由だけに止《とど》まるものではないことを、ハッキリと理解しておく必要がある。ガンディー翁にとって《分権主義》とは、「質素に暮らし、高き志《こころざし》想で思索する」という、人類の知性と魂を浄《きよ》く正しく発達させて行くうえでの理想的な方法を、現実生活のなかで誰の目にも見える形で具体化し、かつまた、その理想の維持存続を保証してくれる手段に他ならない。「人の心《マインド》というのは常に忙しく飛びまわる小鳥のようなものです」と、ガンディー翁は言う。「欲しいものが手に入ると、更にいっそう欲しくなるばかりで、どこまで行っても満足できない。情欲に身を委《ゆだ》ねれば委ねるほどに、益々《ますます》いっそう放蕩の抑えが効かなくなる。だから私たちのご先祖たちは、欲望を追い求めることには限度を設けたのでした。ご先祖たちは、幸せ《ハピネス》というものが、たいていは心の有りよう《メンタル・コンディション》に過ぎないことに気付いていたのです。ご先祖たちには、私たちが本当に幸せに、健《すこ》やかに暮らして行くためには自分自身の手足を正しく用いねばならないことが、ちゃんと分かっていたのです(36)」。

この発言から判るように、ガンディー翁は〝質素に生きること《シンプリシティー》〟を文化と道徳の要件であると見なしている。
高名な科学者であるアルバート・アインシュタイン教授[★25]〔Albert Einstein　一八七九～一九五五年〕も、これと全く同じ見解を語っている——

「財産だの、世間的な成功だの、有名になることだの、贅沢《ぜいたく》だの——私にとって、そういうものは、常に軽蔑の対象でありました。質素で気取らない生き方こそ、万人にとって最善の生き方でありますし、心身ともに健康であるための生き方なのであります[37]」。

けれども〝質素に生きること《シンプリシティー》〟は、自分の意志で貧乏な生き方を選んだり常にどんな場所でも「腰巻き一丁」だけの半裸すがたで生きて行くことを。意味するものではない。ガンディー翁が〝生きて行くうえで必要不可欠な条件〟と考え、〝快適な生活を愉《たの》しむための最低限度の条件〟と見なしている事柄は、非常に水準が高いのである。とは言え、彼が考える「よい生活《グッド・ライフ》」に〝贅沢〟が入り込む余地はない。彼にとって「生活の水準《スタンダード・オヴ・リヴィング》」とは、人並み《スタンダード》の水準にまで上がればそれで充分なのであって、それ以上のものを求めはしないし、憧れもしない。彼が望んでいるのは「人生の水準《スタンダード・オヴ・ライフ》」を高みに導くことなのだ。

〝質素に生きること〟という努力目標《アイディアル》と一体のものとして我々が努めるべきことは、「お金本意《メタリック・ヴァリューズ》」ではなく「人間本意《ヒューマン・ヴァリューズ》」の立場に立って、〝人生の意義〟なり〝生きることの価値〟をじっくり考えながら生きて行く、という生活態度である。ガンディー翁にとって「何にもまして考慮されるべきは人間」なのであり、これは言い換えれば〔古代ギリシアの哲学者で「人間は万物の尺度なり」とする相対主義の立場をとり〝真理〟の絶対的基準の実在を否定した〕プロータゴラース〔Prōtagorās　紀元前四九〇頃～四二〇年頃〕が述べているように、「人間こそ万物の尺度である」という考え方である。つまりガンディー翁は、《金銭本位の経世済民《マネー・エコノミー》》ではなく、《人生本位の経世済民《ライフ・エコノミー》》を唱えているのだ。

　実は、彼が力説する〝社会と経済の復興は民衆の人生を主眼に据えて進めるべきである〟という考え方こそが、〔〝非暴力抵抗闘争《サティヤーグラハ》〟とともにガンディーの主唱によって全国民的な規模で組織され展開された、インド独立闘争の本質的部分を成す〝自国産品愛用《スワデーシ》〟運動の、最も重要な全国民的闘争課題として取り組まれた、国民各自が〝手回し糸紡ぎ車《チャルカー》〟で木綿糸を紡《つむ》いで、その糸で良質の〝手織り木綿〟布を織って自前で使用し、英国産の綿製品に対する全国的ボイコットを成し遂げるという趣旨の〕《手織り木綿《カーディー》（Khadi）》運動や、《村落主体の〝産業組織〟《ヴィレッジ・インダストリーズ》》建設運動を支える思想的な土台を成している。かつて彼はこう書いた――「〔国民一人ひとりが〝糸紡ぎ車《チャルカー》〟を使い、自分の手で紡いだ綿糸を用いて《手織り綿》の布を織り、その布で服を仕立てて国民各個が身に着けるという〕《手織り木綿《カーディー》》振興運動の英気《スピリット》は、私たちがこの世のすべての人々と〝仲間《フェロウ》〟としてつながり合い、共に生きていることを実感《フィーリング》することができる証《あか》しなのです[38]」。

　大昔からインドに実在していた〔各人が自発的な意志にもとづいて相互協力関係を築いて心や個人的力量を一つにまとめ。、同じ目標にむかって各自の分担作業を行なう、という〕〝協同組合《コウ・オペラティヴ》〟的な気《スピリット》がまえを備えた《村落自律共生態《ヴィレッジ・コンミューンズ》》は、まさにこの道徳観念が具現化したものだったのだ。現代の「実利にかまけた人間《エコノミック・マン》」から見れば、〝黄金〟こそが〝神様〟なのであって、人々はそれを崇《あが》め拝《おが》むばかりである。けれどもガンディー翁が我々に期待しているのは、「全世界を手に入れるために自分の魂を売り払ってはならない」ということなのだ。

　ガンディーの《分権主義》哲学の土台を成す考え方《コンセプション》として更にもうひとつ注目すべきなのは、〝肉体労働の尊厳《フィジカル・レイバー》〟であり、〝からだを動かして仕事をすること〟を〝神聖な義務《サンクティティー》〟と見なすほど、彼はこれを尊重している。「最大級の悲劇というべきは、まさに無数の人民が自分の手を使うことすらしない〝働き手〟に成り下がってしまったことです(39)」。

「他に比べようもないほど優れた、まさに〝生きている機械《リヴィング・マシーン》〟を、我々は今やせっせと打ち壊《ぶ》しています。それは何かと言うと、他ならぬ私たち自身の身体《からだ》なのであります。どのように壊しているかと言うと、動かさぬまま錆《さび》つくにまかせ、そればかりかこの〝生きている機械〟を、生命を宿していない〝からくり仕掛け《マシーナリー》〟に置き換えようと努めているわけです(40)」。

　ガンディー翁から見れば、《肉体労働《レイバー》》は〔肉体に生命力を宿した〝生きている人間〟が活《い》きる〕《人生《ライフ》》そのものであり、〝天の恵み〟〝神からの祝福〟に他ならず、〝天罰〟でも〝神からの呪い〟でも無いのだ。

　《質素に生きること《シンプリシティー》》と《人間本位《ヒューマン・ヴァリューズ》》と《神聖なる肉体労働《サンクティティー・オヴ・レイバー》》――これらの努力目標《アイディアルズ》が結局のところガンディーの思想の根本原理である《非暴力主義《ノン・ヴァイオレンス》》に基づくものであることは、ちょっと考えればわかる道理だろう。

「《暴力を全否定すること《ノン・ヴァイオレンス》》を土台に据えて、人はどのように《人生》を歩むことができるのか、その具体的なあり方を私はあれこれと考えていたのでありますが」——とガンディー翁はこう告白している——「そんな中で悟ったのは、高所《たかみ》に立っていろいろと考えた結果であっても、最も簡潔でわかりやすい言葉でそれを説明せねばならない、ということだったのです」。

「《暴力の全否定《ノン・ヴァイオレンス》》を土台に据えた社会というのは、何よりも先ず、自発的な意志にもとづく相互協力〔の人づきあい〕が出来上がっており、その状態のもとで〔各人が〕堂々と威厳をもって平和に暮らして行けるような村々に住みついている人々の、集団的な生活があってこそ、成り立ち得るものなのです。（中略）こうした《非暴力主義《ノン・ヴァイオレンス》》の土壌に花開いた文明を古今東西に探してみれば、〔我々インド人の〕一番身近に見出されるのはインドに曾《かつ》て栄えた《村落共和政体《ヴィレッヂ・リパブリック》》なのであります。かつてのそれは、確かに洗練を欠いていたかも知れません。かつてのそれが、私が使う言葉の意味と内容での《非暴力主義》とは全然違うものだったことも、私は承知しています。しかしそこには確かに萌芽が生じていたのです[41]」。

それゆえガンディー翁は、〔「国家主義《ステイティズム》」に対置すべき〝社会編成原理〟としての《田舎主義《ヴィレッヂズム》（Villagism）》〕を土台に据えた確固たる文明を築き上げるべし、と情熱的に世人《せじん》に訴えるのである。「〝いなか経済《ルーラル・エコノミー》〟——すなわち私が思い描いてきた《田舎本位の経世済民《ルーラル・エコノミー》》は、〝搾取〟というものを全く寄せつけない経済の在り方なのでありますが、なぜなら〝搾取〟とはそもそも、〝暴力の本源〟に他ならないからであります[42]」。

大聖《マハートマー》ガンディーによれば、《非暴力主義《ノン・ヴァイオレンス》》こそ「〝人の世《ザ・ワールド》〟において最も偉大なる力《ザ・グレイテスト・フォース》」なのである。

《非暴力主義》は、〝人間生活《ライフ》〟を司《つかさど》る最高法規《スープリーム・ロー》なのである。「まさに引力のおかげで地球が自らの形を保って居られるのと同様に、社会というものは全て、《非暴力主義》のおかげで、社会としてのまとまりを保って居られるのです(43)」。

別の言い方をすればこうだ。トマス・ヒル・グリーン★26〔Thomas Hill Green　一八三六～八二年〕がいみじくも述べたように、「暴力《フォース》ではなく、意志《ウィル》こそが、国家を成り立たせている土台なのである(44)」。

《暴力主義《ヴァイオレンス》》が全く無益な徒労に過ぎないことは、二度にわたる世界大戦ですでに決定的な実証を見せつけられた。ハリー・S・トルーマン大統領★27〔Harry S. Truman　一八八四～一九七二年〕が最近宣《の》べたとおり、今後ふたたび大戦が起きれば、もはや文明は生き残ることは出来ないのである。つまり、今や科学の驚異的な発達によって、この〔《暴力主義》が社会統治の役に立つのか否か、という〕問題は決着が付いたわけである。

当世、我々に突きつけられているのは、「《暴力》と《非暴力》のどちらを選ぶか？」の二者択一ではなく、「《暴力》と《科学》のどちらを選ぶか？」という問いに他ならない。つまり、今や我々には《科学》と《暴力》を両方とも抱え込む余裕など無いわけで、それは原子爆弾の登場をみれば一目瞭然であろう。まともに考えれば《科学》は《暴力》と〝夫婦《めおと》の契《ちぎ》り〟を結んでしまった、と断ぜざるを得ない。しかも当節では、現在の原爆さえも〝花火あそび〟に過ぎないと思わせるほどに超強力な新型爆弾を米国がまた創り出した、という噂さえ耳にする。

（この「噂」の「新型爆弾」とは、水素爆弾のことである。水素爆弾は一九五二年に米国が（爆薬として重水素《デューテリウム》と三重水素《トリチウム》の液体を用いた）「湿式水爆」の爆発実験に初めて成功し、これを兵器として容易に運搬できる大きさにまで小型化するために（重水素化リチウムを〝爆薬〟に用いた）「乾式水爆」の開発に突き進んだ。水爆の爆発実験は、米国成功の翌年の一九五三年にはソ連が、次いで五七年に英国、六七年に中国、六八年にフランスが続々と成功させている。初期の「乾式水爆」の威力をさらに強めるために、水爆の外側を天然ウラン（ウラン二三八）で包み込んだ「三Ｆ爆弾」も「乾式水爆」の完成後にただちに開発されたが、これはまず〝起爆用の原爆を核分裂（fission）爆発〟させて、そのエネルギーで〝放射性水素を核融合（fusion）爆発〟させ、そこで発生した高速中性子で〝爆弾外殻のウラン二三八を核分裂（fission）爆発〟させるという仕掛けなので、核分裂による放射性生成物（いわゆる「死の灰」）が大量に発生するため「汚ない水爆」とも呼ばれた。この「汚ない水爆」すなわち「三Ｆ爆弾」は一九五四年三月一日に米国が（太平洋中西部のマーシャル諸島北西部にあり、当時は米国の〝信託統治領〟だった）ビキニ環礁で行なった爆発実験で初めて用いられたが、日本の遠洋マグロ漁船「第五福竜丸」が〝三Ｆ爆弾〟で生じた「死の灰」を大量に浴びて放射能汚染による乗組員の死亡や海洋環境・海洋資源に甚大なる被害を及ぼしたことがきっかけで、日本を起点にした世界規模の「核実験反対運動」が高まり、この世界的「反核」世論を背景に一九五七年には当代きっての世界的〃賢人〃たちによる「パグウォッシュ会議」が開かれ、〔一九五三年のスターリン死去をきっかけに後任のソ連共産党第一書記に就いたフルシチョフ〔一九五八～六四年には首相も兼任〕のソ連集団指導体制が端緒を開いた〕一九五五年以降の「雪融《ゆきど》け」すなわち〃東西冷戦の緊張緩和〃や、一九六〇年の米国大統領選挙で選ばれた〃若き期待の星〃J・F・ケネディーの、とりわけ一九六二年十月下旬の「キューバ危機」を経験したのちの対ソ協調外交の急進展という国際政治環境の変容によって、一九六三年八月五日にモスクワで米・英・ソ連の三国が「部分的核実験停止条約」〔正式名称は「大気圏内、宇宙空間、および水中における核兵器実験を禁止する条約」〕の調印に至り、この条約は〃地下核実験〃を黙認するものだったので〃核兵器の完全禁止〃とは到底言えなかったけれども、しかし「第五福竜丸」被爆事件を契機に世界的な高揚を見た「反核」運動は限定的な成果を得ることが出来たわけである。〕

文明と人道の名において、我々には。〔暴力を使えば目的が達成できる、と信じ込むような〕《暴力信仰》を公然と完全放棄することしか、選ぶ道はない。いま人類に求められているのは、原子爆弾で世界を滅ぼす企てではなく、極小の原子の世界を知ることで森羅万象の真相を理解しようとする〃学び〃の態度なのである。このような姿勢で明日へと歩み出さぬかぎり、この世界は確実に死に絶えることになるだろう。

7　社会学の見地から

《分権主義》を土台に据えての《村落自律共生社会を実践すること《ヴィレッヂ・コンミューンイズム》》は、社会学の観点から見ても、大いに振興すべきである。人口が密集した劣悪な環境のなか、人混《ひとご》みに紛《まぎ》れて暮らしている現代の都市生活者たちは、「大いなる青空のもとで営む田舎暮らし」を享受したなら、全国民的な規模で、民衆の健康および衛生状態が改善できるはずだ。なにしろ熱病に侵されたような都会の狂騒と喧噪《けんそう》に漬かっていううちに我々の神経は徐々に侵されて行き、やがては心身ともにひどく疲弊してしまうのが現状なのだから。

《村落自律共生社会》に住まいを定め、心身を健やかにしてくれる〝野良しごと〟や、小屋に設《しつら》えた小さな工場《こうば》や作業場での〝手づくり仕事〟を愉しみながら、安穏な日々を暮らすことが出来るようになれば、機械的な単調さに支配され、どんよりとした都会の憂鬱に掩《おお》われて人々が自らの人生の輝きを見出しえない混迷へと急速に追い込まれつつある現代の社会に、生きる元気《ヴィガー》と喜《ジョイ》びを分かち与えてくれるであろう。

そういうわけで、「村の暮らしに戻ろう！《バック・トゥー・ヴィレッヂ》」運動は、国民の健康増進にむけて熟慮すべき重要課題なのであるが、その意義は〝すでに生まれた人々〟の健康だけに止まるものではない。人類そのものがこの先、〝生物〟として〝生存〟して行くためにも絶対に必要な〝世直し運動《ムーヴメント》〟なのだ。なにしろ、この何十年かのあいだ、西洋のいくつかの工業先進国では人口が減少の一途を辿っている。

トマス・ロバート・マルサス★28〔Thomas Robert Malthus　一七六六～一八三四年〕は、「人口過剰」という〝妖怪〟の恐怖に取り憑《つ》かれていたわけだが、現代の生物学者たちはこれとは逆に、今後の人口減少と、人類の〝生物種《スピーシーズ》〟としての質的劣化を心配しているのである。子供をたくさん産む、という能力に関して都市住民は田舎の住民よりもはるかに劣っていることは、既に社会学では常識だ。

ランスロット・トマス・ホグベン教授★29〔Prof. Lancelot Thomas Hogben　一八九五～一九七五年〕が指摘しているように、都市の人口過密や、子供を育てる〝親たること《ペアレントフッド》〟の満足感に勝《まさ》るような新たな娯楽や気晴らしの数々、更に都会生活がもたらす新たな〝人づきあい〟の形が〝家族の安定維持〟に破壊的な影響を及ぼしていることが、出生率の低下をもたらしているのである。

しかも社会の機械化が行きすぎたせいで、人間の生命そのものまで〝機械〟のごとく扱われる時代になってしまった。「いまや都会では」――とホグベン教授は嘆く――「〝子を産むこと《レプロダクション》〟は、一個の〝機械と見なされた生物《メカナイズド・エグジステンス》〟に対して病院が日常業務として整然と行なう、〔母体への〕不当な侵襲に成り果てている」。「本物の〝機械〟であれば、〔母として〕子を産むことも〔父として〕子をもうけることも出来ないわけだけれども、〝機械〟として扱われた者たち〔つまり産婦人科医療の機械的侵襲によって〝親〟になった大人と、その大人から産み出された〝子供〟〕が、〔機械的な生体侵襲を介して成立した〝親子関係〟という〕人間関係の新たな風俗《ファッション》をもたらしているのだ(45)」。

けれども田舎なら、これと真逆の生活を享受することが出来る。田舎に暮らす子供たちは、動物や植物が〝親〟として〝子〟を生み育てる情景をくりかえし見て育つ。〝いのち〟が自ら、新しい〝いのち〟を生み出すという自然の摂理《せつり》を、当たりまえの事として経験し、受け入れて育つことが出来るのである。〝都会の生活《シティー・ライフ》〟というのは資本主義に特有のものではない。社会主義国家とて、〔出生率低下による国家衰亡の脅威から逃れるために〕「人類生きのこり」に向けた計画的事業を行わねばならぬ状況に、やがて直面するはずである。

《村落自律共生社会を実践すること《ヴィレッヂ・コンミューンイズム》》は、社会の協和《ハーモニー》と安全保障《セキュリティー》を促すことにも役立つであろう。曾《かつ》ての《村落生活共同体《ヴィレッヂ・コミュニティー》》は自らを〔〝核家族〟（＝夫婦と、その未婚の子供から成る家族）以外の形態のすべての家族、たとえば親子に加えて祖父母やおじおばやいとこも含めた〝大家族〟を意味する〕〝複合家族《ジョイント・ファミリー》〟の大型版だと見なしていたし、だから村内のだれか一人が不幸に見舞われれば、それを村全体の不幸と考えたのであった。例えば村内のだれかが盗みに遭《あ》えば、他の村民たちが総がかりで、その損害の埋め合わせを行なった。村内の誰かが、火事で家を失うようなことがあれば、他の村民が皆で建築資材を持ち寄って、村民総出で被災者の家屋《いえ》を建て直したものだった。どこかの家で戸主が突然に死去したなら、親を失ったその家の子供たちは村全体で面倒をみたり育てていたのである。どこかの家で結婚が決まったり家人《かじん》が死んだりすれば、それは村人みんなにとって〝他人事《ひとごと》〟ではなかった。村内《コミュニティー》で労働作業《レイバー》の分かち合いや〝職業《プロフェッション》〟別の分業が発達したのだって、それが自《おの》ずと〝失業対策〟になったからである。なるほど。ちょっとした妬《ねた》みや嫉《そね》み、意地の張り合い、反目などが、まったく無かったわけではなかろう。しかし、それとても《村落生活共同体《ヴィレッヂ・コミュニティー》》が享受していた〝村民協和《ハーモニー》〟が、〝墓場の静けさ〟の如《ごと》き生気の無いものでは決してなかったことを、ハッキリと教えてくれるのである。

8　生きる悦《よろこ》び

《村落生活《ヴィレッヂ・ライフ》》を新たな息吹《いぶ》きで蘇《よみがえ》らせることが出来れば、庶民は新たに活力を得た祝祭的興奮や享楽的愉悦や元気回復を、享受できるであろう。

ラメシュ・チャンドラ・マジュムダール博士[★30]〔Dr.Ramesh Chandra Majumdar　一八八八～一九八〇年〕は、自著『古代インドの団体生活』（*Corporate Life in Ancient India*, 一九一八年）で、太古の昔からインドの村々で行なわれてきた〝楽しみごと《アミューズメント》〟の数々を描き出している。

すでにヴェーダ時代のインドの村々には、のちに「倶楽部《ゴシュティ》（goshthi）」として知られることになる〝娯楽会館《クラブハウス》〟が存在していた。人々は、日中のつらい労働を終えて晩になると、共に集い、みんなで音楽を奏《かな》でたり踊りを躍《おど》ったり、お伽噺《とぎばなし》を聴かせたり、身近な噂話《ローカル・ニュース》に花を咲かせたりしていたのだ。〔紀元前四世紀にインド北部に興《お》こり、インド亜大陸のほぼ全土を支配下に置き、一五〇年近くにわたって存続したインド最初の統一王朝である〕マウリア朝の初期には、休日やお祭りに〝村の音楽会〟を催すことが習慣《ならわし》になっていた。村の生活で営まれた他の様々な事柄と同様に、こうした催事《もよおしごと》においても村民たちを行動に駆り立てていたのは〝同胞友愛《ブラザーホウド》〟と〝協同互助《コウオペレイション》〟の気《スピリット》がまえなのであった。こうした公共《おおやけ》の祝祭催事《さいじ》に協力しない態度は、自分たちの生活共同体《コミュニティー》に反逆する犯罪行為と見なされた。こうした古来の伝統は、現代の我々の村々で今も続けられている。田舎では祝祭日に定期市や品評会がどこでも盛んに行なわれていたし、それは今でも変わらない。民族舞踊や田舎芝居や相撲《レスリング》の試合や、〔ヒンドゥー教の〕賛美歌《ブハジャン》（bhajan）や吟誦唱和《キールタン》（kirtan）を共に楽しむことで村民たちは生活のなかに心の底からの歓喜を生み出しているのだ。

　このように田舎の村々では身体をこき使って辛い労働を毎日、地道に続ける日常のなかで、働く仲間どうしが心の底から楽しみ合う〝場所〟が確保されてきたわけだが、都会で暮らす我々はこうは行かないのである。都市生活者の〝気晴らし〟は、気ぜわしい喧噪のなかで、蓄音機《グラモフォン》を回して音楽を聴くとか、映画館で〝活動写真《シネマ》〟を観るとかラヂオ受信機に耳を傾けるといった類いの、機械に依存した、生気のない〝暇つぶし《エンターテインメント》〟にすぎない。都会住まいの現代人は、時計の針や機械部品が刻む時間の切れぎれに合わせて動いているから、日々の生活どころか人生までが、単調な常同反復に縛り付けられることになるのである。人は日々の暮らしのなかで〝人間同士の心のふれあい《ヒューマン・タッチ》〟を持つことで、本当に生き甲斐を感じて生きて行けるものなのだが、生きる気力を与えてくれるこのような〝ふれあい〟は、都会に暮らしているうちに失ってしまうのだ。気ぜわしい都市生活者でも〝余暇〟に羽休《はねやす》めが出来るのではないか、という反論が聞こえて来そうであるが、せっかく〝余暇〟が得られても、今度はその貴重な〝自由時間〟をどんな〝気ばらし〟で埋めようか、と思い悩む羽目になる。そして結局、その〝自由時間〟を〝機械じかけの暇つぶし〟で埋めることになるわけだ。そんなことを繰り返しているうちに、心は〝機械じかけ〟のように単調で生気を失ったものに成って行くし、頭の働きだって〔広告やマスメディアの宣伝布教《プロパガンダ》によって刷り込まれた〕〝世間並みの固定観念《ステレオタイプ》〟しか考えられない愚鈍で単純なものに成って行く。結局は、束の間の快楽を求めて酒浸りになり、アルコール中毒で生命を落とすのが関の山なのである。

9　芸術と美

都会住まいの現代人にとって、都会風の《芸術《アート》》だの《美《ビューティー》》だのというのは自慢のタネであろう。だが彼ら御自慢の〝人や動植物の模造品〟を用いた造形美術だの、〝植木鉢なしでは草花さえ育てられない〟都市文明が生み出す《芸術》というのは、せいぜいのところが、新鮮な果実をわざわざ砂糖漬けにしてしまったような規格化された制作物にすぎず、本質的な生命力も深みのある豊潤すら有していない。〝米ドル万能王《ザ・ダラー・キング》〟の王宮にあっては芸術や美さえもが〝商品〟として解釈され〝金貨の数量〟で値踏みされている始末なので、「野生のオリーブの〔枝葉を編んで作った〕冠《かんむり》」は見向きもされないのである。気どりのない天然自然の、あるがままの美を愛《め》でる見地から言えば、現代風の都会の栄華を誇る〝摩天楼〟の乱立なんぞ、狭苦しい鳩小屋にギッシリと設《しつら》えた〝ハトの巣箱〟となんら変わりがない。

一方、現代の田舎の村々で暮らす人々は、開放的で健康な倹《つま》しい田舎家《コテージ》で人生を過ごす。――ここで読者諸氏に御注意ねがいたいのは、現代のわが国の村落になおも見られる、部屋に入れば昼なお暗き、荒れ果てた家畜小屋のごとき〝外見〟を問題にしているのではないのだ。そんなものは大英帝国の植民地時代の〝栄華〟が生み出した過去の遺物にすぎない。今やわが国の村々に住む人々は、大自然の懐《ふところ》中に抱かれて安楽の憩いを得て、生きている。

村の伝統工芸職人《アルティザン》たちは素晴らしい職業倫理に支えられて生業《なりわい》に就いている。すなわちそれは〝奉公《サーヴィス》の精神〟、つまり〝暮らしを共にする仲間たち《ソサエティー》〟のために身を尽くす《サーヴィス》という気がまえに他ならず、このような心がけで自分の仕事に精進《しょうじん》することに、生きる悦びを見出しているのである。「その結果、彼ら〔村の職人たち〕は見事な仕上がりの美しい品々を生み出しもするし、忍耐と熟練の要《い》る労働を、鼻歌を唄いながら熟《こな》してしまうのである[46]」。

そしてまた村々の御婦人たちも、美しい歌を口遊《くちずさ》みながら労働を楽しむ。それは日々に用いる分量のトウモロコシの粉を挽《ひ》く早朝のひとときであるとか、あるいは目映《まばゆ》く輝く金属製の水桶を、頭のうえに器用にのせて、村の共同井戸に汲《く》みにゆく途中で、唄とともに往々、舞い踊るように喜びを全身で表しながら。

田舎家の壁に描かれた装飾画の、質素だが気品のある佇《たたず》まい。村人たちが詠《うた》う詩歌や民謡の、荒々しいが生命力あふれる力強さ。彼らが演じてみせる舞踊や素人芝居の、露骨なほど生々しい現実描写。あるいは彼らが作り出す様々な手工芸品の、一品一品にそれぞれの個性がこもった、変化に富んだ美しさ。――村々の日常生活のなかに生み出されるこれら数々の芸術や芸能は、いわゆる「都会の洗練された《芸術》だの《文学》」では残念ながら出会うことができない部類の美質を有しているのである。

太古からの歴史を紡《つむ》いできたインドのような国では、芸術も文化も、林間《フォレスト》や田舎家《コテージ》や村々から出《い》でて、都会に伝わり広まってきた。〔霊感を受けて〝根源の知《ヴェーダ》〟と出会えた賢者・詩人たちである〕《聖仙《リシ》（Rishi）》たちは、田舎で心穏やかに暮らすなかで、深遠なる思想や真情あふれる感動が、心身のうちに泉のごとく湧き出てくるのを体験していたのである。数千年の歴史を超えて人類に不滅の感動を与え続けてきた『ラーマ王の物語《ラーマーヤナ》』や『偉大なるバーラタ族《マハーバーラタ》』のような偉大な叙事詩の数々だって、大学教授や〝学識ある職業詩人〟の連中が作ったわけではない。〔インド西部のボンベイ東北方のマハラシュトラ州の〕アジャンタの石窟寺院群の壁や天井や柱に余すところなく描かれ、やはり数千年の歴史を超えて今も燦然《さんぜん》と輝きつづける〝鮮画《フレスコ》〟とて、美術館のお偉方《ディレクター》たちが制作したわけではなかった。あの壁画を描いた人たちにとっては〝創作する悦び〟こそが重要だったのであり、自分の名前を後世に遺《のこ》すなんてまったく関心外のことだったのだ。それに彼らは「芸術至上主義」だの「人生にとって芸術とは何か」と言った類いの〝高等なおしゃべり《ファイン・ディスカッション》〟に興じたわけでもない。彼らにとっては人生そのものが偉大な芸術だったのである。

10　国防

外敵による侵略《フォーリン・アグレッション》から首尾よく国を守るには《分権主義《デセントラリゼイション》》と《都市化から田園化《ルーラル・アイゼイション》へ転じて行く社会再編》が必須の課題となる。なぜならこの二つの社会政策だけが、現代の戦争を無能力化できるからだ。〝中央集権的な産業配置《セントラライズド・インダストリーズ》〟すなわち産業拠点の集中的な立地を行なえば、空襲の絶好の標的となってしまうので、敵はわずかな空爆を行なうだけで〝標的国〟の経済全体をたやすく混乱させて仕舞えるわけである。つまり戦略的な観点から言えば、大規模な産業拠点をごく少数の大都市に集中立地している国家は、きわめて脆弱な国になってしまうのだ。

中国では〔中華民国が独立して以後の一九一九年に設立された「上海国民合作儲蓄銀行」が先駆けとなった全ての経済分野に及ぶ産業分野ごとの〝協同組合組織〟であり、一九二〇年には華北の干ばつを救うために農村の経済体制改革をめざして米国資本系統の団体（華洋義賑会）が組織化に着手し、一九二七年の南京国民政府の成立後は国民党政府がこれを受け継いで信用組合・生産組合・販売組合・消費組合などの組織化を進めたものの、商人や地主富農が実権を握り、こうした富裕層ばかりをますます富ませる産業体制として中国農村社会の発展を阻害する要因へと変質して行ったが、しかし一方、日中戦争の時代になると大日本帝国が支配した中国東北・華北地域に綿花工作を中心とした日本主導の農業合作社も作られ、更にまた中国共産党の革命拠点地である〝解放区〟でも消費・購買・販売・信用分野の合作社や工業合作社が組織され、工業合作社はとりわけ手工業や軽工業の各分野に広く普及することとなり、やがて第二次世界大戦が終わり、戦時下では内戦を一時的に凍結して〝国共合作〟の態勢で大日本帝国と戦っていた国民党と共産党が戦後に再び内戦を再開したが、数年を経ずして共産党が勝利して一九四九年に〝中華人民共和国〟が誕生し、共産党政府による農業協同化と土地改革を経て一九五八年以降は多くが《人民公社》へと発展して行くことになった中国流《合作社》協同組合運動の一大成果である〕《**生産合作社**（Industrial Co-operatives）》という注目すべき産業組織が生み出されてきたわけだが、おそらくは、こうした〔農村に拠点を置く、地域分散型の〕産業組織網の展開があったからこそ、日本軍による攻撃が長年にわたって続いたにも拘らず、中国は持ち堪えることが出来たのだ。

《生産合作社《インダスコウ》（Indusco）》運動は、《家内生産指向の〝産業組織《コテージ・インダストリーズ》〟》の経済網《ネットワーク》を中国国内の最果《さいは》ての辺境地域にまで普及拡大したことで、生活必需品に関しては。中国のほとんど全ての村落に〝自給自足〟をもたらすことになった。

「激烈な戦争が周期的に勃発してそれが延々と続く、という問題を抱え込んだままの現代世界においては、食料品や衣料などの生活必需品の生産は可能なかぎり消費地の地元で行なわねばならないし、遠い場所にある市場に頼り切るようでは深刻な緊急事態が起きれば致命的な状況を招きかねないのである。軍事的に追い詰められて、生産拠点の分散配置《デセントラリゼイション》を是が非でも行なわねばならぬ、という悲惨な状況にまで至ってしまったら、すでにこの国に存在してきた〝地域分散型の生産《デセントラライズド・プロダクション》〟の素晴らしい体制を使わぬままに終わらせてしまうという全くの気違い沙汰が国じゅうに広がって行くばかりの事態となるであろう(47)」。

11 国際協調

世界平和と国際協調のための〝体制〟なり〝組織〟のあり方について、これまで様々な計画や構想が提案されてきた。

〔一九一九年に第一次世界大戦の終結のためパリで開かれたヴェルサイユ講和会議において、

ヴェルサイユ対独講和条約その他の平和条約の〝第一編〟を成すものとして採択された《国際連盟》設立の基本法であり、ヴェルサイユ条約署名国三十二ヵ国と中立国十三ヵ国を原締結国として成立し、この条約の加盟国が軍縮の必要性を承認したうえで（国際紛争解決の手段として）戦争を行なうことなく、相互諸国の独立と領土の保全を擁護し、「規約」違反国に対しては経済制裁を科すという〝集団安全保障〟の制度を定め、この「規約」に基づき翌一九二〇年一月に〝世界平和の維持〟と〝国際協力〟を目的とする国際機構としてジュネーヴに本部を置く《国際連盟》が発足したが、この《国際連盟》創設のそもそもの提唱者だったウィルソン大統領の米国が最初から参加せず、しかも一九二〇年代には分担金を払えなくなったコスタリカや常任理事国入り出来なかったブラジルを筆頭にラテンアメリカ諸国が続々と脱退し、一九三〇年代には「満洲国」承認を拒まれた日本、ナチスが政権に就いたドイツ、エチオピアを侵略したイタリアが相次いで脱退し、これに続いて日独伊〝ファシスト枢軸〟に参加する中小国の脱退も相次ぎ、一九三四年に加盟したばかりのソ連も一九三九年にはフィンランド侵略で除名されるなどするなかで第二次世界大戦が勃発して世界中に止めどなく拡大したことで《国連連盟》は有名無実の機能停止状態に陥り、やがて第二次大戦が終結して〝大戦中の連合国〟が一九四五年一〇月二十四日に「国際平和と安全の維持」および「諸国間の有効と協力」を目的とする《国際連合》を原加盟国五十一ヵ国によって創設したことで、旧来の《国際連盟》は一九四六年四月一八日に《連盟》最後の総会で解散と自らの資産を《国際連合》に移行することを決め、翌々日に解散するに至り、これによって「規約」としての効力が完全に消滅するに至った〕《国際連盟規約《コヴェナント・オヴ・サ・リーグ・オヴ・ネイションズ》》は、国際紛争を、〔第三者が紛争当事国との〝友好関係〟に基づいて懐柔を行ない緊張関係を緩和するという〕〝調停《コンシリエイション》〟作業と、〔第三者が紛争当事国間に立ち入って双方の主張を調整し、裁断を下して紛争を鎮めるという〕〝仲裁《アービトレイション》〟作業を通じて、〝和解《セツルメント》〟に持ち込むことを目指していた。

〔第二次世界大戦の最末期となった一九四五年四月二十五日〜六月二十六日に反ファシズム〝連合国〟五十ヵ国の代表が米国サンフランシスコに参集し、間もなく訪れる戦後世界の平和秩序を維持するための国際機構（＝国際連合）の設立準備するために開催した、正式名称を「国際機構に関する連合国会議」と称した〕いわゆる《サンフランシスコ会議》が、〔かつての《国際連盟規約》に代わる〕新たな平和秩序のための《憲章《チャーター》》〔すなわち一九四五年六月の《サンフランシスコ会議》で採択され同年一〇月二四日に発効した《**国連憲章**（Charter of the United Nations）》〕を、このたび書き上げた。だがその根本は、「三大強国《ビッグ・スリー》」〔＝米国・英国・ソ連〕が自分たち以外の世界のすべてを支配する、というものになっている。〔今回の《国連憲章》で〕提案された《国際警察隊（International Police Force）》〔すなわち《国連憲章》に基づいて生み出される多国間の〝集団安全保障〟体制のもとで、〝国家の侵略行為〟や〝国際の平和と安全を脅かす事態〟に対して、それ以外の国々が共同で実施する〝防止・鎮圧・監視〟の諸活動の実行部隊〕を牛耳る〝親分《ボス》〟の地位に、米国とソ連と英国が、自動的《ナチュラリー》に就任する手筈《てはず》になっているのだ。そんなわけなので、第二次大戦中は反ファシスト〝連合〟としてまとまっていた国々が、この先、仲違《なかたが》いを起こしたら、こんな《国際武装警官隊》なのだから、どう動くか分かったものではない。

これまで多くの優れた思想家が、〔各々の国家が自身の利害のために、身勝手で非協調的な行動をすることによって生じる〕国際的な〝無政府状態〟《インターナショナル・アナーキー》を終わらせるためには世界単一の《世界主権政府《ワールド・ステイト》》を創設する必要がある、と力説してきた。

カード競技のコンタクト・ブリッヂと世界平和の伝道者のエリー・カルバートソン〔Ely Culbertson　一八九一～一九五五年〕は近年〔すなわち第二次世界大戦の終結の展望が見え始めた一九四三年に〕、反ファシスト〝連合諸国《ユナイテッド・ネイションズ》〟に向けて〔この戦争が終わった後に到来する〝世界平和〟をそのまま持続させていくために自分が考案した国際組織の実現を求めて〕懇願を行なったが、それは「諸々《もろもろ》の〝主権国家《ソヴァリン・ステイト》〟の〝政府《ガヴァメント》〟から分離独立しており、なおかつ、すべての〝国家《ステイト》〟が平等に遵守の義務を負うべき〔法執行および司法作用を行なう主体が、各々の国家そのものよりも一段と高い〝国際社会〟の次元に建立された〕〝高い次元《ハイアー》〟の世界単一の〝法制《ロー》〟に基づいて〔設置および運営が為され〕、更に、すべての〝国家〟が〝集団防衛《コレクティヴ・デフェンス》〟の枠内で〔侵略などの危険から〕保護されるとともに、それぞれの〝国家〟が〝他のすべての国家〟〔による侵略などの危険から保護される状態を実現するために〔諸々の〝主権国家〟の〝政府〟からは〕分離独立した世界単一の《世界警察《ワールド・ポリース》》によって下支えされているような、実効性を備えた世界単一の国際組織（すなわち《世界連邦《ワールド・フェデレイション》》）を、むやみに先送りせずに遅滞なく。設立すること[48]」を求める訴えであった。

　ウィリアム・ヘンリー・ベヴァレッヂ卿[★31]〔Sir William Henry Beveridge 一八七九～一九六三年〕は、自著〔『平和の代価（*The Price of Peace*）』、一九四五年〕収録の「平和への代償（The Price for Peaece）」と題する論考において、「〝三大強国《ビッグ・スリー》〟の強制力《ザ・フォース》によって下支えされた〝超国家的な官憲機関《スーパーナショナル・オーソリティー》〟」を創設すべきであると熱烈に唱えていた。

　サムナー・ウェルズ[★32]〔Sumner Welles 一八九二～一九六一年〕は、〝超国家的地域《リージョン》〟を基礎に据えた世界単一の《世界機構《ワールド・オーガニゼイション》》が当然設置されるべきである、と強く主張している[49]。

　第二次世界大戦後の世界平和と国際協調を維持推進するための〝世界秩序〟のあり方として、ここに列挙した新たな〝体制〟なり〝組織〟を実現するためには、いずれの構想も成立のための先行条件として〝集団安全保障《コレクティヴ・セキュリティー》〟と〝武装解除《ディスアーマメント》〟を実現することが必須の課題となる。けれどもどの構想とて、この問題に真っ正面から取り組んでいないのだ。

　ほとんど議論の余地なく断言できることであるが、あらゆる戦争は、基本的には経済的搾取と、世界市場の分捕《ぶんど》りを求める無節操な強欲が原因となって起こる。第二次世界大戦が終結してまだ日が浅いというのに、あの大戦で〝連合国〟の旗の下に結集した国々は、さっそく性懲りもなしに、それぞれが自国内での豊かな生活水準を維持しようとして自国産品の輸出を増やす経済計画を慌ただしく書き上げているのだ。この帝国主義的な市場獲得競争によって、市場の分捕り合戦に血道を上げる国どうしが互いに相手を嫉妬《しっと》し、対立し合うことは確実に起きるし、それが昂《こう》じれば最終的にはまたも再び世界大戦にいたる恐れもあるわけで、そんな悲惨な帰結は想像するだけで背筋が寒くなる。それゆえに戦争をこの世から駆除するためには《資本主義》と、その必然的帰結として発生する《帝国主義》を廃絶せねばならない、という結論に至る。ラスキ教授はこう喝破した――「国と国とのあいだに平和が保たれて行くかどうかは、それぞれの国のなかが平和であるかどうかで決まる」[50]。

しかし〝国のなかが平和である〟状態は、〝公平かつ公正な分配《エクィタブル・ディストリビューション》〟を保障した経済体制がなければ実現できない。ところが、そうした経済体制が成功しうるのは、〔経済領域の全般にわたって、あらゆる経済活動について〕〝協同組合的な組織制度《コウオペラティヴ・ファウンデイションズ》〟を土台に据えた〝分権主義に基づく産業社会の組織化《デセントライズド・インダストリアリズム》〟が実現した社会環境においてのみなのだ。《家内生産指向《コテーヂ》の〔国家規模での〕経済機構《エコノミー》》が実現すれば、貪欲な帝国主義に対して決定的な打撃を及ぼすであろうし、その結果〔帝国主義的な国際市場争奪戦を抑止できれば〕国際協調の実現も期待できる。以上のような理由で、我々は、〝軍事領域の武装解除《ミリタリー・ディスアーマメント》〟だけに止《とど》まることなく、〝経済領域の武装解除《エコノミック・ディスアーマメント》〟にまで踏み込んで、これを断行する必要があるのだ。

「居並ぶ強大国のそれぞれの国のなかで、国民の〝くにを愛する気持ち〟が〔従来支配層が統治する〝国家政府《ザ・ステイト》〟に対してひたすら忠僕であろうとするような「愛国心」ではなく〕、国家規模の莫大で曖昧《あいまい》なものよりももっと地域的で、個々人の生活の場である〝地元〟に根付いた〝愛郷心〟という在り方の忠誠心が盛んになればなるほど、攻撃的な《愛国主義《ナショナリズム》》がこの世界を支離滅裂の分断に追い込んでしまう危険性は減って行くのである」(51)。

12　養生すべきは、医者よ、おまえだ！

第二次世界大戦下の反ファシズム〝連合〟諸国が、《分権主義《デセントラリゼイション》に基づく社会改革》という〔未来志向の国家増強のための〕処方箋を与えて〝治療〟した〝患者〟は、よりによって彼らと死闘を交えたあげく軍門に降《くだ》ったドイツであった、という事実はまさに悲しむべき運命の皮肉である。〔第二次世界大戦の末期、連合国に対するナチスドイツの無条件降伏を受けて一九四五年七月一七日～八月二日にベルリン郊外のポツダムで開催された米国（トルーマン大統領）・英国（チャーチル首相）・ソ連（スターリン首相）による〝三大強国《ビッグ・スリー》〟首脳会談で、敗戦国ドイツに対しては非ナチス化・武装解除・非軍事化・戦犯裁判・財閥解体・連合諸国の分割統治によって行なう敗戦国土の共同管理などの「ポツダム方式」と呼ばれる占領統治方式を「ポツダム協定」によって定めるとともに、まだ交戦中だった大日本帝国に対しても降伏条件や戦後処理方式を決定した上で中国（＝中華民国）の同意を得て七月二十六日に〝英米中三国首脳宣言〟（＝「ポツダム宣言」）として発表することとなり日本に降伏を迫る制度的土台を作った〕**ポツダム会談**の場で、〝三大強国《ビッグ・スリー》〟は、「民主主義の諸原理に基づいて行なわれる〝地域に根付いた自主管理の政治《ローカル・セルフ・ガヴァンメント》〟をドイツ全土で復活《リストア》させること」と、「農業および平和的で穏便な家内工業の振興を重点的に進めること」を決めた。

他人がどう考えようと、私としては、このように《分権主義》に基づいた経済組織と政治統治方式を〝ヒトラーの天下《ヒトラーズ・ランド》〟だった国に与えた以上、あの国はこの先、平和を享受するとともに、末長く繁栄を愉《たの》しむことになるであろうと、心の底から確信している。国内事情のせいで必然的に〝暴力まみれ〟になってしまった国が、〝平和的で穏便な家内工業《ピースフル・ドメスティック・インダストリーズ》〟を自国に導入することは重要だ。けれども戦後ドイツの《分権主義に基づく社会改革《デセントラリゼイション》》が、自らの国土から湧き出したものでなかったことは、悲劇と言える。なにしろそれは他国《よそ》から強制的に押しつけられたものだったのだから。けれども今回の大戦の〝戦勝者〟たちが〔軍事強国だったドイツに〝分権主義的な国家改造〟を強制できたからと〕熱狂的な勝鬨《かちどき》を上げて喜び酔い痴れている余裕など無いはずだ。

連合国の諸君に私は声を大にしてこう警告しよう――「養生すべきは、医者よ、おまえ自身だ！」

今回の大戦では一大結束して〝ファシスト枢軸〟を打ち負かした〝連合諸国《ザ・ユナイテッド・ネイションズ》〟の国々が〔それはつまり、これら〝連合諸国〟が戦後平和秩序の〝守護神〟として立ち上げた新たな国際機関である《国際連合《ザ・ユナイテッド・ネイションズ》》の加盟国ということでもあるが〕、勝者の慢心を湛えながら敗戦国ドイツに〝処方〟した新たな《社会秩序《オーダー》》を、自らの内にも導入するならば、彼ら戦勝国の内部に潜在している〝他国を攻めようとする強迫的衝動〟そのものが衰退して行くであろうから、世界平和は確実に持続するはずである。だがそれが出来ないなら、世界はふたたび真っ逆さまに転落し、前代未聞の大惨害に見舞われることになるであろう。

　こうした私の意見に不満を抱いて、こんな問いかけで反撃してくる者もいるかも知れない――「ドイツを永久に〝奴隷〟として縛り付けておくためにあの国に押しつけた制度なのに、おまえは何故そんなものをインドに〝処方〟して、この国が救えると考えるのか？」

　私はこう即答しよう――「〔数世紀にわたって続いた英国への隷属を断ち切って、わが国が自主独立を獲得した暁《あかつき》に〕せっかく《自由国家インド《フリー・インディア》》の地位を得たというのに、どんな制度であれ、この国自身の自由な意志を無視してこの国に導入されることになったら、それじゃ国内は〝平和的な穏便《ピースフル》〟には成らないし、〝平和的穏便《ピース》〟を国外に広めるなんて到底できないでしょう。ドイツ国民だって今は我々と同じような気持ちだと思いますが、わが国はこの先、国家的暴力を着々と増強させて行っていつかまた世界を支配してやるのだ、などと常に密かな野望を抱きながら、世界から軽蔑され、攻撃を受けて叩き潰されるような民族国家《ネイション》の道を選ぶつもりは断じて無い。いまだ止むところなき搾取と帝国主義的領土拡張《インペリアリズム》という暗闇の、真っ只中《ただなか》に置かれたまま途方に暮れている世界の他の民族《アザー・ネイションズ》に、常に進むべき道を示し続ける光り輝く灯台のような、そういう地位にインドは立ち続けていきたいと思っているのです。この国はこの先、よその民族国家《ネイションズ》を搾取することはないし、よそのどんな国家《カントリー》にも、この国を搾取はさせない決意でいるのです」。

13　ガンディーの民主国家建設構想は、時代錯誤の〝中世《メディィーヴァリズム》〟懐古趣味なのか？

〔自主的で全国民的な大衆運動によって民族国家インドの自主独立を成し遂げるべく大聖《マハートマー》ガンディーが提唱し、自ら実践した、現実的・倫理的・戦略的な哲学思想であり、「真理の把握《サティヤーグラハ》」「自己の浄化《ブラハマーチャリヤー》」「非暴力《アヒンサー》」の三つの戒律を己《おの》れに課して〝独立闘争を生きる〟ことで「自主独立《スワラージ》」を達成するために〝けっして暴力を使わずに、支配国イギリスに対する非暴力・不服従の抵抗を断固として貫き通す〟という基本的態度を保ちながら、大英帝国の関与や世話などを全く必要としない〝経済的にも政治的にも完全に自主独立した生活〟を民族全体で確立し普及して行くことをめざす〕《ガンディー主義《イズム》》は、いろいろと非難も浴びてきたが、その最も陳腐な言い草は、これを〝時計の針を逆回りさせて我ら人民を中世の時代に連れ去ってしまう〟時代錯誤の妄信である、と決めつける類いである。だがそんな理由でガンディー翁《ジー》の考え方に噛みつくなんて、とんでもなく勘違いな思い込みの為せるわざに他ならないのだ。なぜならガンディー翁は、《村落生活共同体《ヴィレッヂ・コミュニティーズ》》を国家や世界から完全に切り離された〝単一団体《ユニット》〟にするなんて、望んでいないからである。実際、そんなことは不可能だし望ましいことでもない。そうではなく、社会や経済や政治にかかわる諸々の〝世事《アフェアーズ》〟に直面しながらも最大限の〝自主管理運営《オートノミー》〟を享有しつづけることが出来る《自主独立の政体《スワラージ・ガヴァンメント》》というものが誕生する時には、《村落共和政体《ヴィレッヂ・リパブリックス》》こそが、この《自主独立の政体《スワラージ・ガヴァンメント》》の〝基本的な編成単位《ベイシック・ユニット》〟に据えられるべきである、というのがガンディー翁が望み、追求している目標に他ならない。

　村落《ザ・ヴィレッヂ》は、〔イギリスに侵略される以前のインドで古来《村落共和政体《ヴィレッヂ・リパブリックス》》として存続していたという〕本来の特性ゆえに、〔地理的には〝幾つかの村落〟の隣接集合圏として一段と広域な〝行政区画〟となる〕《郡《タールカ》（Taluka）》や、〔地理的には〝幾つかの郡〟の隣接集合圏として一段と広域な〝行政区画〟となる〕《県《ディストリクト》（District）》や、〔地理的には〝幾つかの県〟の隣接集合圏として、そして文化的には同じ種類の言語が使われている圏域として、一段と広域な〝行政区画〟となる〕《州《プロヴィンス》（Province）》や、〔政治地理的には〝すべての州〟を取りまとめる総合調整機能を担うべく名目上のものとして設けられることになる〕《全インド中央政府《オール・インディア・センター》（All-India Centre）》と〝同格のもの《コゥオーディナト》〟として存在していくのが当然の道理であるが、各々の村落がこれら《郡》《県》《州》《全インド中央政府》と調和を保ちながら存立していくための〝連係と調整《コゥオーディネイト》〟の手段として、〔各々の村落の《村民五賢評議会《ヴィレッヂ・パンチャーヤト》》の「議長《プレジデント》」（すなわち〝村長〟）によって構成され、各々の《郡》に設置される〕《郡民五賢評議会《タールカ・パンチャーヤト》》《県民五賢評議会《ディストリクト・パンチャーヤト》》および《州民議会《プロヴィンシャル・アセンブリー》》と、〔政治地理的には〝すべての州〟を取りまとめる総合調整機能を担うべく、すべての州から成る〝同盟連合《フェデレイション》〟（＝合州国）の議会であり、基本的な〝国家主権の源泉〟である個々の《村落共和政体》のインド亜大陸全域におよぶ究極的な一大〝連邦体〟としての《自由国家インド連邦》の、〝連邦〟次元での議会であり立法府でもある〕《連邦議会《フェデラル・パーラメント》》〔＝全インド五賢評議会《オール・インディア・パンチャーヤト》〕が、それぞれの分限に応じた役割を果たさねばならない。

《村落生活共同体《ヴィレッヂ・コミュニティーズ》》を、国家や世界から完全に隔絶された〝天涯孤独の存在《アイソレイテッド・エンティティーズ》〟だったと見なす思い込みは、古代や中世のインドの社会に関してでさえ、通用しない間違いなのである。現代《いま》に生きる我々が『始祖法典《マヌ・スムリティ》』や『偉大なるバーラタ族《マハー・バーラタ》』や、カウティリヤが著した『実利の聖典《アルタ・シャーストラ》』や、〝完成された言語《サンスクリット》〟で書き記された諸々の古典文献から知ることができるのは、昔のインドでは一個・十個・二十個・一百個・一千個の村落ごとに、それぞれを〝見守り指導《スーパーヴァイズ》〟する〝首長〟と呼ぶべき統率者が居たことである。実際、個々の村落が、〔統治権力としては《村落生活共同体》よりも上位の次元に属していた〝王国〟のような〕〝地域的な統一国家《ネイション》〟の安全と統治の実効性《エフィシエンスィー》を脅かさぬかぎり《地域に根付いた自主管理の政治《ローカル・セルフ・ガヴァンメント》》を最大限に享有することが出来ていたのである。けれども当初は群れを成すように存在していた《村落共和政体》であるが、〝村民全体が参加する自主管理の政治《ポピュラー・セルフガヴァーンメント》〟という大原則を保ちながら、まずは田舎の村落どうしが連係を築くという〔横つながりの連係網《ネットワーク》の〕〝層《ストラトゥム》〟が生まれ、やがて各地で発達したこの〝村つながりの層《ストラタ》〟を越境するかたちで、一層広い範囲の《村落共和政体》を互いに繋《つな》ぐ、その意味では以前の〝村つながりの層〟よりも一段と高い階層的位置に足場を置くことになる〝上位〟の〔横つながりの連絡網の〕〝層〟が生まれ、こうした〝共同体社会の階層の形成〟が何段階か繰り返されるなかで、《村落共和政体》自体も一段と大きな〝同盟連合《フェデレイション》〟の統治組織に成長して行ったのである。

ラードハ・クームード・ムーケルジー博士は、昔この国に、階層的な上下関係を成すかたちで重層的に存在していた何種類かの〝行政単位《アドミニストラティヴ・ユニット》〟が、それぞれ《評議会《サブハー》（Sabha）》《大評議会《マハー・サブハー》（Mahasabha）》《村団長《ナッタル》（Nattar）》という名称で認知されるようになった経緯について述べている。

こうした〝行政単位〟の階層構造《ヒエラルキー》を最も詳細かつ具体的に示してくれる典型的な事例を、我々は〔紀元九～一三世紀の古代南インドに栄えたタミル人のヒンドゥー王国である「チョーラ王朝」の中興の祖として、この王国の最盛期を築いた「チョーラ王朝」十代目の王で西暦九八五～一〇一四年頃に在位していた〕ラージャラージャ一世の治世下にあの巨大なチョーラ帝国で実施されていた行政組織に見て取ることができるが、これも彼《か》の王の偉業が数多の碑文に刻まれて現代まで遺《のこ》されてきたからである。

数ある〝行政単位〟のなかでも最も小規模なもの、すなわち一大制度体系《システム》として築かれた行政組織の〝土台〟を成すものであるが、《村落《ヴィレッジ》（uru）》なり《町《タウン》（nagara）》がこの役割を担った。これよりも一段階高い階層にある〔幾つかの村落を束ねた「村団」とも謂うべき〕〝行政単位〟は《ナードゥ（Nadu）》とか《クッラム（Kurram）》と呼ばれていた。更にもう一段高い階層にある〔「郡」に該当する〕〝行政単位〟は《コッタム（Kottam）》とか《ヴィサヤ（Visaya）》の部類であった。更にその上位に《マンダラ（Mandala）》とか《ラーシュトラ（Rashtra）》とか呼ばれる〝行政単位〟が存在したが、これはチョーラ帝国の〝州《プロヴィンス》〟に他ならない。カーシー・プラサード・ジャヤスワル博士の名著『インドという国《ヒンドゥー・ポリティー》』も、昔この国に、国じゅうに数多存在していた各地の〝地方議会《リージョナル・カウンシルズ》〟の代表者を集めた《ジャーナパダ（Janapada）》、すなわち《王国議会《レルム・アセンブリ》》が設けられていた事実を、我々に教えてくれるのである。

　これら諸々の事実からはっきりと判るのは、《村落》を基本として築かれ、国政の次元で運営されてきた社会組織全体の一大制度体系は、太古の部族社会が遺《のこ》した時代遅れの残骸などではなく、それぞれの《村落》がお互いに〝同格の存在《コゥオーディナト》〟であることを認め合い、〝同盟連合《フェデレイション》〟の原則に基づき横並びに繋って〝連係と調整《コゥオーディネイト》〟を行なう、という一大行政組織だったということだ。このような社会組織のあり方を現代に復活させる場合には、各々の《村落》を〝対等に扱う《コゥオーディネイト》〟とともにそれらの〝連係と調整《コゥオーディネイト》〟を図る、という〝制度づくりの作業〟を保ちつつ、《村落》同士を有機的に連係させて一大組織へとまとめて行く志操《こころざし》が求められるのは、理の当然であろう。

　しかし〝権力の分散配置《デセントラリゼンション》〟と〔中央政府から地方政府への〕〝権力の委譲《デヴォルーション》〟という〝社会組織の編成〟についての根本思想そのものに、幾世紀にもわたる〝時の試練〟に堪えてきたのであるから、我々がこれから持つことになる〔《自由国家インド》の〕憲法は、この根本思想を〝礎石《コーナー・ストゥン》〟に据えるべきだ。このような社会組織のあり方こそ、中世の遺物であるどころか、今後の理想的な国家を築いて行くうえで、〝決定的なお手本《ザ・モデル》〟になっていくはずだ。

サルヴェパッリ・ラードハークリシュナン博士★33〔Sarvepalli Radhakrishnan 一八八八〜一九七五年〕はこう断言している――「立ち戻れ、村へ《ゴーイング・バック・トゥ・ヴィレッヂズ》！――これは野蛮を求める考え方ではありません」。「これ〔＝〝村の暮らしに立ち戻ること〟《ゴーイング・バック・トゥ・ヴィレッヂズ》〕こそが、インドの大地の叫びを自らの本能で受けとめ、このインドという国に確固として進むべき道と、自信と、存在意義を与え続けた〝あの見事な生き方〟《ア・モード・オヴ・エグジステンス》を永続させていく、唯一の方法なのであります。これこそが、われら人類が文明の光のもとで、これからも生存し続けるための、唯一の方法なのであります。田舎の純朴な暮らしのなかで命を耕し育てる生業《なりわい》を営む人々の、郷土であるインド。俗世をはなれた森で、魂と向き合いながら密やかに暮らす、賢者たちの〝隠れ里〟であるインド。そのような国であったインドは、世界に偉大なる教えを数多伝えてきましたが、誰にも害を及ぼしたことはなかったし、よそのどんな国土や国民を傷つけたことはなかったし、よその国土や国民を支配しようとしたことも、これまで一度もなかったのであります(52)」。

見た目は〝敬虔〟を装いながら口先では平気で〝偽善〟を語るたぐいの、いわゆる〝評論家〟が、ガンディーの唱える理想社会構想《ガンディアン・イディオロギー》を「〝中世〟懐古の時代錯誤」だなどと、なおも声高に非難し続けるのなら、私は遠慮なくこう言い返してやろう。――キミが言うような〝中世〟懐古趣味《メディィーヴァリズム》であったとしても、大いに結構じゃないか。キミが取り憑かれている我らが時代の《近代主義《モダニズム》》ってヤツだって、次から次へと、弱者を喰いものにする利己的搾取《エクスプロイテイション》や、植民支配《コロナイゼイション》や、帝国主義《インペリアリズム》流の権益拡張や、人心を滅ぼす戦争の数々を生み出してきた元凶なのだから、それと比べりゃ一〇〇〇倍も優秀《まし》だよ。〝人類の進歩《プログレス》〟っていうのが、〝当世ふうの《モダーン》、財物の豊かさばかりを求める文明開化《マテリアル・シヴィリゼイション》〟だけを意味するのであるなら、〝悲しみの嘆き〟こそが、そんな〝進歩〟の象徴なのじゃないのか？

14　〝国際社会《インターナショナリズム》〟志向と〝万物衆生《ユニヴァーサリズム》〟志向との相克

世人《われわれ》は二言目《ふたことめ》には「国際社会との調和《インターナショナリズム》」が云々《うんぬん》と話を拡げるが、ガンディー翁が唱える「田舎の村暮らしが人生と社会の基本だ《ヴィレッヂ・イズム》」という《田舎主義（Villagism）》の教えを鼻であしらいがちである。だがガンディー翁の教えが、世人の口にする〝国際主義《インターナショナリズム》〟なんぞよりも、はるかに広く深い次元での〝調和〟を実現しようとしているものだということを、ちゃんと理解しようとした人がどれだけいるだろうか？

彼は我々に《国際社会への思いやり《インターナショナリズム》》を求めているのであるが、それだけにはとどまらず、《万物衆生への思いやり《ユニヴァーサリズム》》も求めているのである。つまり彼は、我々に、自分が住む村や州や国やさらに全世界に暮らしている人々を、自分と同類の〝仲間《フェロウ》〟として認め、人類全体としての一体感を感じながら自分の存在意義や人類社会のなかでの役割を会得《えとく》すべきである、と呼びかけているわけだが、それだけで満足することなく

《生きとし生けるもの全てが暮らすこの果てしなき天地《インフィニット・ユニヴァース》》との調和《チューン》が保たれた生き方を追求せよ、と訴えかけているのだ。

だがこの《万物衆生《しゅじょう》への思いやり》という理想を実践し、成就させるために、わざわざ飛行機に乗って不眠不休の旅を続け、実際に〝天の果て〟やら〝地の果て〟をめざす必要なんて全くない。そんなことをせずとも、小さな田舎家《コテージ》で静かに暮らしながら、我々は《万物衆生がいのちを営む天地《ザ・ユニヴァース》》との一体感を体感し、そうした《生きとし生けるものの宇宙《ザ・ユニヴァース》》の中での自分の存在意義や役割を会得することが出来るのである。《国際社会への思いやり《インターナショナリズム》》も《万物衆生への思いやり《ユニヴァーサリズム》》も我々の〝心の持ちかた《ステイツ・オヴ・マインド》〟の問題なのであって、〝時代の要請〟とか〝今どきの流行〟とかいうものでは全く無いし、〝昔は遠かった外国が〔通信や交通手段の発達によって〕近くなった〟という事情によって生じるものでも無い。だから《田舎の村暮らしは人生と社会の基本なり《ヴィレッヂイズム》》という心がまえで、《万物衆生への思いやり《ユニヴァーサリズム》》を持ちながら人々が暮らすことは。当然、可能なのだ。ガンディー翁によれば、我々が〔〝ヒト〟という動物として、衣食住に関わる〕物質的欲求を満たしながら生存して行くための〝生活の拠点〟は村に置くべきであるが、我々が文化を育《はぐく》む足場であり魂の拠りどころとすべき場所は《生きとし生けるもの全てが暮らすこの果てしなき天地《ザ・ユニヴァース》》であると心得るべきである。

彼は、祖国インドの〔政治的・経済的・産業的・精神的など〕あらゆる意味での自主独立の精神を《わたしの国《スワ・デシー》（Swadeshī）》ということばに集約し、この《わたしの国》を、植民的搾取の主として存在していたイギリス連合王国から取り戻して復活させるための、全国民的闘争の根本原理に据えたが、この《わたしの国《スワ・デシー》》という考え方の真髄を成すのが、まさに今述べたガンディー翁の〝肉体生活の拠点を村に置き、精神生活の拠点を《無限の生命世界《ザ・ユニヴァース》》に置く〟という生活原理に他ならないのだ。

　ガンディー翁の願いは、《人類世界《ヒューマニティー》》と《無限の生命世界》が両方とも幸福になるよう自分の力を尽くすことなのであるが、この理想なり努力目標はまずもって自分の隣人、友だちや仲間、そして更に自分の郷土《ザ・カントリー》とそこに暮らす人々と一緒になって追求することで、実現が可能になるのである。ガンディー翁は言う――「わたしの愛郷心《パオリオティズム》は〝一意専心《エクスクルーシヴ》〟でありながら、尚かつ〝一切衆生《インクルーシヴ》〟なのです」。「つまり、すべての人類世界のなかでも、私はもっぱら、自分が生まれたこの郷土《ザ・ランド》に我が思いを集中させておりますので、その意味では私の愛郷心は〝一意専心《いちいせんしん》〟であります。しかしまた、我が奉公《サーヴィス》は、〔自分の郷土やその住人ではない〕他の者たちと競り合って打ち勝つとか、敵対して打ち負かすといった類いのものでもないわけで、その意味で私の愛郷心は〝一切衆生《いっさいしゅじょう》〟であります。私は、〝生きとし生けるもの全て〟との関わりのなかに自分自身を見出し、自分の居場所を見定めたいと思っているのです(53)」。

15　新たなる文明の創出に向けて

《ガンディー流《ガンディアン・ウェイ》の〔民主主義社会づくりの〕構想》は実際問題として、〝中世の昔の生活〟を復活させるのではなく、確固とした〝新たなる文明《ニュー・シヴィリゼイション》〟の創出構想に他ならない。既存の〝現代文明〟が抱える数々の〝病害〟を治す「万能薬」であると称して、これまで様々な社会改革案が唱えられてきた。だがそれらは全て〝威圧強制《コウアーション》〟と〝暴力行使《ヴァイオレンス》〟に力点を置いているという意味では、〝五十歩百歩の似たもの同士〟でしかない。

ウォルター・リップマン★34〔Walter Lippmann　一八八九～一九七四年〕はこう警告する――「現代世界の支配権を握ろうとして、目下、様々の党派的勢力が奮闘しておりますが、彼らは党派ごとに独自の色に染めた肌着《シャツ》を身に着けているので傍目《はため》には色とりどりに見える。ところがどっこい、彼らが手にする〝武器〟は同じ〝武器庫〟から持ち出されたものだし、彼らが唱える〝教理教説《ドクトリンズ》〟とて同じ〝お題目《テーマ》〟を焼き直して、言い回しだけあれこれと変えたものにすぎない。そんな彼らが、曲は同じながら、それぞれにちょっとだけ歌詞を変えた似たり寄ったりの歌を唄いながら、戦争《いくさ》へと出撃しているのであります」。「彼らあれこれの党派的勢力が、用いる〝武器〟というのが、これまた決まって人類すべての生活と労働のあり方を〔彼らがそれぞれに望む〕ただ一つの方向に威圧して強制するというやり方で、追い込んでいくというものなのであります。そして彼らの〝教理教説〟というのも、一様に、この社会を苦しめている混乱も困窮も〔社会を〕もっともっと強制的な組織に変えてゆくことで克服できるのだ、という〝教え〟なのであります。だから彼らが語る〝公約〟とて、〝国家が権力を振るってこそ人民に幸福をもたらしうるのだ〟という、決まり文句になっているのであります[54]」。

このような国家による〝威圧強制《コゥアーション》〟の強調重視は、昨今では〝絶対教義《ドグマ》〟になってしまった。とにかく洪水のように圧倒的な趨勢《すうせい》であるから、〝権威主義的な独裁政治《オーソリタリアニズム》〟とか〝国家統制的な集産経済体制《コレクティヴィズム》〟に賛同しない人は、誰であれ「〝背中が苔生《コケむ》した頑迷固陋《がんめいころう》な保守主義者《モスバック》〟だの〝反動主義の極右《リアクショナリー》〟だの、せいぜい謂《い》って、溺《おぼ》れるのがわかっているのに潮の流れに逆らって遮二無二《しゃにむに》、手足をばたつかせている〝愛すべき偏屈もの《エクセントリック》〟」と決めつけられてしまう御時世《ごじせい》なのである。ここ数十年の状況を見るならば《暴力の全否定《ノン・ヴァイオレンス》》と《権力集中の全否定《デセントラリゼイション》》を倦《う》まず弛《たゆ》まず何事にも屈せずに常に一貫して説き勧めてきたのは、ただ一人、大聖《マハートマー》ガンディーだけなのであった。彼が描く〔国家や社会組織の〕未来像は、作為性のない平易で自然なものであるし、生きる希望に満ちあふれた庶民の活力をそのまま反映させているし、実際に存続させて行ける現実的なものだ。

ラードハ・カマル・ムーケルジー博士も〔東洋ならではの民主政体のあり方について〕こんな所見を述べている——

「我々が眺望する将来の政治のあり方としては、東洋ならではの将来構想をここで申し上げるならば、それは〝知識人《インテレクチュアルズ》たちによる専制独裁《ディクテイターシップ》〟でも、〝資本家《ブルジョワ》たちによる少数独裁政治《オリガーキー》〟でもないし、はたまた〝プロレタリア独裁政権〟の指導者たちが一度《ひとたび》手にした〝階級的特権〟を失うまいと神経を尖《とが》らせながら、物言うことも許されず圧政を受け入れるだけの存在になってしまった幾百万の民衆をただ上から抑《おさ》えつけるだけの、いわゆる〝無産階級《プロレタリアート》の独裁政治《オートクラシー》〟でもない。そんなものではなくて、〝田舎の百姓《ペザント》たちが主体の民主政体《デモクラシー》〟なのである。すなわち、太古からその土地に存在し、人民の暮らしの本質を成してきた、その地域に根付き、地域の成員のそれぞれが自らの役割を全《まっと》うすることで集団としての健全な働きを成してきた、そうした社会集団を〔民主政体の〕基本に据え、これを出発点として県から州〔へと民主政の行政単位を拡張して行き〕、さらに州どうしが互いに同盟連合を結ぶことで築かれた〝州連邦《フェデレイション》〟を国家の行政単位とした一大〝国民議会《ナショナル・アセンブリ》〟に到るまでの、幾段階かの階層構造を成して作り出される〝田舎の百姓たちが主体の民主政体〟こそが、我々が構想する東洋型の理想的な政体のあり方なのである。

　古来、どの村にも御神木《ごしんぼく》とか聖なる場所があり、村人たちは日常生活のなかで催される慶弔の儀礼や祭事のたびに、そこに集《つど》って共に喜び、共に悲しみ、そうした〝励まし合い〟の暮らしを通じて、〝社会の一員〟として〝公民《シティズン》〟として活《い》き活《い》きと生きる方法《すべ》を学んできたのであるが、私がいま述べた東洋型の、我々が目ざすべき民主政体というのは、このような大昔から崇拝し守り続けてきた聖なる場所の古来の属性であり、しかも今や新たな息吹を得てますます生命力を増しつつある、〝村民たちを「社会的人間」として「公民」として育み鍛える働き〟を促すわけであるから、村々の聖地にも再び活気が戻ってくるであろう」[55]。

ガンディー翁自身も、最近発表した声明のなかで、彼が《公平公正なる唯一神《ラーム》のもとでの完全平等統治《ラージャ》（Rām Rājya）》と呼ぶこの新たな文明が、どのような形をとるかについて説明している

——

「それ（＝めざすべき民主政体）は、宗教の言い方を借りれば、《神の王国（Kingdom of God）》を地上に実現する、ということになりましょう。政治のことばで言うなら、（「富を持つか持たないか？」とか「肌はどんな色か？」とか「どの人種に属するか？」とか「どの宗教・宗派を信仰しているか？」とか「どの性別に属しているか？」といった〝線引き〟によって人類社会に続いてきた）諸々の不平等がすっかり消え去った、完全なる民主主義の社会であります。そこでは、土地《ランド》も国家《ステイト》なり政府も、すべての人民《ザ・ピープル》に属しており、裁判は安価な費用でただちに行なわれ、尚かつ完璧な審理を経て判決が出されるので、信仰《ワーシップ》も言論《スピーチ》も報道出版《ザ・プレス》も、自由が保障されるのです。これらは全て、道徳的な自制心を備えた法律を、自らに課すという〝法の支配〟を実現させることで、可能になるのです。このような国家を実現させるには、真理と非暴力を、国の土台に据えなければなりませんし、そしてまた、自給自足の経済のもとで営まれる幸福で繁栄した村々と、その村々で苦楽を分かち合いながら暮らす人々こそが、国づくりの主役になる必要があるのです」[56]。

私が思うに、ガンディーが思い描いている立憲政体のあり方は、〝この世にない理想郷《ユートピア》〟では

なく、同じ国の人民同士が対立する経済紛争のみならず外国との戦争も解消しうる、実効性があり尚かつその効力を永続させられる〝解決策〟なのである。このような名案を「奇想天外」であるとか「空想的」だと決めつけて嘲笑する連中《やから》は、あの言語《ごんご》を絶する全面戦争の血腥《ちなまぐさ》い光景を、いま一度、瞼のうらに喚び起こして、その恐怖をじっくりと再体験すべきだ。今後どんなことがあろうとあんな全面戦争は二度と起こすまい、と本心から願うのであれば、我々が現在用いている経済組織も政治組織も、最底辺の基礎部分から最上層、頂上に到るまでの全ての構造を徹底的に点検調査して、まともに使えるように抜本的な全面修理を行なう覚悟と、修理改造のための〝青写真〟が必要なのである。けれども既にいろいろと提案され、世間では「革新的」と呼ばれている諸々の組織構想や施策案は、我々を迷わせ続けるだけで終わるであろう。ウィリアム・ヘンリー・ベヴァリッヂ卿の言葉どおり、もはや我々は〝理想郷〟と〝自分らが馴《な》れ親しんだ従来世界〟のどちらか一方を選ぶ、という選択が許されない時代に生きている。「選択できるのは二つに一つ。〝理想郷《ユートピア》〟か〝地獄《ヘル》〟か、どちらを選ぶかだ[57]」。

我々は〝地獄〟を選ぶのか？　それとも「ガンディーの理想の国《ガンディアン・ユートピア》」を選ぶのか？

もはや先延ばしは許されない。我々は自信をもって、決意をこめて、選ばねばならない。さもなくば、世界の全滅にむけて怒濤《どとう》のごとく進んで行く〝時代の流れ〟を押し止める時間を、失いかねない現状にあるのだから。

第Ⅱ部

第5章　基本的な権利と義務

この小冊子の前半、第Ⅰ部では、《自主独立《スワラージ》のための憲法》を作るに当たって、その憲法の土台に据えねばならぬ基本的な原理原則を、わかりやすく系統立てて述べることに努めた。

後半の第Ⅱ部では、そうした《自主独立のための憲法》を様々な観点から眺めたときに、〔従来の世界各国の憲法と比べて〕際立った〝個性〟を見せることになる、主要な特徴の数々を論じて行こうと思う。

但し、実際の憲法づくりに用いるための〝草案〟の全文を、条文の一つずつまで微細にわたってここに提示するつもりはない。そうした専門的な仕事は、憲法を専門に扱う人たちのために残しておこう。私としては、この小冊子でこれから大雑把なかたちで概略を示してゆく《自主独立のための憲法》の土台となるべき特徴の数々が、このさき実際に制定される憲法に盛り込まれることになれば、それで満足なのである。

最初にはっきり申し上げておくが、これから述べる憲法案はあくまでも《完全独立を成し遂げたインド》に与えられるべきであって、仮にもインドが今後も何らかの形で英国の支配下に置かれることになるのなら、そうした〝大英帝国のヒモ付きのインド〟に与えられるべき憲法案ではない。

《自主独立のための憲法》が備えるべき条件として、まず《基本的人権（the Fundamental Rights)》について確認して行こう。この国が〔宗教・人種・言語・世襲階級身分《カースト》などの〝共有集団《コミュナル》〟同士が不自然な植民統治下での雑居や分離を強いられてきたせいで互いに対立憎悪するという〕〝社会的属性共有集団《ザ・コミュナル》〟間の対立問題《プロブレム》という直視せざるを得ない難題を抱え込んでいる以上、我々が目指すべき新生インドの憲法は、その明文のなかで各種の公民権《シヴィック・ライフ》を一つひとつ明確に列記することが、何にも増して重要である。こうした諸権利が保障されてこそ、あらゆる少数集団《マイノリティ》が自らを完全に守ることができるのだから、これらの権利を必須の一部として構えてこそ、憲法の完成態を成し得るのである。

1. すべての国民《シティズン》は、世襲階級身分《カースト》・肌の色・信条・性別・宗教や世俗的富《マテリアル・ウェルス》の如何《いかん》にかかわらず、法の下《もと》に平等である。
2. いかなる国民も、公的な雇用や公的な名誉・取引・通商に関して、その（彼なり彼女の）宗教・世襲階級身分《カースト》・信条を理由にした如何《いか》なる不利益《ディスアビリティ》も受けない。

3. すべての国民はみな、非暴力《ノン・ヴァイオレンス》と、公共道徳《パブリック・モラリティー》を、行動規範《プリンシプルズ》として遵守し、人身《パーソン》の自由《フリーダム》、言論《スピーチ》の自由、集会《アセンブリ》・団結《コンビネイション》および議論《ディスカッション》の自由を享受する。

4. すべての国民はみな、良心《コンシャス》の自由と、公共の秩序および道徳を遵守しながら個人的習慣や社会的慣習に従う権利を有する。

5. すべての国民は、自分〔たち〕の文字体系《スクリプト》、言語および文化を、保持し、発展させる自由を有する。

6. すべての国民は、国家や地域の資金によって維持されていたり民間人が一般公衆の使用に供する目的で寄贈した井戸・貯水施設《タンク》・道路・学校および公共の保養行楽所《パブリック・リゾート》を等しく利用する、平等の権利を有する。

7. すべての国民はみな、《万人の根本を育てる教育《ナイー・ターリーム》（NaīTālīm）》の名で知られる基礎教育《ベイシック・エディケイション》を無料で受ける権利《エンタイトルド》がある。

8. すべての国民はみな、その（彼なり彼女の）人身《パーソン》と人的財産《パーソナル・プロパティー》に及んでくる暴力・強制や脅しから自分自身を守るために。法律および警察による保護を得る権利を有する。

9. すべての国民はみな、誠実な労働《ワーク》や雇用を通じて、最低限の生活賃金を得る権利を有する。

10. すべての国民はみな、一日八時間以上の労働《ワーク》を強制されずに、睡眠休養《レスト》する権利を有する。

11. すべての国民はみな、医療を自由に選ぶ権利《ライト・トゥ・メディカル・フリーダム》を有する。（ワクチン、すなわち予防接種を強制している現行規則は適宜見直しを行なうものとする。）

12. すべての国民はみな、成人参政権にもとづき、その（彼なり彼女の）票を投じることで《公共社会の管理運営《パブリック・アドミニストレイション》》〔すなわち広い意味での〝国政〟〕に参画《テイク・パート》する権利を有する。

13. すべての国民はみな、規則や規制が許す範囲で、武器《アームズ》を保持する権利を有する。

国民の義務

しかしながら、上記の権利はすべて、次に挙げる基本的な義務が履行されることを条件に、効力を持つものとする。

1. すべての国民は、国家緊急の危機的非常時《ナショナル・エマージェンシー》と外国からの侵略《フォーリン・アグレッション》を受けた時には、特別事態《スペシャリー》として、国家に忠誠を尽くさなければならない。

2. すべての国民はみな、法が義務として定めた現金やこれに準じるもの、あるいは労務《レイバー》を供与して国家の財源を支えることによって、公共の福祉《パブリック・ウェルフェア》の増進を行なわねばならない。

3. すべての国民はみな、人が他人に対して搾取《エクスプロイテイション》を行なうことを無くすため、その発生を予防《アヴォイド》し、〔すでに生じている搾取を〕撃退《チェック》し、必要があれば抵抗《レジスト》して阻止せねばならない。

第6章　国政の基本単位《ベイシック・ユニット》としての村落

本書ですでに見てきたように、ガンディー翁《ヂー》は、《自由国家インド《フリー・インディア》》においては〝自給自足《セルフ・サフィシエント》〟と〝自己決定・自己統治《セルフ・ガヴァーニング》〟によって運営されてきた《村落《ヴィレッヂ》》こそが〝公共社会の管理運営《パブリック・アドミニストレイション》〟〔すなわち広い意味での〝国政〟〕の基本単位《ベイシック・ユニッツ》になることを願っている。そうした形で社会組織全体を築いて行くことが、永年の歴史によって正統性の裏付けを得たこの国の伝統に適《かな》っているのである。ごく小規模の村落がいくつも隣接し合っている場合には、複数の村落が一個の〝村団《グループ》〟を成すかたちで、その〝村団〟を〔国政の〕管理運営《アドミニストレイション》の基本単位と見なすことも可能であろう。

1　五賢評議会《ザ・パンチャーヤト》

すべての村落はみな、成人の村民が全員参加して行なう投票によって《五賢評議会《パンチャーヤト》(Panchāyat)》、すなわち通常は五人《パンチ》〔＝panch〕の評議員から成る〝評議会〟を選任するものとする。通常よりも規模の大きな村落の場合は〔《五賢評議会》という名称ではあるけれども、その評議員の〕人数が七～十一名に増えることもあり得る。《五賢評議会》は、評議会内での満場一致の票決によって、この評議会の《首長《プレジデント》》、すなわち《五賢評議会頭《サル・パンチ》(Sar-Panch)》を選出するものとする。この評議会内で満場一致の票決をなし得ぬ場合には、その村落の成人全員が参加する直接選挙を行ない、《五賢評議会》評議員の中から《五賢評議会頭》を選出するものとする。《五賢評議会》の任期は通常、三年間と定める。《五賢評議会》の構成員《メンバー》は、人数にかかわりなく、次期への再選や更にその次の任期への再々選を阻まれることはないが、それ以上の再選は認められない。但し、《五賢評議会》構成員のなかに、任期満了前に村落からの信頼を失う者が現れた場合には、〔その村落の成人全員のうちの〕七十五％の多数投票があれば解任されるものとする。

《村落五賢評議会《ヴィレッヂ・パンチャーヤト》》は、夜間警備官《チョウキダール》(choukidar)や収税会計記録官《パトワーリー》(patwari)や警察官のような

〝村内公務を行なう官吏《ヴィレッヂ・サーヴァント》〟を任命・停職・解任できる権限を委任された唯一の機関である。《五賢評議会》の諸決定は、可能なかぎり〔評議会構成員の〕満場一致で行なうものとし、とりわけ少数集団《マイノリティー》の諸権利に影響を及ぼすような決定を下す場合には〔評議会構成員が〕満場一致の票決で決めねばならない。

2　五賢評議会の職務

村落は〝地域に根付いた自主管理運営《ローカル・オートノミー》〟〔の権能〕を最大限《マキシマム》に享有するものであるから、《村落五賢評議会》の職 務《ファンクションズ》は極めて広範かつ包括的であり、村落生活共同体《ヴィレッヂ・コミュニティー》で営まれる生活の社会的・経済的・政治的領域のほとんど全ての側面に及ぶものとなる。すなわち具体的には以下に挙《あ》げる職務である——

1．教育に関する職務

（a）　生産的《プロダクティヴ》な手工芸《クラフト》を〔教育および訓練の〕手段《メディウム》に用いて、人格修養教育《カルチャー・エデュケイション》と、職能訓練教育《テクニカル・エデュケイション》とを結合させた訓練教育を施すことができる《初等《プライマリー》あるいは前期《ロウアー》の基礎教育学校《ベイシック・スクール》》を一校、運営すること。

(b)《図書館《ライブラリー》》および《図書閲覧読書室《リーディング・ルーム》》をそれぞれ一施設、持続的に運営すること。この図書館に収める書物は、村落の社会的・経済的・政治的な諸活動に直接的に関係する教育的な内容のものでなければならない。

(c) 成人のための《夜間学校《ナイト・スクール》》を一校、運営すること。

2. 元気回復活動《レクリエイション》の支援に関する職務

(a)《体育学苑《アクハーダ》(Akhada)》すなわち体育館と野外運動場を、整備すること。《自国ならでは《スワデーシ》の伝統的な競技《ゲーム》と運動種目《スポーツ》》の振興奨励に努めねばならない。

(b) 折々《おりおり》に《美術工芸展示会《アート・アンド・クラフト・エグジイション》》を開催すること。

(c)〔村内に、文化的・社会的・経済的な属性などを共有しながら存在している〕あらゆる種類の共同体《コミュニティーズ》が、それぞれに重要と見なして祝《いわ》っている諸々の祝祭を、村民の総出《そうで》で祝福することが出来るよう、取り計らうこと。

(d) 季節ごとに〔農産物などの〕産業共進会《フェア》を開催すること。

(e)〔ヒンドゥー教の〕〝賛美歌詠唱《ブハジャン》(bhajan)〟と〝賛美歌合唱合奏《キールタン》の合奏合唱隊《マンダルス》(kirtan mandals)〟の振興・指導・維持運営を行なうこと。

(f) 民謡・民族舞踏・郷土演劇《フォーク・シアター》の振興奨励を行なうこと。

3. 防衛《プロテクション》に関する職務

（a） 泥棒や武装強盗団《ダカイティー》（dakaitī）や野獣から村を守るための総合防衛警備組織として、《村落守護隊《ヴィレッジ・ガーディアンズ》》を保有すること。

（b） 《まことを貫く生き方《サティヤーグラハ》（Satyagraha）》、すなわち抵抗闘争および護身・防戦を、暴力を用いず《ノン・ヴァイオレント》にやり遂げるための実行方法《テクニック》を、村民《シティズン》全員に授けるべく、全村民に対して定期的な訓練を実施すること。

4. 農業に関する職務

（a） 〔旧来の名称で謂《い》うなら「地主」ということになるのだが、新たなる《自由国家インド》においては村から信託をうけて土地の保持管理を委任された「借用地主《ランド・ホウルダー》」に貸し出されている〕村内の農業用地のそれぞれについて、〔村からの〕「借地料《レント》」を〔「借用地主」に課して、その徴収額を〕査定すること。

（b） 「借用地主」たちから〔村からの〕「借地料」を徴収すること。

（c） 〔村内で〕保持管理されている農用借地《ホウルディングス》の整理統合を助成奨励《エンカレッジ》し、協同組合的《コウ・オペラティヴ》な農業経営《ファーミング》の組織化を推進すること。

（d） 灌漑《かんがい》の整備を適切に行うこと。

（e）協同組合的な販売店《ショップス》を通じて、良質の種子《たね》と、使いやすく経済的な農業用具を供給すること。

（f）食糧として必要不可欠な食用穀粒《フード・グレイン》は、可能なかぎり村内で自給生産すること。換金作物《コマーシャル・クロップス》の生産を殊更《ことさら》に重視してきた現行の農業生産体制は、この方向へと軌道修正せねばならない。

（g）〔農業従事者たちの〕債務を詳しく調べて〔返済できる状態かどうかなども〕精査検討し、必要があれば返済金額を減らしたり、返済金に付加される利子の利率を下げること。そして可能であれば、協同組合的な信用金庫《クレディット・バンク》を組織すること。

（h）農地の土壌浸食状況を調査点検し、協同作業による未耕作地の開墾を実施すること。

5. 各種の産業《インダストリーズ》に関する職務

（a）村内で消費する《手織り木綿《カーディー》（Khadi）》の〔地産地消・自給自足のための〕生産体制を組織すること。

（b）それ以外の各種の産業についても《村落主体の〝産業組織〟《ヴィレッヂ・インダストリーズ》》を協同組合方式で組織すること。

（c）酪農協同組合《コウオペラティヴ・デァリー》を運営すること。水牛《バッファロー》の代わりに乳牛を飼育することを、助成奨励すること。

（d）死んだ動物の皮革を利用する、村営のなめし革工場《がわ》を運営すること。

6. 商業交易に関する職務

（a）農業および各種産業による生産品を売買するための市場を、協同組合方式で組織すること。

（b）消費生活協同組合を組織すること。

（c）輸出は余剰生産品のみとし、輸入は村内で生産できない必要物資のみに限ること。

（d）協同組合方式の倉庫《ゴウダウンズ》を維持運営すること。

（e）村の職人《アルティザン》たちの金銭的必要に応えるために、低金利の信用貸し付け制度を整備すること。

7. 公衆衛生と医療福祉に関する職務

（a）下水設備を適正に整備して、村内の公衆衛生を良好な状態に保つこと。

（b）〔公衆一般《パブリック》の健康・安全・平穏を脅かす〕〝公害《パブリック・ニューサンス》〟の発生を防止し、疫病の拡大を阻止すること。

（c）安全な飲料水を適切かつ十分に供給できる体制を整備すること。

（d）病院と産院を兼ねた村営の医療施設を一ヵ所、運営し、〔村民に〕無料で医療を提供すること。その土地に固有の伝統的医術・自然療法および生薬《しょうやく》治療を助成奨励すること。

8. 司法に関する職務

(a) 村民に、安価な手数料で迅速に実施される司法業務〔すなわち裁判〕を提供すること。

(b) 〔村民に対して〕法律に関する支援と情報提供を無料で行なうこと。

《五賢評議会》は、刑事および民事の訴訟事案に関して、広範な権能を有する。

9. 財政および税政に関する職務

(a) 個別特定の具体的目的のために設定された各種の村税を、〔村民に〕賦課して徴収すること。税を納付する方法として、〔金銭でなく〕現物による納付や、集団的な肉体労働という形での納付も、奨励されねばならない。

(b) 社会的・宗教的な各種行事の際に、民間からの寄付を募ること。

(c) 厳密な収支報告書を会計年度ごとに作成すること。この収支報告書は、公開の会計検査を行ない、その結果は会計監査報告書にまとめられて公開されるものとする。

以上、〔《村落五賢評議会》が担うべき〕職務の数々について、相当に網羅的な目録《リスト》を作ってみたわけだが、これは《ガンディー憲法》の下《もと》で我が国の村落が共有することになる

《地域に根付いた自主管理運営《ローカル・オートノミー》》がどれほど大きな権能と責任を持つことになるのか、読者に具体的な実感を持ってもらうためである。

第7章　郡《タールカ》および県《ディストリクト》の地域規模《レヴェル》での《五賢評議会》【訳注1】

数多《あまた》の村落の社会的・経済的・政治的諸活動を《対等に扱う《コゥオーディネイト》》とともに、それらの《連係と調整《コゥオーディネイト》》を図るために、各々の《郡《タールカ》（Taluka）》（地域によっては《郡《ターシール》（Tahsil）》とも呼ばれる）、および《県《ディストリクト》（District）》にも、《五賢評議会《パンチャーヤト》》を設ける。但し、これら高位《ハイアー》の地域規模《レヴェル》に置かれた組織体〔すなわち《郡五賢評議会》および《県五賢評議会》〕が担うべき職務は、あくまでも助言的《アドヴァイザリー》なものにとどまるのであって、命令的《マンダトリー》ないし〔下位の組織体である各村落の《村落五賢評議会》に対する、統治権限の〕〝下請け委任《マンダトリー》〟という性格のものではない。すなわち〔郡および県に置かれた〕高位の《五賢評議会》は、〔各村落に置かれた〕下位《ロウアー》の《五賢評議会》に指導《ガイド》や助言《アドヴァイス》、あるいは広域的な見地からの監督的指示《スーパーヴァイズ》を示すにとどまり、指揮命令《コマンド》を行なうものではない。

1　郡五賢評議会《タールカ・パンチャーヤト》

《郡五賢評議会《タールカ・パンチャーヤト》》は、それぞれの村落が正式に選任した《首長《プレジデント》》〔すなわち《村落五賢評議会頭》〕の一定数を以て、〔つまり、ある程度まとまった数の村落の、各々の《首長》の参集によって〕構成される。この〔郡の〕《五賢評議会》の構成員〔すなわち《郡五賢評議会》評議員〕の人数は、《郡《タールカ》》を構成している村落の数によって自《おの》ずから決まってくる。通常は、一つの《郡》は二十前後の村落で構成されることになるから、その総人口は概ね二万人ということになる。もちろん、《郡》規模《レヴェル》での行政・立法・司法の各種業務を能率よく処理できるようにするために、現行の《郡》については、その規模をかなり縮小せねばならぬ場合も出てくるであろう。

《郡五賢評議会》の任期は、《村落五賢評議会》と同様に、三年間と定める。

《郡五賢評議会》は、以下の職務を遂行せねばならない――

（a）〔各村落の〕《村落五賢評議会》の諸活動を指導するとともに、広域的見地からの監督的指示を示し、更に、それら〔各村落〕の諸活動を《対等に扱う》なかでそれらの《連係と調整》を図り、更に、〔各々の《村落五賢評議会》が作成した〕収支報告書の会計検査を行なうこと。

(b)《中等《セカンダリー》あるいは後期《アッパー》の基礎教育《ベイシック・エデュケイション》》を提供すること。

(c) 専門的診療を行なうことができる、複数の〔村落に置かれている医療機関よりも〕大規模な病院および産院を維持運営すること。

(d) 非常事態《エマージェンシー》の際に、村落〔における《村落守護隊《ヴィレッヂ・ガーディアンズ》》の緊急対応を支援《アシスト》することができる〕、《守護予備隊《リザーヴ・オヴ・ガーディアンズ》（Reserve of Guardians）》を、常時保持すること。

(e)《郡《タールカ》》規模での、複数の《協同組合銀行《コウオペラティヴ・バンク》》と、〔産品の収集・保管・輸送・販売・購入など〝市場化〟のための各種活動を協同組合方式によって効率よく実施する〕各種の《産品市場化協同組合《マーケティング・ソサエティーズ》》を運営すること。

(f) 村落間の道路を〔整備・点検・修繕して〕良好な状態に保つこと。

(d) 農業生産の効率向上のための〝模範的農家《モデル・ファームズ》〟を保持すること。

(h) 村落間で行なう運動会《スポーツ》や競技大会《トーナメント》を開催すること。

2　県五賢評議会《ディストリクト・パンチャーヤト》

〔それぞれの《郡五賢評議会》が正式に選任した〕《郡五賢評議会頭（the President of the Taluka Panchayat）》の、〔《県》規模《レヴェル》での〕総員を以て、《県五賢評議会《ディストリクト・パンチャーヤト》（District Panchayat）》が構成される。通常は、一つの《県《ディストリクト》（District）》に十《ダズン》あまりの《郡》が含まれるにとどまるが、それらの《郡》は前節〔1〕に記した規模のものである。《県五賢評議会》の任期は、三年間と定める。

その〔《県五賢評議会》の〕職務は、以下の通りである――

(a) 各々の《郡五賢評議会《タールカ・パンチャーヤト》》の諸活動を指導するとともに、広域的見地からの監督的指示を示し、更に、それら〔各々の《郡五賢評議会》〕の諸活動を《対等に扱う》なかでそれらの《連係と調整》を図り、更に、〔各々の《郡五賢評議会》が作成した〕収支報告書の会計検査を行なうこと。

(b) 《基礎教育修了後の教育《ポスト・ベイシックエデュケイション》》すなわち《学寮制の高等学校《カレッヂ》（Collegiate）》を提供すること。

(c) 特に重篤《じゅうとく》な傷病《しょうびょう》の診療を行なう能力を備えた、充実した陣容装備の、複数の病院を維持運営すること。

(d) 非常事態に備えて、《県守護予備隊《リザーヴ・オヴ・ディストリクト・ガーディアンズ》（Reserve of District Guardians）》を、常時保持すること。

(e) 《県》規模での複数の《協同組合銀行》と、各種の《産品市場化協同組合》を運営すること。

(f) 水利灌漑《イリゲイション》の適切かつ十分な整備を行なうこと。

(g) 《郡》と《郡》との間で行なう運動会や競技大会を開催すること。但し、小さな《州》

の場合は、《県五賢評議会》はこの職務を免れることができる。その場合には。各々の《郡五賢評議会》が、《州政府（Provincial Government）》と直接に連絡を取って調整を行なうことになる。

3　自治都市協議会《ミューニシパル・カウンシル》

町には、行政および立法の広範にわたる権能を有する《市区五賢評議会《ウォード・パンチャーヤト》（Ward Panchayat）》と、《自治都市協議会《ミューニシパル・カウンシル》（Municipal Council）》を設置する。《自治都市協議会》の職務は概ね《県五賢評議会》と同様であって、すなわち各々の《市区五賢評議会》の諸活動を《対等に扱う》なかで《連係と調整》を図るものである。

《自治都市協議会》は、輸送・発電・給水のためのあらゆる公共手段を所有し、それらの運用を行なう。

【訳注1】 本書では《村落》のみならず、《郡》《県》《州》規模での自治業務の調整機構にも《五

賢評議会》の呼称が付けられているが、《五賢評議会（Panchayat）》は村落の段階ですでに説明されているように、本来は「五人から成る評議会（五人寄合）」という意味である。《郡》《県》《州》の規模では、それぞれの〝自治評議会〟を構成する、域内の下位の自治共同体（すなわち《郡》ならその下位の《村落》、《県》ならその下位の《郡》、《州》ならその下位の《県》）の員数《いんずう》が、五よりもはるかに多いが、しかし〝自治評議会〟の役割なり働き（ファンクション、すなわち「職務」）に着目して、《郡》《県》《州》規模の大人数の評議会であっても《五賢評議会》と呼ぶのである。

第8章　《州》政府《プロヴィンシャル・ガヴァンメント》【訳注1】

《県五賢評議会》と《自治都市協議会》は、それぞれの《会頭《プレジデント》（President）》〔すなわち各々の機関が自ら正式に選任した《県五賢評議会頭》および《自治都市協議会頭》〕を、《州五賢評議会《プロヴィンシャル・パンチャーヤト》（Provincial Panchayat）》に送り込むことになるが、これによって成立するそれぞれの《州五賢評議会》の〔評議員の〕員数は、当然、《州《プロヴィンス》（Province）》自体の規模によって様々に異なるものとなる。

《州五賢評議会》の任期は、三年間と定める。《州五賢評議会》は通常、年に二回開催される。

1 《州五賢評議会》の職務

《州五賢評議会》は、以下の職務を遂行せねばならない――

(a) 〔各県の〕《県五賢評議会》の諸活動を指導するとともに、広域的見地からの監督的指示を示し、更に、それら〔各々の《県五賢評議会》〕の諸活動を《対等に扱う》なかでそれらの《連係と調整》を図り、更に、〔各々の《郡五賢評議会》が作成した〕収支報告書の会計検査を行なうこと。

(b) 非常事態に備えて、《特別守護予備隊《スペシャル・リザーヴ・オヴ・ガーディアンズ》（special Reserve of Guardians）》を、常時保持すること。

(c) 特に高度な専門的訓練と研究活動を行なう《総合大学《ユニヴァーシティー》》教育を提供すること。

(d) 《州》内の通信および輸送を組織化して、良好な連係と調整のもとに置くこと。〔《州》規模の〕輸送手段は、《州五賢評議会》が所有し、その運用を行なう。

(e) 適切かつ十分な水利灌漑《かんがい》施設を提供すること。

(f) 非常事態の際には飢饉《ききん》救済活動を組織すること。

(g) 《県五賢評議会》に低金利で資金貸与を行なうための機関として、《州》規模での《協同組合銀行》を一つ設置運営する。

（h）《州》の各種天然資源を開発し、必要に応じて「基幹《キー・インダストリーズ》」産業を管理運営する。

2 《州》の境界

《州》の境界は、まずもって〔それぞれの土地で用いられている使用言語の〕《使用言語圏《リングィスティク・テリトリー》》に応じて確定されるものとする。言うまでもなく、従来の州境はさまざまな歴史的事情によって決められてきたものであり、科学的原理にもとづく配慮など皆無なのである。すなわち現行の州境は、大部分が、不条理と外圧的要因の成果と言うべきものなのだ。それゆえ今後は、使用言語に基づいて、それぞれの《州》〔の境界〕を確定し直せねばならない。州内で複数の言語が使われているにも拘《かか》わらず、立法・行政・司法および教育のすべての業務をその州で使われている地元言語で行なわねばならないとすれば、数多の障害が生じることになるであろうから、〔州の地理的境界範囲を、使用言語圏の範囲に合致させるという〕この作業は絶対に必要である。更に言えば、初等教育に始まり最高度の高等教育にいたるまでの教育の現場で用いられる言語が、生徒・学生にとっての母語であることが適切なのは、言うまでもないことである。しかし、州内で二種類以上の言語が用いられている場合には、そのような〝母語〟を〔教育現場に〕導入することが殆《ほとん》ど不可能になってしまう。この観点から考えれば、ボンベイ、マドラスおよび中央州（Central Provinces）では州境の大幅な見直しが必要となるはずである。

来《きた》るべき新憲法のもとでは、各々の《州》が以下の名称で呼ばれることになる——。

	州名	〔英字綴《つづ》りと訳注〕	使用言語
(1)	アジメール＝メルワラ州	〔Ajmer-Merwara：インド北西部の旧州〕	ヒンドゥスタニー語
(2)	アンドラ州	〔Andhra：インド南東部のベンガル湾に臨む州〕	テルグ語
(3)	アッサム州	〔Assam：インド北東部の州〕	アッサム語
(4)	ビハール州	〔Bihar：インド北東部の州〕	ヒンドゥスタニー語
(5)	ベンガル州	〔Bengal：英領インド北東部の州で、現在はインド共和国とバングラデシュ人民共和国に分かれている〕	ベンガル語
(6)	ボンベイ（市）州	〔Bombay（City）：インド西部にあり現在はマハーラーシュトラ州の州都〕	マラーティー語とグジャラート語

(7)	デリー州	〔Delhi：インド北部の都市、旧ムガール帝国の首都〕	ヒンドゥスタニー語
(8)	グジャラート州	〔Gujarat：インド西部のアラビア海に臨む州〕	グジャラート語
(9)	カルナタク州	〔Karnatak：インド南西部のアラビア海に臨む州で、一九七三年まではマイソール州と称した〕	カンナダ語
(10)	ケララ州	〔Kerala：インド南西部の州〕	マラヤーラム語
(11)	マハーコーシャル州	〔Mahakoshal：インド中央部の州〕	ヒンドゥスタニー語
(12)	マハーラーシュトラ州	〔Maharashtra：インド中西部の州〕	マラーティー語
(13)	ナーグプル州（ベラール州を含む）	〔Nagpur はマハーラーシュトラ州北東部の都市。Berar はインド中部の旧州「中央州およびベラール（Central Provinces and Berar）」の一区域で現在はマハーラーシュトラ州の一部〕	マラーティー語

⒁	北西辺境州	〔North-West Frontier Province：現在はパキスタン北部の州〕	パシュトーゥ語
⒂	パンジャブ語	〔Punjab：英領時代のインド北西部の州〕	パンジャブ語
⒃	シンド州	〔Sind：インダス川下流域を占める、現在はパキスタン南東部の州〕	シンド語
⒄	タミール・ナドゥ州	〔Tamil Nad：インド南部の州〕	タミール語
⒅	連合州	〔United Provinces：インド北部の現ウッタルプラデーシュ州〕	ヒンドゥスタニー語
⒆	ウトカル州	〔Utkal：インド東部のベンガル湾に臨む州〕	オリヤー語

上記の《州》区分は、現在用いられている〝議会構成州（Congress Provinces）〟を手本にして作成した区画案である。但し、現行の州区分ではナーグプル州（Nagpur）とヴィダルバ州（Vidharba）に分割されているが、ここに掲げた《州》区分では明白なる理由をもって既存の両州を一つの《州》にまとめた。また、この《州》区分でも、《州》の名称自体は、現行の〝議会構成州〟が用いている州名をそのまま用いたわけだが、将来の〔ガンディー流の〕新憲法では、

現行の〝議会構成州〟が採用している州境をそのまま踏襲することはない。例えば今後、全てとは言わずとも、たとえごく少数であれ、《全インド連邦《オール・インディア・フェデレイション》(All India Federation)》に加盟する《州》が現れるなら、各《州》と相談協議したうえで〝使用言語にもとづく州境〟を確定し直す必要が出てくるであろう。現行の州区分で定められた「連合州(the United Provinces)」は、「東部連合州」と「西部連合州」の二つに分割したほうが〔住民自治を円滑に行なううえで〕便利かも知れない。だが今後の〔「連合州」を東西に分割すべきかどうかの〕検討は、憲法制定議会が特別委員会を設置して、それに委ねるべき課題である。必要に応じて、当該地域で成人有権者による直接住民投票《プレビサイト》を実施し、地元住民の意思を確認せねばならない。

3 《州》政府《アドミニストレイション》【訳注2】

《州五賢評議会》は、《州》の《立法府《レヂスレイチャー》(Legislature)》を成《な》す。もちろん〔議会としては〕一院制であるが、先に〔第8章1で〕列挙した〔《州五賢評議会》の〕憲政上の諸々の職務についての法律の制定を、所轄《しょかつ》の地域内で行なう完全なる機能を持つものとなる。

《州五賢評議会》は《会頭《プレジデント》》を選任し、この《会頭》〔すなわち《州五賢評議会頭》〕が、その《州》の《首長《ヘッド》(the Head)》を担う。

《州五賢評議会》の議事録は、必ず当該地域の使用言語で作成されねばならない。

立法の職分《ファンクション》と、行政の職分は、完全に分立させねばならない。《州五賢評議会》は各種《行政部《デパートメント》(Department)》のそれぞれを責任をもって担当する各種の《大臣《ミニスター》(Minister)》ないし《人民委員《コミッサール》(Commissar)》を任命する。これらの《大臣》たちは、《州五賢評議会》評議員以外の人物から選ばれるが、しかし《州五賢評議会》に対して完全なる責任を負う。「〝行政府の首領《チーフ・エグゼクティヴ》〟と〝立法府の首領《チーフ・レヂスラティヴ》〟が事実上、同じ人物であったり、イギリスのように行政府の役人たちがかなりの、あるいは物凄《ものすご》く、高額な給料をもらっている場合には、真の意味での信頼に足る責任政治は廃れてしまい、党利党略の奸計《マヌーヴァー》だの陰謀《イントリーグ》だのが蔓延《はびこ》る羽目になり、公正無私の立法行為など不可能なのである」[1]。

それゆえに、《五賢評議会》の評議員《メンバー》たちの業務は、言葉の正しき意味において、〈特権や利権などを伴わない〉名誉職《オナラリー》であらねばならない。

《大臣《ミニスター》》の任期は、三年間と定める。《五賢評議会》が〈三年間の任期を終えて〉改新されても、《大臣》は任務遂行能力《イネフィーシエンシー》の欠如や不法行為《コラプション》による〈罷免の〉場合を除き、通常は交替させられることはない。

《大臣》は、党派集団《パーティー》や、〈同じ種類の、宗教・人種・民族・言語・世襲階級身分《カースト》などを共有している〉〝社会的属性共有集団《コミュナル》〟の意向や思惑《コンシデレイションズ》によって任命されることがあってはならない。なぜなら《大臣》は、《州》が有する最も優れた才能《ザ・ベスト・タレント》を、象徴《レプレゼント》する存在だからである。《大臣》の人数は、《州》の規模に応じて決められる。但しその人数は五人以上、九人以下とする。

【訳注1】 第8章の章名である「《州》政府」は、原著では「THE PROVINCIAL GOVERNMENT」であるが、ここで謂《い》う「GOVERNMENT」は、行政府に限定されるわけではなく、立法・司法・行政機関の総称を意味するものである。

【訳注2】 8章3節の表題「《州》政府」は、原書では「ADMINISTRATION」であるが、この英単語には「立法・行政・司法の各機関の総称としての〝広義の政府〟」と、「行政府のみを意味する〝狭義の政府〟」の、二種類の意味がある。ここでは本文の解説から判《わか》るように、前者の〝広義の政府〟を意味している。

第9章　中央政府《ザ・セントラル・ガヴァンメント》

〔それぞれの《州五賢評議会》が正式に選任した〕《州五賢評議会頭》（the President of the Provincial Panchayat）》の〔《全インド《オール・インディア》》規模での〕総員を以て、《全インド五賢評議会《オール・インディア・パンチャーヤト》》（All-India Panchayat）》が構成される。通常よりも規模が大きな《州》の場合は、〔その《州》の〕《州五賢評議会頭》一名に加えて、更にその《州五賢評議会》の成員〔である評議員〕のうちから選んだもう一名の〔《州》規模の自治に通じ、それを《全インド》規模の政治に反映できる〕〝地域政府代表人《レプレゼンタティヴ》〟を、《全インド五賢評議会》に送り込むことができる。《全インド五賢評議会》は〔《全インド》における〕唯一の《中央立法府《セントラル・レヂスレイチャー》》（Central Legislature）》を成す。すなわち《全インド五賢評議会》は一院制の議会と成るわけであるが、これは二種類の議院《チェインバー》を併存させる〔〝両院制〟という〕議会制度を採用すると議事が無用に錯綜して出費が嵩《かさ》むからである。円卓会議《ラウンドテーブル・コンフェレンス》で行なった一連の演説のなかで、ガンディー翁は次のような所見を述べている――
「もちろん私は、立法府が二つもあってそのどちらにも誓いを立てるなどという気にはなりませんし、実際、そんなことは致しません。〝一般民衆を代表する立法府《ポピュラー・レジスレイチャー》〟が自制を失ってやがて後悔するような法律を軽率に決めてしまうことだって、一度ならず起きるかも知れないが、私はそれに全く不安は感じないのです。〝一般民衆を代表する議会〟なのですから、それを悪《あ》しざまに罵《のの》しって、それ見たことかと吊し上げをやるなどという気には、私はなりませんね。〝一般民衆を代表する議会〟には、自らの行ないは責任をもって引き受ける自助努力が出来ると思いますし、我々が目下取り組んでいるのは世界で最も貧しい国の問題なのですから、出費が少なければ少ないほど、我々にとっては良いことなのです。」

インド国内に存在してきた、〔英領インド下で、英領インド政府の保護国として扱われてきたが、東インド会社による〝王国領地の併合〟や、〝藩王〟の後継者たる嫡子《ちゃくし》がいない〝王国の領地〟に適用された「失権の原理」などによって徐々に数を減らして行き、〝インド大反乱〟（一八五七～五九年の所謂《いわゆる》「現地傭兵《セポイ》の乱」）の際に英国を支援した者は〝大英インド帝国〟（一八五八～一九四七年）の成立後も英国の宗主権下に存続が認められたが、外交その他の〝国家主権〟は英国に牛耳《ぎゅうじ》られてしまい、〝藩王〟に残されたのは最早、内政に関する僅かな権限のみとなってしまっていた〕《**藩王国**《インディアン・ステイツ》（Indian States）》が、《全インド連邦《オール・インディア・フェデレイション》》に加盟することになれば、それらの《藩王国》も、〔前章で述べた国内《村落》を基盤に据えた最も広域的な〝住民自治の連係調整単位〟である《州五賢評議会》と〕同等の権利を得て、《藩王国》の代表者を《全インド五賢評議会》に送り込むことになる。これらの〔《全インド連邦》に加盟した《藩王国》から、《全インド五賢評議会》に送り込まれた〕代表者たちは、《藩王国・民会《ステイツ・ピープルズ・アセンブリ》（the States People's Assembly）》の《会頭《プレジデント》（President）》を成す。すなわち《藩王国・民会会頭（President of the States People's Assembly）》は、《藩王《プリンス》（Prince）》から任命を受けた「操り人形《パペット》」とはならない。

《全インド五賢評議会》の任期は、三年間と定める。

1　《全インド五賢評議会》の職務

〔《全インド五賢評議会》は〕「《州》を統括単位として、地域《ローカル》に根付いた自主管理運営《オートノミー》を最大限に実現させる」という基本原則に従い、《全インド五賢評議会》の職務はきわめて限定されたものとなる。その職務は、以下の通りである――

（a）国外からの侵略《フォーリン・アグレッション》に抗して、祖国《ザ・カントリー》を、防衛《デフェンド》すること。
（b）非常事態《エマージェンシー》の際に、国内の法と秩序《ロー・アンド・オーダー》を維持するための《国家守護部隊《ナショナル・フォース・オヴ・ガーディアンズ》（National Force of Guardians）》を、常時保持すること。

（c）各《州》の経済開発計画を《対等に扱う》なかで、それらの《連係と調整》を図ること。
（d）インド全体《オール・インディア》にとって重要な〝基幹〟産業を運営《ラン》すること。
（e）全インドの輸送と通信に携わる行政諸部門を管理監督《マネージ》すること。
（f）通貨、関税および国際貿易の調整管理《レギュレイト》を行なうこと。
（g）インド全体にとって重要な、専門的な学術研究《テクニカル・アンド・サイエンティフィック・リサーチ》のための若干数の教育機関を維持運営すること。および、教育水準の〔《州》間の〕統一に関して、各《州》に助言を行なうこと。
（h）一大国家《ザ・ネイション》としての外交政策を策定すること。

〔上記以外の〕残りの権限は、〝中央政府《ザ・センター》〟ではなく、〝連邦体を構成するインド国内の〔《州》や《藩王国》という〕地域単位《フェデレイティング・ユニッツ》〟に授与される。

2　中央政府《アドミニストレイション》

《全インド五賢評議会》は〔統一国家としてのインドの〕最高立法機関《チーフ・レヂスレイティヴ・ボディ》である。すなわち《全インド五賢評議会》は、自らに割り当てられた諸々の職務に関する諸法規《ローズ》の制定を行なう。《全インド五賢評議会》の《会頭《プレジデント》》は、《国家元首《ヘッド・オヴ・ザ・ステイト》（the Head of the State)》を成す。

この《連邦体の五賢評議会《フェデラル・パンチャーヤト》（Federal Panchayat)》〔すなわち《全インド五賢評議会》〕は、各種《行政部《デパートメント》》を担当する各種の《大臣《ミニスター》》ないし《人民委員《コミッサール》》を任命する。これらの《大臣》たちは、《全インド五賢評議会》評議員以外の人物から選ばれる。これによって、立法の職分と、行政の職分とは、分離される。

《中央行政府《セントラル・エグゼクティヴ》（Central Executive)》すなわち《大臣協議会《カウンシル・オヴ・ミニスターズ》（Council of Ministers)》は、《中央行政府》すなわち《五賢評議会》〔ここでは《全インド五賢評議会》〕に対して、完全なる責任を負う。《大臣》の任期は、三年間と定める。しかし《全インド五賢評議会》が〔三年間の任期を終えて〕改新されても、《大臣》は、任務遂行能力の欠如《イネフィーシェンシー》や不正行為《コラプション》による場合を除き、通常は罷免されることはない。任期満了前であっても、重大な不正行為《シリアス・ミスコンダクト》で有罪判決を受けた《大臣》は直ちに解任《ディスミス》される。

《大臣》は、〔同じ種類の、宗教・人種・民族・言語・世襲階級身分《カースト》などを、共有している〕〝社会的属性共有集団《コミュナル》〟の意向《コンシデレイション》や思惑に基づいて活動する党派集団《パーティー》とは関わりを持たない《イレスペクティヴ》、祖国《ザ・カントリー》が有する最も優れた才能《ザ・ベスト・タレント》を象徴《レプリゼント》する存在となる。【訳注1】

そしてまた、〝地域に根付いた自主管理の政治《ローカル・セルフ・ガヴァンメント》〟を最大限に実現させる趣旨から、恒常的〔に活動し〕かつ堅固な〔党政方針や党員拘束規定を持つ〕政治党派《ポリティカル・パーティー》は、いかなるものも結党が禁止される。《中央行政府》に、あらゆる種類の、とりわけ少数集団《マイノリティー》の、生活共同体《コミュニティー》の代表者を公平かつ公正に送り込むことが出来るようにするため、あらゆる努力をせねばならないが、各種の〝社会的属性共有集団《コミュナル》〟にそれぞれの人口に応じた採用枠を設けるという〔〝社会的属性〟の異なる〝共有集団《コミュナル》〟同士の対立憎悪を一層悪化させかねない〕〝悪循環の原則《ヴィシャス・プリンシプル》〟が、将来〝独立を勝ち得たインド《フリー・インディア》〟が持つことになる〝真正なる憲法〟に入り込む余地などはない。なにしろ実際に、インドが〝非暴力〟の社会を十分に実現できる段階にまで到達すれば、その時にはもはや少数集団が分け隔てられた疎外感や劣等感を抱くような状況はすっかり解消されているであろうから。

3 《連邦体を構成する《ザ・フェデレイティング》〔インド国内の《州》や《藩王国》という〕地域単位《ユニッツ》》

《全インド五賢評議会》は、各々の《州》と《藩王国》が自発的な自由意志《ア・ヴォランテリー》に基づいて作り上げた一大連邦《フェデレイション》であり、これら《連邦体を構成する《フェデレイティング》〔インド国内の《州》や《藩王国》という〕地域単位《ユニッツ》》に対して、〝地域に根付いた自主管理運営《ローカル・オートノミー》〟の最大限の実現を保障するものである。

インドは地理的に見ても、その文化を考えても、本来、単一にして不可分の存在であるから、すべての《州》と《藩王国》が自ら進んでこのような一大連邦に加盟することにより、国民の幸福繁栄《ナショナル・ウェルフェア》を増進させて行くことが期待できる。そして、親密な協力提携と、〝「同じ国民」として皆で共有して営む一大生活《コモン・ナショナル・ライフ》〟の発展のために必要な雰囲気を醸成すべく、あらゆる努力を行なうべきでもある。しかしながら、〔《州》や《藩王国》という〕〝地域単位《テリトリアル・ユニット》〟に暮らす成人住民たち自身が宣言文の形で確立させた地元住民本意の意思表示を無視してまで、《全インド連邦》への加盟を強要することは、いかなる〝地域単位〟に対しても、行ない得ない。

尚、これまでのところ、〔独立後のインド国家のあり方として構想されている〝連邦体〟については、従来の州なり藩王国が〕自発的な意思表示に基づいて〝連邦体〟に加盟せずに分離独立を望む、という方針について助言を求められることもあったが、それに対応することは敢えて避けてきた経緯がある。この問題については、あのソヴィエト連邦においてさえも、〝連邦を脱退する権利〟が、〔ソ連邦を構成する数多の国々のうち〕「ソヴィエト社会主義共和国」を国名に掲げた「ソヴィエト連邦構成共和国《ユニオン・リパブリックス》」の十一ヵ国のみに限定されている事実を、ここに紹介しておく価値はあるだろう。〔ソヴィエト連邦内の、ロシア人以外の民族による自治地域である〕「自治共和国《オートノマス・リパブリックス》」のような、〔ソ連邦を構成してはいたが〕「ソヴィエト連邦構成共和国」ではなかった数多の国々には、〝連邦を脱退する権利〟は与えられていないのが現実なのである。しかも周知の如く、ソ連の司法機関（Soviet Courts）は、〝連邦脱退〟を引き起こす行為そのものを極めて反逆的な反革命的所業と見なしているので、「ソヴィエト連邦構成共和国」に〝連邦脱退権〟が与えられているといっても、それは単なる名目にすぎず、実効性を伴っていないのだ。

〝非暴力〟の国家が実現すれば、〝物理的な強制力〟を拠りどころにして何事かを強制する、という問題はそもそも起こり得ない。連邦体を構成すべきインド国内の個々の〝地域単位〟の、《全インド連邦》への加盟が自発的な自由意志によるものであるか否かに拘《かかわ》らず、《連邦》を脱退する権利に対しては、これを制止することに正当性など見出し得ない。とは言え、「ガンディー憲法」が施行された暁には、〝公正と寛容《トレランス》〟や〝善良なる意志《グッドウィル》〟や〝協同互助《コウオペレイション》〟が遍《あまね》く行き渡った社会環境を実現させて、〝連邦脱退〟を求めるいかなる要求であれ、それは実現不可能な提案なのだと皆が思えるような状況を作り出すことが肝要である。

4 使用言語

《全インド五賢評議会》の業務は、〔〝神聖なる都市文字《ディーヴァ・ナガーリー》〟で表記される〕ヒンドゥスタニー語で行ない、更に、文字表記には〔ベンガル地方で広く用いられている〕シャティ・ナグリ文字(Nagri)および、〔北インドを中心に広く用いられている〕ウルドゥー文字(Urdu)を併用せねばならない。

【訳注1】 第8章第3節「《州》政府」の最終段落の文章(「《大臣》は、党派集団《パーティー》や〔= or〕、〝社

会的属性共有集団〟の意向や思惑によって任命されることがあってはならない」）と酷似した文《もん》言《ごん》ではあるが、ここ〔第9章第2節「中央政府」〕に記された文章では、「党派集団」「of」「〝社会的属性共有集団〟の意向や思惑」という形で、後者の名詞句を、等位接続詞「or」ではなく、属性を形容詞的に修飾記述する前置詞「of」で受けているので、その文法的意味に忠実な日本語訳文にしてある。なぜこうした訳注をここに記したかと言うと、この「ガンディー憲法」草案に記されている条文や規定の多くが、自治の最小単位（村落）から最大単位（全インド連邦体）に至るまで、ほぼ同じ文章が転用されている場合が多いので、ひょっとすると当該の規定文章も「or」を用いるべき箇所で、誤って「of」を用いたのかも知れない、という〝誤記〟や〝誤植〟の可能性を考えたからである。原著においては当該規定の箇所に「or」を用いるべきところを、もしも「of」と誤記していたのだとすると、この部分の規定は次のように訂正されることになる――「《大臣》は、党派集団や、〝社会的属性共有集団〟の、意向や思惑とは関わりを持たない、祖国が有する最も優れた才能を象徴する存在となる。」

第10章　司法制度《ザ・ジューディシャリー》

英国政府がインドに持ち込んだ〝司法制度《ジューディシャル・システム》〟は、この国の社会生活と経済生活に大きな混乱と荒廃をもたらしてきた。《五賢評議会《パンチャーヤト》》が裁判を行なっていた時代には、民事訴訟も刑事訴訟も、裁判は迅速に進められ、すぐに判決が出たものだった。《五賢評議会》が訴訟事件を審理する場で、虚偽の〝証拠〟を提示したり偽証を行なうことは、〝この上なき罪業《ザ・グレイテスト・シン》〟と見なされていたのである。しかも〔《五賢評議会》が行なう〕裁判は、〔裁判の当事者たちにとって〕費用がかからず《チープ》、公正《フェア》だった。ところが現代西洋流の裁判たるや、これとは全く正反対であって、まずもって非常に金がかかるし、ごくありふれた訴訟事件でさえ、決着がつくまでに何年とまでは言わずとも、何か月もかかる始末なのだ。複雑きわまる裁判手続きのせいで、今や、不誠実や欺瞞が止め処《とど》なく繰り返されている。有象無象《うぞうむぞう》の弁護士たちが、村々に〔争いごとが起きたら弁護士に〝仕事〟を斡旋してくれる〕〝客引き〟仲間の〝捕客網《ネットワーク》〟を張り巡らし、他人の名誉を傷つける無益な訴訟沙汰で、罪なき民衆から毎年何千万ルピーもの大金を巻き上げているのである。〝金は天下の回り者〟というが、偽証や虚偽の〝証拠〟を用いて裁判官を騙そうとする企ては、今やそんな〝カネ〟の如しである。なにしろ〝真実〟と、公平公正な裁きに必須の〝誠実さ〟が、すっかり〝買い叩かれて〟しまっているのだから。そういうわけで、イギリス仕込みの司法制度は〔インドの〕〝人民の徳性《パブリック・モラリティー》〟を改善するどころの話ではなく、この国の人々の徳性を堕落に導く道具そのものとして存在してきた。我らと、我らが国にとって、こんな制度に別れを告げるのは早ければ早いほど有益なのである。

〔オックスフォード大学ニューカレッヂを卒業し、一九〇七年にインド高等文官（ＩＣＳ）になり、一九一六年に行政官・収税官としてインドに赴任し、以後はビハール州やオリッサ州の知事次席クラスの監督官を歴任し、三三～三六年に植民地政府の内務長官、三六～三七年にビハール州知事、三九～四五年に連合州（現在ウッタルプラデーシュ州）の知事を務めた〕モーリス・ハレット卿〔Sir Maurice Garnier Hallett　一八八三～一九六九年〕の如き、反動きわまるインド植民地知事《ガヴァナー》でさえ、最近こんな所見を述べているほどなのだ――

「私がしばしば思うことだが、インド植民地政府（the Government of India）は施政《アドミニストレイション》の中央集権化を強要《インシスト》した時点で、政策の選択を誤ってしまったのである。村落が多かれ少なかれ〝自らの社会秩序《オウン・オーガニゼイション》〟の責任を引き受けていた〔インドの〕昔ながらの〔司法〕制度は見捨てられてしまい、それが目下のインドを苦しめることになったのだと、私は思う。インド植民地政府は、〔イギリス本国とは歴史も民族も文化も全く事情が違っている異郷の植民地においても、現地事情や文化的差異を考慮せずに自分たちの〝やり方〟を現地人に押しつけるという〕紋切り型《ステレオタイプ》のやり方で〝厳格かつ画一的な集団統制《レヂメンテイション》〟が整った現地制度を作りたいと欲するあまり、西洋流の厳《いか》めしく高圧的な裁判制度のごとき制度やら機関を次々と設置してきたわけだが、その一方で、植民地に作ったこうした制度や機関の多くは、じつは村落自身に委《ゆだ》ねたほうがもっと適切かつ上首尾に処理できるであろう、などとは考えることすら出来なかったのだ。望むらくは、あらゆる村落や、それが小さな村ならば幾つかの村落が合同する形で、《五賢評議会》を構えて、刑事事件であれ民事事件であれ税金をめぐる争いであれ、些細《ささい》な争いごとは全て解決できる権能が与えられて、それを発揮しているところをこの目で見てみたいものだと、私は思うのである。(1)」

1　司法機関としての《村落五賢評議会》

《司法《ジャスティス》》〔すなわち「人民の公正を守る務め」〕、具体的には「裁判」〕の実施《ディスペンス》は、《五賢評議会による村落自治政体《グラーム・パンチャーヤト》》に委ねられる。すなわち「司法専門の五賢評議会《ヂューディシャル・パンチャーヤト》」〔つまり「裁判五賢評議会」〕をわざわざ〔村落自治体から〕分離独立させて〔専門機関として〕設置する必要はない。貧しい農民が、自分の村から離れた場所にわざわざ出かけて行って、苦労して稼いだ金を注《つ》ぎ込んで、何週間も何か月も費やして訴訟沙汰にかかり切りになる、などという必要はもはや無い。貧しい農民であっても、自分の村で〈裁判の審理の場で証言してほしい〉証人を全員法廷に呼んで、弁護士に搾取されずに、自分の〝訴訟事件《うったえごと》〟を法廷で闘わせることが出来る。《法律《ロー》》〈の解釈や適用など〉をめぐって審理が紛糾した場合には、〈村落の〉《五賢評議会》が難しい訴訟事件を裁《さば》き判《わか》つに際して、《郡《タールカ》》や《県《ディストリクト》》〈の段階〉の裁判所から《次席判事《サブ・ヂャッヂ》》を村落に招いて支援を受けることが出来る。この《次席判事》は、〈法律実務の〉知識や経験が乏しい村民たちに《この国の法律制度《ローズ・オヴ・ステイト》》を教えて熟知を図ることで、村民たちの教導者《ガイド》として、朋友《フレンド》として、そしてまた〈法律制度に精通した〉見識家《フィロソファー》としても、活動せねばならない。このような形の司法制度は実直《シンプル》で迅速で費用もかからないし、しかも文字どおり「公正《ヂャスト》」で〈村内の争いを裁くには〉「適正《ヂャスト》」なのであるが、その理由は、民事であれ刑事であれ、訴訟事件の詳しい事情がその村では多かれ少なかれ〝公然の秘密〟になっており、〈村内では裁判官を騙すような〉詐欺や誤魔化《ごまか》しを行なう余地がほとんど無いからだ。

2 〈《全インド連邦》の〝地方裁判所《テリトリアル・コート》〟としての〉《県裁判所《ディストリクト・コート》》

《村落五賢評議会》は諸々の司法事案において民事および刑事裁判の包括的な権能を享有する

ことになるので、必ずしも《郡裁判所《タールカ・コート》》を設けることはない。場合によっては《イン・スペシャル・ケイシズ》、〔《村落五賢評議会》で争われていた訴訟事件を〕村落から〔《郡裁判所》を飛び越して〕《県裁判所《ディストリクト・コート》》に直接、上訴することができる。町《タウンズ》で発生した訴訟事件も、《県裁判所》が第一審となる。〔《県裁判所》の〕《判事《ヂャッヂ》》は、《県》の諸々の行政官《エグゼクティヴ・オフィサーズ》から完全に独立したものであらねばならない。すなわちこれらの《判事》は、《県五賢評議会》によって任命され、品行方正《グッド・ビヘイヴィヤ》であるかぎり任期中に解任されることはない。

3 〔《全インド連邦》の〝高等裁判所《ハイ・コート》〟としての〕《州最高裁判所《ハイ・コート》》

きわめて特例的な場合となるが、《県裁判所》から《州最高裁判所《ハイ・コート》》に上訴を行なうことが出来る。《州最高裁判所》の《判事》は、《州五賢評議会》によって任命され、〔《州》の〕《行政府《ジ・エグゼクティヴ》》から完全に独立したものであり、終身任期とし、品行方正であるかぎり解任されることはない。

4 〔《全インド連邦》の〕《最高裁判所《シュープリーム・コート》》

《インド最高裁判所《ザ・シュープリーム・コート・オヴ・インディア》》が、この国の最高司法機関《ザ・ハイエスト・ヂューディシャル・オーソリティー》となる。その〔《インド最高裁判所》の〕職務は、以下の通りである——

(a) 《州最高裁判所》が上訴した訴訟事件を審理すること。

(b) 憲法に関わる問題をめぐって《連邦体を構成すべき《フェデレイティング》インド国内の〔《州》や《藩王国》という〕地域単位《ユニッツ》》同士のあいだで生じた訴訟事件の第一審を担当し、その判決を下すこと。

(c) 憲法に明記された《基本的権利《ファンダメンタル・ライツ》》を厳格に遵守させることにより、《少数集団《マイノリティーズ》》の利益を、周到かつ厳正に《レリヂャスリー》保護すること。

〔《インド最高裁判所》の〕《判事》は、《全インド五賢評議会《オール・インディア・パンチャーヤト》》によって任命される。彼ら〔《判事》たち〕は、〔同じ種類の、宗教・人種・民族・言語・世襲階級《カースト》身分などを共有している〕〝社会的属性共有集団《コミュナル》〟の利害優先主義《コミュナリズム》や、党派集団の政治的利害《パーティー・ポリティクス》には絶対に囚《とら》われることのない、完全に自由な、最も有徳《ゆうとく》にして人格高潔な人物であらねばならない。

5 現行法の改正

民事および刑事の現行法は、外国から持ち込まれたものであって、インドの国情《インディアン・ソイル》に馴染《なじ》まない。なにしろ、あまりにも複雑で運用しづらい法体制なのである。それゆえ新たな憲法が制定された暁《あかつき》には、余すところなく完全に改正せねばならない。この目的を遂行するために、《インド憲法制定国民議会《インディアン・コンスティチューエント・アセンブリ》》は、専門家による《特別委員会《スペシャル・コミッティー》》を設置《アポイント》することができる。

第11章　選挙制度

前章までの記述ですでに明らかであろうが、この〔ガンディー流の〕憲法が推奨している選挙制度は、《村落五賢評議会《ヴィレッヂ・パンチャーヤト》》については直接選挙、《郡》《県》《州》および《全インド中央政府《オール・インディア・センター》》については間接選挙という方式である。この選挙制度は、直接選挙と間接選挙それぞれの主要な利点を生かした〝折衷《せっちゅう》〟方式となる。《村落》は〝地域に根付いた自主管理運営《ローカル・オートノミー》〟を最大限に実現《エンジョイ》するために、直接制の選挙方式を採用することになる。一方、〔《村落》よりも〕高位《ハイアー》の段階《レベル》に置かれた〔《郡》《県》《州》や《全インド中央政府》などの、それぞれの《五賢評議会》のような〕組織体は、〔自身よりも一段階〝下位〟に置かれた、複数の組織体のそれぞれの諸活動を〕《対等に扱う《コウオーディネイト》》とともに、〔これら〝下位〟の、複数の組織体の、相互の〕《連係と調整《コウオーディネイト》》を図るのが務めであるから、間接選挙がそれに最も適した選挙方法だということになる。

インドのように広大な国土で直接選挙のみを実施しようとすれば、国民《ナショナル》および国家の活力《エネルギー》と時間と金がとてつもなく浪費されることになるわけだが、この〔直接制と間接制の〝折衷〟方式の〕選挙制度を採用することによって、そうした浪費を回避できるわけである。更にまた、〔村落の代表者は直接選挙で選ばれるが、それよりも〝上位〟の組織体では間接選挙で段階的に代表者を選んで行くので〕特に予防策《オートマティカリー》を打たずに、政治党派《ポリティカル・パーティーズ》や〔同じ種類の、宗教・人種・民族・言語・世襲階級身分《カースト》などを共有している〕各種の〝社会的属性共有集団《コミュナル》〟の利害感情の、不健全な増長を大いに抑制できるわけである。間接選挙は〔選挙人および被選挙人を〕少数の責任ある人物に限定して行なうものなので、贈収賄《ブライバリー》や不正行為《コラプション》が発生する余地は殆ど無い。それに〝上位〟の組織体に〝代表者〟として送り出された人たちは、〔自分の出身母体である〕一段階〝下位〟の《五賢評議会》から〔〝上位〟の組織体に対する権限や任務を託されて〕〝代表者〟として行動するという委任を受けて、それなりの恩義や責任感を感じているわけだから、〝代表者〟としての在任中は、自分を選んでくれた出身母体のことを「忘れる」はずはあるまい。

　本書で提起している〔ガンディー流の〕新憲法によれば、〝下位〟の《五賢評議会》の《会頭》が、それよりも一段階〝上位〟の《五賢評議会》の〝職権上《エクス・オフィキオ》（*ex-officio*）〟の構成員となる。だから《全インド五賢評議会》の《会頭》であっても、やはり自分の出身村の《村落五賢評議会》の《会頭》を兼ねている、ということになる。つまり《全インド五賢評議会》の《会頭》は、〔出身村の《村落五賢評議会》の《会頭》であると同時に〕自分の地元の《郡》《県》および《州》それぞれの《五賢評議会》の《評議員》または《会頭》でもある、ということだ。

このような制度であるがゆえに、《全インド五賢評議会》の《会頭》ともなれば、一般庶民の困窮や要求を十分に理解し、敏感に把握しているはずである。つまり〔最も基本的な《村落》の段階から代議員なり政務の下積み仕事をやりとげて、まさに〝叩き上げ〟で《全インド五賢評議会》の《会頭》にまで成った人物である以上〕「安楽椅子《アームチェア》に身を埋めたきり」で肩書きをひけらかしてばかりの能なし政治家には、成りようが無いわけである。

もしも、この〔インドにおける〕最高位の政治組織体〔である《全インド五賢評議会》〕の評議員のなかに、人民の要求をかなえるための〔選挙民から托された〕〝公共の役職《シヴィック・デューティーズ》〟を果たさぬ者がいれば、そのような人物は次回の選挙で出身村の《村落五賢評議会》によって「召還解任《リコール》」されて、結局は〔この人物が出身村の《五賢評議会》から送り出されていた〕《村落》よりも〝高位〟の段階の政治組織体の役職さえも、辞任に追い込まれかねないのである。《村落》の〔《村落五賢評議会》の評議員を選ぶ〕選挙民は少人数であるし、立候補者たちに日頃から身近に接して、その人柄をよく知る村民たちであるから、選挙民を騙《だま》すような〝得票工作《エレクショニアリング》〟が行なわれる余地など完全に無くなってしまうはずである。

1　参政権

参政権《フランチャイズ》および選挙人の資格《エレクトラル・クオリフィケイション》が問題となるのは、《村落五賢評議会》の〔評議員を選び出す〕選挙に関してのみであろう。《村落》においては、世襲的階級身分《カースト》、信条《クリード》、宗教《レリジョン》、社会経済的な境遇《ポジション》、あるいは教育程度《エデュケイション》に関してどのような個人差があろうとも、それらとは一切関係なく、成人参政権に基づいて選挙を行なうことになる。読み書き能力《リテラシー》さえも、選挙人《ヴォウター》であるための必須の資格《コンパルソリー・クオリフィケイション》にはならない。ガンディー翁はこんな所見を述べている――

「富をもつ者が投票権をもつべきであってたとえ人格高潔であっても貧乏であるとか読み書きができない者には投票権を与えるべきではない、とか、毎日毎日ひたいに汗して真面目《まじめ》に働いていても〝貧乏〟という罪を犯しているから投票権を与えてはならない、などという考え方は、私には耐え難いものだと言えるのです。（中略）〝識字能力主義《ドクトリン・オヴ・リテラシー》〟、すなわち選挙人は少なくとも〔読み（reading）・書き（writing）・算数（reckoning）の〕〝三つのR〟を身につけていなければならない、という考え方にも私は魅力を感じません。私は、わが国民に〝三つのR〟を身につけてほしいと、思ってはおりますが、彼らが〝三つのR〟をすっかり身につけてそれで初めて投票の資格を持つようになるまで待たねばならないとしたら、それは古代ギリシアで民主制が生み出されるまでにかかった歳月ほども待たなきゃならないわけで、その間ずっと待ち続ける覚悟なんて、私には無いのであります。(1)」

2 被選挙人に求められる特別の資格要件

《五賢評議会》の評議員《メンバー》として公務を担う人物《オフィス・ビアラー》を選ぶために〔公職志願者たちを〝篩《ふるい》分け〟して立候補の可否をあらかじめ決めてしまうような〕厳格な規則で、公職の立候補者に規制をかけるのは不適切であろうが、選挙人〔である村落在住の一般成人〕が投票を行なう際には、信任すべき候補者を決める目安として、個々の候補者に下記のような〝取り柄《メリット》〟があるかどうかを慎重に考慮すべきである——

(a) 〝識字能力《リテラシー》〟〔＝基本的な読み書き算数の能力〕および〝一般教養《ジェネラル・エデュケイション》〟を備えた人物か?
(b) 〝公民としての社会生活《シヴィック・ライフ》〟の経験を十分に積んできた人物か?
(c) 経済的に自立している（それゆえ汚職《コラプション》に関与する心配がない）人物か?
(d) 《村落生活共同体《ヴィレッジ・コミュニティー》》に対して堅実で公正無私な奉仕を行なってきた実績があるか?

この観点から考えるなら、どんなやり方であれ選挙の際に〈自分への投票を懇請して戸別訪問や遊説を行なったり〝票読み〟を行なったりする類いの〉〝投票依頼《キャンヴァシング》〟をして回る行為は、もはやそれだけで、公職立候補者として「失格」であると見なすべきである。《五賢評議会》の〝構成員たる地位《メンバーシップ》〟、〝重大な責務を担った信頼すべき役職〟として尊敬されるべきものであり、〝私利私欲を満たすための単なる名誉職〟などと見下されるようなことがあってはならない。

3　合同の選挙区《ジョイント・エレクトラート》

この〈ガンディー流の〉憲法では極めて広範にわたる諸々の《基本的人権》を保障すると定めているので、選挙民を〈各種の〝社会的属性共有集団〟ごとに〝投票枠〟なり〝当選枠〟をあらかじめ決めておいて、例えば特定の〝少数集団〟であっても一定数の議席を確保しやすいように法制化するという〉「分離選挙区《セパラート・エレクトラート》」、すなわち「〝社会的属性集団《コミュナル》〟指定選挙区《エレクトラート》」を、敢えて設定する必要はもはや無いはずだ。実際、英国の官僚たちに唆《そそのか》されてこの国に持ち込まれた「分離選挙区」の制度が、現在もなお続いている〝社会的属性共有集団〟相互の対立憎悪の、根本原因の一つになってきたのだ。この問題は、後出の「少数集団の問題」と題した章〈第14章〉で徹底的に論じることにする。

とりあえずここでは、《自由国家インド》が持つべき憲法では、〔選挙区を〝社会的属性共有集団〟ごとに分離せずに、有権者国民が等しく同一の選挙区の立候補者たちから、同じ条件で選挙を行なって公職担当者を選び出す、という〕「合同選挙区《ジョイント・エレクトラート》」を、「代表制」政治の基礎に据えるのだということを、申し上げておくだけで十分であろう。

4　抽選による選挙

〔インド亜大陸の南端タミル・ナードゥ州に遺《のこ》されていた〕二つの有名な「ウッタラマッルール（Uttaramallur）の碑文」から、古代のインドには極めて興味ぶかい選挙制度が存在していたことが判明している。

「その村には十二本の道路があり、村全体は〔各地区の住民を代表して村政に参加すべき人たちを選ぶ〕選挙目的のために十三の〝地区《ウオード》〟に分けられていたが、これらの〝地区〟こそ即ち〝選挙区《エレクトラル・ユニット》〟だったわけである。それぞれの〝地区〟で住民が参集して〝地区集会《ミーティング》〟が開催され、参加した住民は個々に、村議会《ジ・アセンブリ》が定めた規則に基づいて設けられた〝代議村政機関《コミッティー》〟の仕事を委任するに相応《ふさわ》しい人物かどうか吟味熟考したのちに、適格者の名前を投票用紙に書くことになっていた。こうして〔〝地区〟内の住民それぞれに適格と見なされた〝地区代議員〟候補者の〕名前を記入した投票用紙は一纏《ひとまと》めにされて一個の小包《パケット》となり、〝選挙区〟の数だけ、すなわち十三個の〝記名済み投票用紙〟の小包が作られるわけである。そして「記名済み投票用紙を包《くる》んだ」小包には、それぞれの〝地区〟の名前が表書《おもてが》きされた。これら〔全十三〝地区〟から集められた、全部で十三個〕の小包は、一個の壺《ポット》のなかに入れられた。その壺は、〔子供も含めて〕老若とりまぜた人々〔村民たち《メンバーズ》〕や、更に「どんな場合であれ例外なく」その〔村政選挙の開票日の〕当日に村にいる寺院聖職者《テンプル・プリースト》も全員参加して大広間で行なう「村落全体議会《ザ・グレイト・アセンブリー》の総会《フル・ミーティング》」の会場に持ち込まれて、その場に置かれる。ここで〔この「総会」に出席している〕寺院聖職者のなかの最年長の者が立ち上がって、「総会」参加者の全員に見えるよう、壺を持ち上げて高々と掲げる。そして「〝総会〟に参加しながらも、壺のなかに何が入っているのか知りもしない男の子たちのうちの一人に声がかかり、その男児が〔壺の中から〕小包を一個、引っぱり出す。」男児が壺から取り出した小包のなかの〝記名済み投票用紙〟は、「別の空っぽの壺に移し替えられて、その壺は揺さぶられる」わけであるが、この〝壺ふり〟を行なうことで、中に入れてある〝記名済み投票用紙〟が完全にごちゃ混ぜに《シャッフル》されるのである。そして先ほどの男児が、今度はこの新たな壺から〝記名済み投票用紙〟を一枚とり出して、それを〝裁定人《マディヤスタ》（madhyastha）〟に渡す。「〝裁定人〟は、自分に差し出された〝記名済み投票用紙〟を預かる際には、五本の指を大きく拡げた手のひらを差し出して、それを受け取ることになっていた。〝裁定人〟はこうして受け取った〝記名済み投票用紙〟に書かれている名前を、大声で読み上げる。〝裁定人〟が読み上げた〝記名済み投票用紙〟は大広間に集《つど》っている寺院聖職者の全員に回されて、これらの聖職者たちも皆、同じ〝当選者〟の名前を大声で読み上げるわけである。こうして朗々と名前を読み上げられたのち、〝当選者〟は正式に〝村議会の代議員〟として登録され、村民の承諾を受けた。」このやり方で十三名全員の〝当選者〟が決まり、彼らが各々の〝地区〟の代表者として活動したのであった。(2)」

この〝抽選による選挙〟という制度は、本当の意味で〝民主的〟とは見なし得ないのかも知れないが、村落の社会生活を〝政治的腐敗〟から守り、村民の〝善良なる意志〟を尊重し増進させることには、実際に役立ってきたのである。現代西洋流の選挙は〔支持候補をめぐって対立する有権者たちの間に〕苦々しい嫌悪感や憎悪を生み出すのが常であるが、〝抽選による選挙〟が行なわれていた当時は、明らかに有権者間の憎み合いはなかったのである。古代に行なわれていた〝抽選による選挙〟の制度は、現代においても一定の状況下で復活させることが出来るであろうが、若干の改良は施す必要がある。例えば、先ず〔有権者が〕記名投票か無記名投票で〔〝公職者たるに相応しい人物〟の名前を挙げて、これに基づいて〕〝公職候補者たちの名簿〟を作成すれば、その〝名簿〟に名前が挙がった人物は全員がほぼ等しく〝公職者たるに相応しい適性〟を有していることになるわけだから、この〝候補者名簿〟から抽選で〝公職者〟を一名選び出せばよい。このような〝候補者名簿と抽選の併用方式〟で選挙を行なえば、民主的であるし、〔有権者どうしの〕対立憎悪も回避できるであろう。それゆえ、この選挙方式をどうすれば可能なかぎり多くの分野の公職に導入できるのかを、調査検討することが望まれる。

第12章　インド藩王国《ジ・インディアン・ステイツ》

既存の《インド藩王国《インディアン・ステイツ》（Indian States）》は、インドの完全独立《フリーダム》を阻む最大の障壁のひとつになっている。これら《藩王国》は、英国政府に牛耳られた〝両刃《もろは》の剣《つるぎ》〟になっている。「《藩王国》は〝条約締結の権利〟を有する独立主権国家《ソヴリン・ボディー》である」という言訳《いいわけ》が持ち出されるせいで、《統一インド国家実現に向けた憲法改正《オール・インディア・コンスティトゥーショナル・レフォームズ》》の青写真《スキームズ》は引き裂かれてしまっている。なにしろ《藩王国》は〔宗主国イギリスに実質上の〝主権〟を奪われているにも拘らず、「条約締結《ていけつ》権を保有している」というタテマエになっているので、完全独立国家をめざす〝統一インド〟の礎《いしずえ》となるべき〕《インド連邦体《インディアン・フェデレイション》》に加盟するのも自由だし、加盟しないのも自由だ、ということになっているからだ。それでいて《藩王国》内に〔王国領内の〝国民〟に対して責任を負う《レスポンシブル》形の〕〝完全責任政府《フル・レスポンシブル・ガヴァメント》〟を構築したいと望み、宗主国イギリス政府にその許可を求めても、「《藩王《プリンス》》は自分の王国領地内で、実際には何ら重要ではない〝裁可〟を下すことが許されてはいるが、それ以外は《〔イギリスの〕大君主の至高の権力《ザ・パラマウント・パワー》》への忠誠を果たす義務《レスポンシブル》がある」という口実で、こうした《藩王国》の〔〝民主化〟なり〝近代化〟に向けた〕要求は体裁よく《システマティカリー》封じ込まれてしまうのである。かくして《藩王《プリンス》》たちは〔実際には封建時代に、主君から頂戴した封土《ほうど》を所有するに甘んじてきた〕〝見かけだおしの封臣〟の境遇に追い込まれ、単に《〔大英帝国の〕帝王《クラウン》》の臣下にすぎない存在になっているのだが、にもかかわらずインド独立勢力が《民族自決のインド国家《ナショナリスト・インド》》をめざす青写真を提示すると、〝新生インドの憲法《フューチャー・コンスティトゥーション》〟づくりを妨げる「大問題」であると称して、常に引っぱり出されるのが現状なのだ。しかし実際のところ、これら《藩王》たちが〔イギリス政府から許された〝条約締結権〟を行使して〕結んだ〝条約〟なんぞというものは、それを書き付けた紙代にすらならない全く無価値なものである。

「彼ら〔《藩王》たち〕の結んだ条約なんてものは、何よりも先ず、もっと言えば完全に、《〔イギリスの〕大君主の至高の権力》をいっそう強固にするために、〔イギリス政府がインドの《藩主》たちに〕下賜《かし》した有象無象《うぞうむぞう》の許認可証書に他ならないのであります。法律に通じた者であれば、『条約というのは《藩王》が実施しうる厳粛なる誓約なのである』などと唱える輩《やから》がどのような、きっと見破ることが出来るはずです。そもそも一介の〝小人〟が、一体どうやって〝巨人〟に向かって〝権利〟を行使できるというのか？」[1]

《藩王国》は、その〝国境線〟もやはり筋が通っていない《イラショナル》。住民の使用言語や民族文化や経済事情を根拠に引かれた〝境界線〟では全くないからだ。様々な観点から考えると、結局、インドは本来、唯一にして不可分の国家単位《ユニット》なのである。それゆえ、先ずは既存の諸々の《藩王国》と《州》の合併を進めて行き、そのうえで《連邦体》を構成すべきインド国内の〔《州》や《藩王国》という〕地域単位それぞれの、新たなる境界線をすっかり丸ごと引き直すのが賢明であろう。もしも英国が〔それぞれの《藩王国》と結んだ、《藩王国》を英国の従属下に置く趣旨の〕「条約」と称する〝決めごと〟を自粛するか、あるいは《藩王国》を、《自由国家インド》の政府に譲り渡すなら、それはまことに結構なことである。もしも《藩王》たちが、この〔〔英国と結んだ〕「条約」とやらを破棄して、人民と一致協力して〔インド全体の真の独立に向けて〕奮闘してくれるなら、一層すばらしい。しかし、これらの僥倖《ぎょうこう》がいずれも訪れないとしても、もはや英国政府はインドが本気で相手にすべき対象ではなくなったことを、我々は悟らねばならない。

ヂョーヂ・アーネスト・シュスター卿★1〔Sir George Ernest Schuster 一八八一～一九八二年〕は次のように書いている――

「〔インドを〕一大〝連邦体〟にするという憲法は、《藩王国》の施政の自由主義化と近代化を進めるとともに、〔インドという〕国全体の政治機構の更なる安定化を確実に実現するという、二つの願望の成就をあくまでも要求するものである。おまけにインドは二つに分裂しながらも、互いの経済的・社会的生活はあまりにも緊密に結合しているし、英領インドと《藩王国》の版図《はんと》はあまりにも渾然《こんぜん》一体となっているので、《藩王国》が参加していない〔インド〕中心部に〝国民全体を代表する政府《ポピュラー・ガヴァンメント》〟などというものを打ち立てたら、少なくとも揉めごとや難儀が必ずや起こるであろう。（中略）最後に、《藩王》自身のためを思って申し上げておくが、《藩王》たる者は、もっと広範で、抗議や要求が突き付けられて揺らぐ危険性の少ない土台に、自ら《王国《ステイツ》》の基礎を据えるのが賢明であろう。(2)」

シュスター卿の言葉を正直に解釈するなら、これは《藩王》たちに、英国の武力を笠に着てインド人民の上に独裁者として君臨するような真似はもうやめて、〝世の中の流れ〟を的確に読んで人民と一致協力して奮闘すべし、と忠告した勧奨に他ならない。今やインドの人民は、親切なことに〝非暴力で闘う〟方向に傾いているのだから、《藩王》たちは人民を恐れる必要など無いのである。《藩王》たる者、高潔廉直《こうけつれんちょく》なる人民に帰依《きえ》し、人民のために完全なる正義を実現する務《つと》めがある。だが《藩王》はもはや、現在の専制独裁政治がこれ以上続くなどと期待してはならない。なぜならそれは、ガンディー翁がいみじくも言ったように、「二段構えの奴隷制《ダブル・スレイヴァリー》」に他ならないのだから。

第13章　国防

《非暴力》ということについて、ガンディー翁が断然強固なる見識を有しているのは、周知の通りである。すなわち、暴力よりも《非暴力》のほうが限りなく勝《すぐ》れている、と彼は心の底から考えているのである。《自由国家インド》がどんな形であれ、外国からの侵略《フォーリン・アグレッション》に備えて〝武装した国防力《アームド・デフェンス》〟を保持することも、彼は望まない。ガンディー翁は、インドが侵略に立ち向かう場合には〝鍛練され統制のとれた行動ができる非暴力の防衛力《ディシプリンド・ノンヴァイオレント・パワー》〟を果敢に展開して首尾よく祖国を守ること、を望んでいる。英国が〔第二次世界大戦中に〕なんら為《な》す術《すべ》なきままに、ヒトラーの猛攻にさらされ敗北の瀬戸際に立たされていたとき、ガンディー翁はただ独り、〝暴力で得られる勝利〟なんぞ無益であると力をこめて主張し、イギリス国民に対して果敢にも〝武器を使わずにドイツに抵抗せよ〟と忠告したほどなのだ。

「自らの生命《いのち》を救い、人類を救うには、武器なんぞ無益なものなのですから、皆様もどうか、手にした武器をお捨てになって頂きたい。皆様は、ヒトラー氏《ヘール・ヒトラー》であれムッソリーニ氏《シニョール・ムッソリーニ》であれ、皆様が領有を宣言しておられるところの皆様の御国《おくに》にお招きして、彼らが欲しているものを占領させてやればよろしい。皆様の麗しき数多の建築物を、皆様の美しき島ごと、彼らに占領させてやればいいのです。そうしたもの全てを彼らに与えるとしても、しかし皆様の魂も、皆様の心も、彼らに与えてはなりません[(1)]。」

英国が建国以来、最大の危機に喘いでいるさなか、「英国の皆様《エヴリィ・ブリトン》」に向けて発されたこの訴えかけは、万人が銘記すべき不朽不滅の価値を有しているが、これは大聖《マハートマー》ガンディー以外には、世界広しといえどもおそらく誰一人として発することが出来なかった言葉である。だが〝武力による勝利《アームド・ヴィクトリー》〟が全くもって空虚だということは、人類が「血と汗と涙《ブラッド・トイル・アンド・ティアーズ》」を流し、結局「流血と戦闘と破壊《ブラッド・トイル・アンド・テアーズ》」を生み出したにすぎない、全世界規模の二度にわたる大量虐殺《ホロコースト》によって、すでに存分に実証されてしまっている。

ウェリントン公爵[★1]〔Arthur Wellesley Wellington（アーサー・ウェルズリー・ウェリントン）、一七六九〜一八五二年〕は、フランス皇帝ナポレオン・ボナパルト〔ナポレオン一世、一七六九〜一八二一年：皇帝在位一八〇四〜一五年〕の〝百日天下〟を粉砕して稀有なる名誉を歴史に刻んだ人物であるが、その彼がこんな言葉を遺《のこ》している――「敗北は別として、余《よ》の知るところ、勝利ほど恐ろしいものはないのである」。

〝鉄の公爵《アイアン・デューク》〟の異名で知られたウェリントン公のこの教訓は、極めて示唆に富んでおり、彼の死後に出現した世界のありようをズバリと予言したものになっているわけで、現代世界に生きる我々はこの言葉を到底無視できない状況に置かれている。《大西洋憲章》は残念ながら今や完全に生命力を失ってしまったけれども、しかしそれが創られた第二次世界大戦さなか（一九四一年八月十四日）には、「世界のすべての国民は、崇高なる理念としてだけでなく、現実的な理由によっても、今や武力行使の放棄を実現せねばならない」という本源的真理を痛感しつつ、これを声高《こわだか》に宣言せねばならなかったのだ。科学技術が目も眩むような発展を遂げた挙げ句に〝神の不吉な啓示《ミステリー》〟とでも呼ぶべき原子爆弾を生み出すに至ったことで、今や我々は《暴力の権化《ごんげ》としての武力《ウェポンズ》》を放棄し、《勇気の結晶たる非暴力》を養い育てて行かねばならない境地に追い込まれたわけである。

《非暴力》による闘いは勇壮にして豪胆である。たとえ原子爆弾よりも激烈な武器で傲慢不遜な猛攻を仕掛けてきても、《非暴力》でそれに公然と反抗して勝利し、そんな武力による制圧を決して許さないであろう。なにしろ《非暴力》の戦士たちは、文字どおり「負け知らず」なのであるから。《非暴力》の神髄を会得した国民《ネイション》は、無礼きわまる侵略者に温順《おとなし》く屈服して身を尽くすくらいなら、微笑《ほほえ》みながら死ぬ道を選ぶであろう。

けれどもガンディー翁は、現実から目を背けて空想に遊ぶ〝夢想家《ヴィジョナリー》〟とは違う。彼ほど現実に密着した実際家《リアリスト》はいないわけで、いわば彼は「実践的な理想追求者《プラクティカル・アイディアリスト》」なのだ。インドが「民族自決の」自由を取り戻した暁に、《非暴力の軍隊》だけを保持して行くという合意が成立するなら、彼の心は幸せな喜びで満たされるであろうが、しかしすでに彼は、〝理想はただちに実現するものではない〟という現実の厳しさを認めている。「私とて、インドが恥辱まみれの仕打ちを無為無策のまま受け入れてしまうとか、あるいはそんな恥辱に甘んじ続けるような腰抜けぶりを曝《さら》すくらいなら、いっそのこと自国の名誉を守り抜《デフェンド》くために武器に頼ったほうが、まだましであろうとは思いますよ。[2]」

ガンディー翁はこんな見識も述べているのである——

「悲しきことよ！　私がめざしている《自主独立《スワラージ》》も、いま現在の段階においては兵隊を抱えておかねばならぬ隙《すき》が残っています。（中略）《自主独立》のもとで皆さんと私が警察隊《ポリス・フォース》を持つことになれば、それは、自分のなかの秩序を維持したうえで、外から襲いかかってくる敵と格闘してくれる、訓練がゆき届きよく統制がとれた、すぐれた知性と教養を有する警察であらねばならないのです。しかしその時すでに私なり誰かほかの人が、この両方をしっかり遂行できる警察隊を創りあげる何らかの名案を示すことができないなら、兵隊を持たざるを得ない、ということになる。[3]」

ガンディー翁は、〝インドの国防《インディアン・デフェンス》〟の担い手はもっぱら《全国警察組織《ナショナル・ポリス・オーガニゼイション》》であると考えているが、これは《軍隊《アーミー》》と《警察《ポリス》》が業務を分担しながら併存するという現代の〔国家〝暴力装置〟の〕通例《パターン》と完全に違ったものとなる。

「この〔全国警察〕組織を構成する職員たちは、皆、《非暴力》の力を確信している者たちだということになります。あくまでも彼らは、人民に仕える〝公僕《サーヴァンツ》〟であって、人民の上に居座る〝支配者《マスターズ》〟にはさせません。（中略）　この《警察隊》は何らかの武器を持つことになるでしょうが、それを使うとしても、滅多なことでは使わせない。むしろ、この警察官たちには〔国家〝暴力装置〟のあり方を変えてゆく〕改革の旗手になってもらうのです。(4)」

《全インド五賢評議会》は、〝全国規模の《警察》《ナショナル・ポリス》〟すなわち〝全国規模の《守護隊》《ナショナル・ガーディアンズ》〟〔即ち《国家守護部隊》〕を完全なる統制下に置く。そして《全インド五賢評議会》は、〔《国家守護部隊》の〕《最高司令官《コマンダー・イン・チーフ》（Commander-in-Chief）》を一名任命するが、この人物は《国防》担当の《大臣》も兼任するものとなる。《国家守護部隊《ナショナル・フォース・オヴ・ガーディアンズ》（National Force of Guardians）》の構成員はインド国民のみに限定されるが、時に応じて、外国の専門家から業務上必要な知識・技術などの助言を得てもよい。

本章を終えるまえに、きたるべき《立憲国家《コンスティトゥーション》》において比較的重要な問題となるはずの《国防》という案件について、いくつか留意すべき点をここで論じておくのは、我々にとって有益であろう。今や世界は〝戦争に取り憑《つ》かれた〟ようになっており、《国防》は何にも増して重要な問題なのであるが、ガンディー翁が構想している《自由国家インド》は、外国からの侵略《フォーリン・アグレッション》をさほど心配する必要のない国家なのである。その理由を以下に列挙すると――

（a）　インドは、地理的に見ても、戦略の観点から見ても、世界大戦を招きよせる過《あやま》ちでも犯さぬかぎり、いずれの他国からも攻撃されるはずのない位置にある。

（b）インドは概《おおむ》ね自給自足に基づいて、自国の国民経済《ナショナル・エコノミー》を計画遂行して行くことになる。だからインドは、他の国々に対して帝国主義的な関与を行なう意図を持つことは、将来にわたって起こらないし、そしてまた外国市場の獲得をめざす狂乱の〝市場争奪戦〟に参加することも、今後起きることはない。それゆえ、インドが国際紛争を起こしたり、それに巻き込まれる可能性は、著しく減ることになる。

（c）《貿易》というのは常に〔〝軍事的な威圧〟によって、それまで閉ざしていた国交を開かせる、という段取りを踏んで〕いわば軍隊が掲げる〝国威発揚の象徴〟たる《国旗》に付き従うかたちで展開されて行くものである。しかしインドは自給自足の《村落生活共同体《ヴィレッヂ・コミュニティーズ》》の結合によって成り立つ一大組織体《システム》として存在して行くことになるので、そんな形態の〝国家〟を相手にしてわざわざ貿易を行なう動機はごく限られたものになってしまい、よその列強諸国がインドに対して、侵略してまで貿易を強いるという誘惑に駆られることなど、この先ほとんど起こるまい。

更に言えば、もしもインドが、国民の勇気を奮い起こすガンディー翁の指導のもとで、徹底した《非暴力》によって政治的独立を成就させることが出来れば、国々が互いに憎しみ合い、争いごとに明け暮れているこの世界に、友好と親善を生み出す〝魂の力〟を拡げてゆく途方もない超大国として、確固たる地位を占めるであろうことは間違いない。ガンディー翁が期待を込めて述べていることでもあるが、インドの《自主独立《インディペンデンス》》と《民族自決《フリーダム》》は、侵略行為を地上から追放し、国際的な協和《ハーモニー》を実現する道につながっているのだ。

第14章　少数集団《マイノリティーズ》の問題

少数集団《マイノリティー》の問題は、インドの政治に特有の〝珍しい問題〟なのではない。むしろ世界の至るところで見られる普遍的な問題なのである。なにしろ世界のあらゆる国が、多かれ少なかれ、異質な要素《もの》どうしが混じり合いながら成立しているわけで、それぞれの国で、各種の国際条約に従うかたちで、少数集団の諸権利を保護する努力は、すでに行なわれている。けれども英国政府の場合は、「分割して統治せよ《デヴァイド・アンド・ルール》」という長年続けてきた帝国主義政策にしがみつき、〝宗教・人種・民族・言語・世襲階級身分《カースト》などの〝共有集団《コミュナル》〟同士が、不自然な植民統治下で雑居や分離を強いられてきたせいで、互いに相手を憎悪するという〟インドが抱えてきた〝社会的属性共有集団《ザ・コミュナル》〟間の対立問題《プロブレム》に禍々《まがまが》しい〝色〟を塗りたくり、「この国のヒンドゥー教徒とイスラム教徒は年がら年じゅう激しい喧嘩《けんか》をしている」とか、「もしも英国がインドから撤退したら、たちまち内戦が起きるであろう」などという印象を、全世界に振り撒いてきた。

英国政府は折良《おりよ》く〔ムハンマド・アリー〕ジンナー氏★1〔Mohammed Ali Jinnah 一八七六〜一九四八年〕という便利な〝武器〟を見出した。なにしろジンナー氏は、本人が自覚しているかどうかは別として、とにかく英国の〔インド社会を分断したまま支配下に起き続ける、という〕〝計略《スキーム》〟にすっかり陥《はま》っているのであるから。

あいことなる〝社会的属性共有集団《コミュナル》〟の間で繰り返されてきた紛争の歴史を、道理《インテリヂェント》をわきまえた冷静な態度で調べてみるならば、《排外的〝自民族〟優先主義《コミュナリズム》》という精神的害毒《ウィルス》をインドの〝政治的統一体としての国民《ボディー・ポリティック》〟に、これまで一貫して巧妙かつ徹底的なやり方で注入し続けてきたのは、ほかならぬ英国だったということが直ちに判る。十九世紀の末まで英国政府は、インド国内のイスラム勢力を極めて危険な存在と見ていた。なぜならイスラム勢力は〔ヒンドゥー教徒の土地であったインド亜大陸に侵入して〕この〝国〟の政治権力をもぎ取った歴史があるからだ。ところが二十世紀に入った途端に、英国政府の連中は、ヒンドゥー教徒とイスラム教徒の一致団結《ユニティー》が成功してしまうと大英帝国への〝脅威〟になる、と気付いた。そういうわけで、インドを海外から牛耳ってきたこの〝支配者たち〟が、熟考に熟考を重ねて練り上げた確固たる〝計略〟に基づいて、この国で共存してきた異質の〝社会的属性共有集団《コミュナル》〟どうしが〝仲たがい《ディスコード》〟を起こすような〝禍《わざ》わいの種子《たね》〟を蒔《ま》き散らしたのである。

先ずは一九〇六年の十月に我らが国と国民《ネイション》の歴史の行方《ゆくえ》を決めてしまう重大な〝事件〟が起きた。この日〔イスラム教イスマーイール派の指導者《イマーム》である〕アーガー・ハーン三世〔H.H.the Aga

Khan　一八七七〜一九五七年〕にひきいられた《ムスリム代表団《デピュテイション》》が、〔パンジャーブ州の州都で、ヒマラヤ山麓の標高およそ二千メートルの高原にある避暑地であることから英国統治時代には〝夏期の首都〟でもあった〕シムラーにおいて、当時のインド総督ミントー卿に謁見して《声明》を発したのである。

この《ムスリム代表団》がインド総督に求めたのは、自分たちを〔ヒンドゥー教徒の集団とは違う待遇を受けるべき〕「単独別個の生活共同体《ア・ディスティンクト・コミュニティー》」として認知してほしい、ということだった。

この《ムスリム代表団》なるものは、今は亡き尊師《モーラーナー》ムハンマド・アリー[★2]〔モハメッド・アリー・ジャウハル／Mohammed Ali Jauhar　一八七八〜一九三一年〕が演出した〔インド総督の〝御高覧に供する〟ための〕「天覧興業《コマンド・パフォーマンス》」だと評されて、非難を受けた代物《しろもの》だったのである。

実際、今では《ムスリム代表団》がイギリス政府筋の連中の教唆で動いていたことを示す証拠もある。

この証拠文書は、「天覧興業」が行なわれた当時にムハンマダン・アングロオリエンタル大学〔現在はアリーガル・ムスリム総合大学〕の学長だったアーチボルド氏〔英国人ウィリアム・A・J・アーチボルド〔William A.J.Archbold　一八六五〜一九二九年〕が執筆したと思われる。

《ムスリム代表団》の請願に対して、当時のインド総督ミントー卿[★3]〔第四代ミントー伯爵ギルバート・エリオット＝マーレイ＝キニンマウンド／Gilbert John Elliot-Murray-Kynynmound:4th Earl of Minto　一八四五〜一九一四年〕は、こう宣《のたま》った——「私も諸君の意見には全くもって同感《エンタイアリー・アコード》である」。かくしてこの不幸な国土に〝分離選挙区《セパラート・エレクトラート》〟が導入されてしまった。

当時のインド担当大臣であるモーリー卿★4〔ブラックバーンの初代モーリー子爵ジョン・モーリー／John Morley ; 1st Viscount Moriey of Blackburn 一八三八～一九二三年〕は、「保留議席《リザーヴェイション・オヴ・シーツ》」制度〔＝少数派集団への〝議席割り当て確保〟制度〕を付帯させた合同選挙区《ジョイント・エレクトラート》を設ける構想には賛成していたが、このモーリー大臣がインド総督ミントー卿にこんな手紙を書いていたくらいなのだ――

「マホメット信奉者をめぐる論争で小生が貴君の方針に従う《フォロウ》ことは金輪際《こんりんざい》ありますまい。謹んで申し上げるが、貴君は今いちど、連中の途方もない要求について御自身がかつて行なった御発言を思い出すべきでありましょう。まさにあの御発言がきっかけで、回教徒をウサギに見立てた〝追い駆けっこ〟が始まってしまったのでありますから(1)。」

第二次世界大戦終結後の、現在の激動のなかで、イギリス国民から絶大なる信任を得て彼の国を治めているイギリス労働党の、その生みの親であるジェイムズ・ラムゼイ・マクドナルド★5〔James Ramsay MacDonald 一八六六～一九三七年〕は、労働党の下院議員として政界で活躍し始めた時期に『インドの目覚め《ウェイケニング・オヴ・インディア》』（一九一〇年）を著したが、そこには彼の断固たる政見が書き記されていた。すなわち〝労働党の生みの親〟であるラムゼイ・マクドナルドさえも、〔各種の〝社会的属性集団〟ごとに〝投票枠〟なり〝当選枠〟をあらかじめ決めておいて、少数集団であっても一定数の議席を確保しやすいように法制化するという」「〝社会的属性集団〟指定選挙区《コミュナル・エレクトラート》」をインドに導入する責任を、英国政府当局は負っているのだと主張していたのである。

この逸話は、インドが国民国家として育って行くべき前途に〝障壁〟を仕掛けようとする計略のなかで現れたものだったが、今では逸話の背景に埋もれた真実の一片を垣間《かいま》見ることができる。あの当時のインド総督の、その奥方であるミントー伯爵夫人が、或《あ》る政府高官から受け取った手紙の一部をご自身の日記に転載しているのだが、その〝手紙〟のなかで報告されていた内容が、稲妻のように不気味な輝きを放ちながら、自体の真相を照らし出している――

「私が閣下夫人に一筆啓上いたしましたのは、本日成った或る重大成果《ア・ビッグ・ティング》を、すなわちそれは政治的手腕の一大成果なのでありまして、インドとインド人の歴史に今後永《なが》きにわたって明確かつ具体的な影響を及ぼしていくはずの事柄なのでありますが、まさにそれをお伝え申し上げるためなのであります。それはまさしく、六二〇〇万人民大衆の考えを変えさせて、彼らが治安を乱す反乱集団に加わらぬようにするためのものなのであります。[2]」

この言い分は、政府の公文書によっても裏付けられてきた。その公文書というのは、（英国政府が「一九一九年インド統治法」の実施十年後の時点における再検討を目的として（英国でおなじみの〝慣習的な不文法〟ではなく）制定法によってあらかじめ設置が規定され、実際には二九年選挙での敗北を予感していた保守党が、政権を手放した後になっても党是であるインド植民地の対英従属を永続固定できるように、設置時期を前倒しして二七年十一月に発足させた、自由党ジョン・サイモン卿を委員長に据えて総勢七名の下院議員から成る調査委員会であり、二八～二九年に二度にわたってインド現地での猛烈な反対運動と非協力のなかで実施した実情調査を踏まえて一九三〇年五月に全二巻の報告書を発表するに至った〕《**インド法定**《インディアン・スタチュトリー》**〝サイモン〟委員会**《コミッション》》の協力を得るかたちで、〔だが本来はこの《サイモン委員会》に対抗するものとしてインドにおいて独自に結成された〕《**インド中央委員会**《インディアン・セントラル・コミッティー》》の〔一九二九年十二月二十三日発表の〕報告書に他ならない。この報告書には、はっきりと次のように記されている――「当時は〔一九〇七年の時点に置いてさえ〕イスラム教徒たちからは〝分離選挙区〟を求める自発的な要求なんぞ全く出ていなかったのだが、政府筋の或る著名な人物に唆されて彼らはその要求を持ちだしたのだった（同報告書、一一七頁）」。

一九一六年に〔元来ヒンドゥー教徒の土地であったインド亜大陸にイスラム教徒が侵入し、ムガル帝国を建ててインドの大部分を長年支配し、ヒンドゥー教徒を従属させてきた歴史のなかで、一九世紀半ばの〝インド大反乱〟（所謂《いわゆる》「セポイの乱」）に対する懲罰としてムガル帝国が宗主国イギリスによる〝取り潰し〟を受けてからは人口規模でヒンドゥー教徒に比べて圧倒的に少数派であったイスラム教徒が零落し、産業革命以来の近代化に乗り遅れて経済力を持たぬ貧困層に転じたという歴史的・社会的な対立構図のもとで、ヒンドゥー勢力とイスラム勢力の対立憎悪を煽《あお》って〝分断統治〟を維持強化しようと企てる宗主国イギリスの対インド政策、とりわけ一九〇五年のベンガル分割政策以来、親英的態度を強める一方で、〝統一国家としての自治の奪還〟を急進的大衆闘争で実現しようとするインド国民会議派への反発を強めてきた全インド回教徒《ムスリム》連盟が、インド国民会議派との共闘関係構築を確認した二党間の画期的な政策協定であり、州議会においては政治的少数派（実際には多くの場合、イスラム教徒）に対して〝現実に即した単一的な統合選挙区〟を構えた場合には有権者数が絶対的少数派ゆえに実現困難な議席数を、政策協定的に優先確保するという「代表議席の過剰設定《オーヴァーレプレゼンテイション》」（すなわち事実上の「保留議席」制度であり、結果だけ見れば宗教的少数派集団に対する「分離選挙区」を容認したに等しい）を両党ともに容認するとともに、インド自治獲得のためのインド国民会議派の闘争に全インド回教徒連盟が合流する、というのが両党合意の主旨であり、ウッタルプラデーシュ州の州都ラクナウ市において〕取り交わされた《**ラクナウの盟約《パクト》**》は、ヒンドゥー教徒とイスラム教徒の双方の生活共同体《コミュニティー》の間に広がった亀裂に橋を架けようと努めた真剣な試みであったし、実際にそれは成果を上げたのである。けれどもイギリス政府は、イスラム教徒たちに甘言を囁《ささや》くという〝いつもながらの策略〟を弄《ろう》し、この時には《ラクナウの盟約》によって獲得できる以上の大きな〝特典〟が得られるなどと出鱈目《でたらめ》を吹き込むことで、対立を続けてきた二つの宗教社会の間にようやく生まれた和睦《わぼく》を、またもや直ちに潰《つぶ》しにかかった。

〔一九〇五年のカーゾン総督によるベンガル州二分割をきっかけに、ヒンドゥー勢力は国土分割に憤慨して反英感情を爆発させたが、イスラム教徒は国土分割に伴う選挙区の再編で自分たち

〝少数派〟が政治的に優遇される条件が生じたと状況認識して英国への協調的態度を強め、その結果、ヒンドゥー勢力とイスラム勢力との間の排外的宗派対立が一気に強まった。この対立を利用する形で一九〇九年にインド担当国務大臣モーリーとインド総督ミントー卿がインドの中央政府と地方政府の各立法参事会の制度改革（所謂《モーリー＝ミントー改革》）を実施したが、これは中央および地方の立法参事会の委員定数を増員し、決議権や質疑権を認めつつも、行政府には質疑や決議を無視する権利を認めており〝有名無実の議会もどき〟を大英インド帝国の〝臣民〟に与えたにすぎず、しかも〝少数派保護〟の名目でイスラム教徒だけの〝分離選挙区〟を設けて事実上のイスラム教徒向け〝保留議席〟を設けたため、ヒンドゥー教勢力（すなわちインド国民会議派）はどの選挙区でも多数を占めることが出来なくなる仕掛けであった。その後、第一次世界大戦が勃発し、開戦直後に英国政府がインド独立運動の指導者たちに連発した「戦争が終わったら自治を与える」という約束は空手形《から》に終わり、英国が〝敵国〟として打ち負かしたオスマン・トルコ帝国に対する反イスラム政策（全世界のイスラム共同体にとっての最重要の拠《よ》り所であった〝カリフ制〟の廃止）に抗議してイスラム勢力が《キラーファト運動》を主軸とした反英闘争を強めるに至って、一九一六年暮れに成立した《ラクナウの盟約》に象徴されるように、ヒンドゥー・イスラム両勢力の共闘態勢が整った。第一次大戦中の一九一七年六月にインド担当国務大臣に就任したエドウィン・サミュエル・モンタギュー（Edwin Samuel Montagu: 一八七九〜一九二四年／英国自由党の〝急進派〟の政治家で一九一七〜二二年にインド担当国務大臣）は着任早々にインドを訪れて現地でインド総督チェルムズフォード卿（初代チェルムズフォード子爵フレデリック・テシヂャー／Frederic Thesiger, 1st Viscount Chelmsford：一八六八～一九三三年／一九一六～二一年にインド総督）と今後のインド統治の在り方を協議し、〝限定的な自治政府〟と〝少数派の社会集団の保護〟を、「インド統治法」である〝植民地憲法〟の枠組みで確立して行く方針を確認し、この〝憲法改革〟構想の報告書（通称《モン＝ファド報告書》）を書き上げて一九一八年五月末から六月始めの時期に内閣に提出、同年七月八日に公表し、最終的に一九年十二月二十三日に国王の承認を得て「一九一九年インド統治法」（正式名称は「インドの統治に関して更なる規定を設ける法令」）が制定され一九二一年に施行された。この《モンタギュー＝チェルムズフォード改革》（通称《モン＝ファド改革》）は、カーゾン総督時代に推し進められたインド植民地統治の中央集権化を緩和し、州政府の〝地域密着的な行政分野〟（教育・保健衛生・農業・地方自治など）は州議会が任命したインド人職員に担当させる、という極めて限定的な地方「自治」を認めつつも、州の警察・司法・財政・地税・灌漑《かんがい》事業などは知事の直接管轄下に留め起き、中央政府についても形式上は〝近代的〟な二院制の議会制度を設けたが実権は全てインド総督と総督参事会が掌握するというもので、〝中央政府は英国が管理するが、地方政府は住民の自治〟を謳《うた》った《両頭政治《ダイアーキー》》を売り物にしていたとはいえ、それは名ばかりの虚構に過ぎなかったし、しかも〝保留議席〟制度のもとで立法機関の構成員を選ぶという〝制限つきの直接選挙制〟を導入したことで、ヒンドゥー教徒とイスラム教徒との宗派間対立はますます激化することとなった。〕

種類が異なる宗教（例えばヒンドゥー教とイスラム教）の信徒集団ごとに別々の選挙区を割り当てる、といった類《たぐ》いの「〝社会的属性共有集団《コミュナル・エレクトラート》〟指定選挙区」の立憲制度など決して容認しないぞ、という強い反対があったにも拘《かか》わらず、イギリス政府は一九一九年の所謂《モン＝ファド改革》を行ったことで、不道徳な支配秩序《ヴィシャス・システム》に、容易には滅びえぬ生命を与えてしまったわけである。昨今俄《にわか》に高まりを見せているイスラム教徒たちの《パキスタン》建国要求の動きは、〝分離選挙区〟を容認しながら〝閉鎖志向の排外的特定集団のために一定数の議席を保ち留める《コミュナル・リザーヴェイション》〟というやり方を動かし難《がた》い〝立憲制度〟に祭り上げて立法府の議席獲得に用い続け、そうやって選挙でイスラム教徒たちが投じる〝一票の重み〟を止《とど》まることなく増長させてきたことの、まったく自然で無理のない、至極《しごく》論理的な結果である。

そうである以上、イスラム教徒だけの国家と称する《パキスタン》の〝建国の父〟なる者は、ムハンマド・イクバール★6〔Muhammad Iqbal　一八七七〜一九三八年〕だということにはならない。

更に言うなら、《パキスタン》の〝建国の父〟は、チョウドホリー・ラハマト・アーリー★7〔Choudhry Rahmat Ali　一八九七〜一九五一年〕でもなければ、ムハンマド・アリー・ジンナーでもないわけで、まことに皮肉なことだが〝パキスタン誕生の種《たね》付け〟をした彼《か》の自治領〝国家〟の〝父〟なる者は、インド総督ミントー卿に他ならない、という道理になるだろう。

インドを自ら分割して《パキスタン》と称するムスリム〝純潔国家〟を生み出して南アジアに〝呪い〟を齎《もたら》そうとしてきた〝悪霊〟の正体を突き止めるために、ここで少なからぬページを費やしてレントゲン写真に〝病巣の影〟を探すのは、本書の趣旨から外れている。この問題に興味をお持ちの読者の方々には、その知的欲求を満たしうる文献がすでに十分に存在している[4]。

　ここでは次のことを申し上げておくだけで十分だと思う――すなわち《パキスタン》建国という政策標語《スローガン》そのものが、完全に現実を無視した、道理の通らぬ、望ましからざるものなのだ。ヒンドゥー教徒とイスラム教徒は互いに無関係の別個な「民族」「国民」である、などという発想《アイディア》が、すでに精査に耐えられない代物なのである。

　全インド回教徒連盟《ムスリム・リーグ》が一九四〇年三月末の大会で〝イスラム国家〟分離独立運動方針《ラホール決議》を出した直後、ガンディー翁は自ら発行する《ハリジャン》新聞（一九四〇年四月十三日付）でこう宣言した――「〝国を割る《パーティション》〟というのは、もうそれだけで明らかに、誠実を欠いているということです。ヒンドゥー教とイスラム教は文化の面でも教義のうえでも互いに敵対する対立物である、という考え方《アイディア》に対して、私は心の底から嫌悪を感じておりますし、そのような考えには全身全霊をかけて戦いを挑むものであります。（中略）曾《かつ》てはヒンドゥー教を信奉していた何百万人ものインド国民が、今は改宗してイスラム教を信奉しているというだけで国籍まで変えなきゃならない、という考え方そのものに異議を唱え、戦っていかねばならないと思っております[5]。」

　更に加えて指摘しておかねばならないのは、《パキスタン》構想を実現させたところで、インド亜大陸におけるイスラム教徒が抱えてきた《少数民族問題》の解決にはならない、ということだ。むしろこの選択は、自らを一層苦しい立場に追い込むことになる。現在〔＝インドとパキスタンの分離独立を二年足らず後〔一九四七年八月十四日〕に迎えることになる、本書が刊行された一九四六年一月よりもやや以前の時期〕のインドが、イスラム教徒の多住地域である《パキスタン》と、ヒンドゥー教徒の多住地域である《ヒンドゥスタン》とに分裂して、双方が国境線で隔てられたのちも、《パキスタン》にはヒンドゥー教徒が、《ヒンドゥスタン》にはイスラム教徒が、依然として少数派集団としての生活を営んで行くであろうし、それぞれが少数派としての権利の保護を声高に求めていく状況が、依然として続いて行くだろう。しかしその時、生きながらバラバラに切断されてしまったインドの国防力は、切り刻まれて弱体化し、経済的にも財政的にも〔従来は一通りであった国家や社会の運営費用が、〝二つの国家〟によって切り裂かれることになるので、二重負担の〕浪費を余儀なくされる状況に追い込まれているから、今のような〔ヒンドゥー教徒とイスラム教徒が一緒に暮らしてきた〕とりあえず統合状態のインドは、国際政治のなかで小さな力しか発揮できない弱小勢力へと転落するであろう。

レヂナルド・コープランド教授★8〔Prof. Reginald Coupland 一八八四〜一九五二年〕は、「インド合衆国」という表現を用いて、この国が今後進むべき道を次のように説いている——

「一大統合国家としての〝インド合衆国〟《ア・ユナイテド・スティツ・オヴ・インディア》という道を選ぶなら、当然のことながら、今後何年かのうちに世界の諸大国《グレイト・ポリティカル・ユニッツ》と肩を並べる地位に就《つ》けるはずである。(6)」

けれども今のインドが引き裂かれて、幾つかの〝国家〟が乱立して構想を続けるような状態になってしまったら、我々の生来の天命《ナチュラル・デスティニー》は決して成し遂げることが出来なくなるであろう。

実際、ガンディー翁が構想している〝暴力を全否定する統一国家《ア・ノンヴァイオレント・ステイト》〟ならば、少数集団をめぐる難儀《プロブレム》に直面することはないはずである。なぜなら〝暴力を全否定すること《ノン・ヴァイオレンス》〟の本質とは、〝他者に対する寛容《トレランス》〟と〝お互いの権利《ライツ》を尊重《リスペクト》すること〟に他ならないからだ。そこには、人々に恐怖や不信や不安をもたらす〝原因〟が、そもそも全く存在しないことになる。イスラム教徒だけが暮らす《パキスタン》国家だの、そうした〝純潔国家〟を建ち上げるために〝国を割る《パーティション》〟などという要求は、〝暴力の全否定〟が達成できた社会では、出て来るはずがないし、そうした発想自体、存在すべき道理など無くなる。

ガンディー翁は〝暴力を全否定する人《ア・マン・オヴ・ノンヴァイオレンス》〟であるから、インドのイスラム教徒たちが《パキスタン》の分離独立を飽くまでも言い張るなら力づくでもそれを押し止めよう、なんて夢にも思わないのである。先ほど引用した四〇年四月十三日付け《ハリジャン》新聞の、〝イスラム国家分離独立〟方針に対する断固たる抗議の直後に、けれどもガンディー翁はこんな〝宣言〟を加えていた――「しかしながら私は、インドへの〝生きながら引き裂く蛮行《ヴィヴィセクション》〟に加担する気になど決してなれない。だから私は、暴力を使わぬあらゆる手段で、それを阻止してゆくつもりです。なにしろそれは、これまで何世紀にもわたって無数のヒンドゥー教徒とイスラム教徒が〝ひとつの国の民族《ワン・ネイション》〟として共に暮らすために続けてきた努力が、水泡に帰することを意味しているのですから。(7)」

インドを分割して二つ乃至《ないし》それ以上の数の〝主権国家〟を建てる、というのは事実上の〝国家の自殺〟を意味することになる。それゆえにガンディー翁の《暴力の全否定《ノン・ヴァイオレンス》》は、自らの魂魄《こんぱく》の全てを振り絞り、徹底的な道徳精神を奮って、〝国と民族を生きながら引き裂く蛮行《ナショナル・ヴィヴィセクション》〟を阻止する闘いへと彼を駆り立てるであろうし、必要とあらば自らの生命《いのち》をこの努力に捧げることさえ、敢えてするはずだ。

だが我々にとって幸いなことに、イスラム教の信者大衆には今もってなお、善良なる意志《グッドウィル》が消えずに息づいている。ところが他ならぬ英国政府が、火に油を注ぐことで、我々インドの二つの信徒集団のあいだに顕在化した〝仲たがい《ディフェレンシズ》〟を喰《く》いものにしながら、自らの利益を掠《さら》い盗《と》ることに没頭している始末なのだ。この〝余所者《よそもの》の植民支配者〟が、インドで奪い盗った政治権力の全てを、この亜大陸の先住民にひとつ残らず引き渡すことを仮《か》りに誠心誠意、望んでいるならば、〝社会的属性共有集団〟間の対立問題《ザ・コミュナル・プロブレム》なんて一晩のうちに、満足いく形で解決しうるであろう。私が恐れているのは、英国の連中がこれ見よがしの巧言令色とは裏腹に、やはり結局は、またもや新たな大きな〝投げ餌〟を我々に投じてくるのではないか、ということだ。つまり、やがては多かれ少なかれ《パキスタン》という分離国家を成すことになる〝投げ餌〟で、またも我々を〝釣ろう〟とするのではないか……。

英国政府に対して断固として言明しておかねばならない。「分割して統治せよ《ディーウィデ・エト・イムペラー》」（*divide et impera*）という、君たち植民支配者の〝伝統芸〟こそを、もはや投げ捨てねばならないのだ、と。「分離選挙区」という代物をインドに持ち込んだのは、他ならぬ英国政府である。だからこそ英国政府は今こそ、この忌《いま》わしき歴史の歯車を、正義の名において、公明正大なる態度をもって、逆方向へと始動させねばならぬのだ。英国の連中を、自分たちだけが外交術の達人である、などと自惚《うぬぼ》れさせちゃいけない。もしも仮に、インドがわずか一年間だけでも英国の中核〝大ブリテン島〟を統治支配するなどということが起きたら、あの島国を成す伝統的な三つの〝地域単位《テリトリアル・ユニット》〟、すなわちイングランドと、スコットランドと、ウェールズは、まさに《分離独立》を声高に叫び、それどころか《分離独立》めざして独立戦争まで行なって、三つ別々の〝民族国家〟に他ならぬことを自ら証《あか》すことだって、起こり得るであろう。

少数集団をめぐる問題は、以下に挙げる幾つかの論点を、来るべき《新生インドの憲法》のなかで強調明記することによって、インド自らが、諸々の国際条約に適合するやり方で解決できるはずである――

（a）《基本的な権利《ファンダメンタル・ライツ》》は、全ての生活共同体《コミュニティー》に、自らの文化・文字表記《スクリプト》・教育制度《エデュケイション》・職業および宗教慣習・社会習俗および各種〝属人法《ぞくじんほう》〟〔＝人の行為能力や家族内の身分など、居住地とは関係なく当人の生活実態を基準にして適用される法律〕の完全なる保護《フル・プロテクション》を保証するものとする。

（b）それぞれの〔州や藩王国という〕〝地域単位《テリトリアル・ユニット》〟は、経済・政治・文化に係《かか》わるいずれの生活領域においても、〝地域に根付いた自主管理運営《ローカル・オートノミー》〟を可能なかぎり完全に実施するものとする。〝自給自足《セルフ・サフィシエント》〟と〝自己決定・自己統治《セルフ・ガヴァニング》〟を有する《村落生活共同体《ヴィレッジ・コミュニティーズ》》をこの国の基礎に据えることで、少数集団をめぐる問題は事実上、憲政上の難題として存在することは殆《ほとん》ど無くなるであろう。

(c) 十分に適正な数の〝保留議席〟と、追加議席を求めて争う権利を、保証したうえでの〝合同の選挙区《ヂョイント・エレクトラート》〟の実施を、《新生インドの立憲政体《ザ・コンスティテューション》》の基礎とする。しかしこうした〔少数集団に、その実際の得票数には見合わない〝過剰に多くの議席〟という特権を与えることになる、〝保留議席〟を容認する旨の〕条項は、非暴力国家を定めた《ガンディー憲法》が施行されるまでの〝経過措置〟として新憲法に盛り込まれれば充分なのであって、《ガンディー憲法》の施政下では〝保留議席〟制度そのものが不要になるであろう。

(d) 《参政権《フランチャイズ》》は、いかなる差別・分けへだて《ディスティンクション》も制限も撤廃することで有権者の範囲を拡大し、全ての成人が享有するものとする。

(e) 《行政事務・公益事業《パブリック・サーヴィシズ》》に従事する職員の任用は、不偏不党《ノン・パーティー》の《行政事務・公益事業委員会《コミッションズ》》が行なうものとし、同委員会は行政処理能力を損《そこ》なうことなく全ての生活共同体《コミュニティーズ》からそれぞれの成員が公平公正に行政職に参加する、という大原則を当然の義務として尊重せねばならない。

《少数集団《マイノリティー》》の諸権利と、代議制における待遇についての詳細は、《憲法制定議会《ア・コミッティー・オヴ・ザ・コンスティテュエント・アセンブリー》》で検討を進めて行き、〝原案〟を作成することが可能だろう。もし必要なら、最終的な決定は何らかの《国際的な仲裁会議《ボード・オヴ・インタナショナル・アービトレイション》》に委ねてもよいであろうが、但しその場合には英国やその如何なる自治領《ドミニオン》も、この仲裁会議から除外せねばならない。

すでに指摘したように、一国の礎《いしずえ》となる成文憲法というものは、どんなに完璧に書き上げ、諸々の権利をどんなに徹底的に保証するものであっても、欠くべからざる善意《グッドウィル》が欠落している場合には、その憲法によって協和《ハーモニー》を永続させることは出来ないであろう。だが各種《生活共同体《コミュニティーズ》》の指導者や〔自分たちの《生活共同体》の意志を言葉によって世に示す〕代弁者《スポークスマン》たちは、まさにこの善意を奨励するうえで大きな貢献を行なうことが可能な立場にある。

「自らの言葉と行動によって、そして適切な機会をとらえて慎みのある発言と品行方正な態度で基本的人権を唱道することによって、そして、そうせねばならぬ時には堅忍不抜と辛抱と寛容によって、そして時宜に適《かな》った機会には公平公正と思慮に基づき自らの理想を強く主張することによって、そしてまた〔一つの国家の国民としての〕共通の徳性に根ざした組織や活動を、自らの全力を投じて可能なかぎり奨励鼓舞することによって、さらにまた分裂や崩壊をもたらしかねないあらゆる反動を断固たる態度で厳しく制圧することによって、少なくとも今日のインドに出現している類いの少数集団をめぐる問題は、あらゆる地域で、あらゆる局面において、永久的に解決できるのです。(8)」

だが実は、深刻な貧困こそが、我が国のヒンドゥー教徒とイスラム教徒の双方の大集団を捉えて放さぬ根本的な難題なのである。国民共通《コモン》のこの経済的苦難の大きさに比べたら、〝社会的属性共有集団《コミュナル》〟間の対立問題《・プロブレム》なんぞすっかり霞んでしまって、ちっぽけな問題だと思えるほどである。《自主独立《スワラージ》》の機会が到来すれば、国家たるものは、国民大衆の生活水準を向上させるという課題に、努力を集中させねばならなくなる。少数集団をめぐる問題は、それゆえ朝靄《あさもや》のごとく消え去ってしまう、と思えるのである。

「私たちの間の〝ちがい〟が、余所者《よそもの》たちの支配を受けることによって——それで創り出されたわけでは無いとしても——深刻な痼《しこ》りになってしまった、というだけの理由であるのなら、宗教を異にする集団《コミュナル》間の〝もつれ〟を解くことは、《自主独立《スワラージ》》を得た立憲政体の栄冠《クラウン》にはなるでしょうが、この立憲政体が拠って立つ土台にはなりません。〝お互いに属しているものが違う《コミュナル・ディファレンシズ》〟というだけで衝突し合いながら漂流してきた氷山のごときものなのですから、自由という陽光が照り始めれば、その温もりによって溶け去ってしまうであろう、と私はいささかの疑いもなく信じているのであります。(9)」

第15章　外交政策

尊師《パンディト》ジャワーハルラール・ネールー★1〔Pandit Jawaharlal Nehru　一八八九〜一九六四年〕の世界的視野にもとづく深い洞察力のおかげで、インドはすでに国際政治の分野で、世界全体の情勢を正しく把握して確固たる外交政策を自ら打ち出すことができる能力を築いてきた。あの恥づべき《ミュンヘン協定》〔すなわち英国・フランス・イタリア・ドイツの四ヶ国が、チェコのズデーテン地方をドイツに割譲することを認めて一九三八年九月二十九日にミュンヘンで結び、ナチスドイツの対外侵略を無節操に容認した歴史上希有の〝侵略宥和《ゆうわ》外交〟の汚点〕で頂点に達した英国の、ファシスト列強勢力に対する宥和政策に、世界で最初に断固たる非難の声を浴びせた政党は、おそらくインド国民会議派であった。インド国民会議派は日本の中国侵略に対して抗議の声を上げ、そしてまた反動勢力による内乱と対峙しつつ外国からの侵略とも戦わねばならぬという壮烈な闘争を繰り広げていたスペインの共和政府を、誠心誠意、支え続けた。先般の〔第二次〕世界大戦のさなかには、インド国民会議派は、英国がインドの完全独立をただちに認める、という条件付きで、連合国の勝利のために自ら進んで全面的な協力を行なった。インド人兵員から成る軍隊が、インドネシアの民族運動を弾圧する目的で乱用された問題についても、インドの民族運動の指導者たちは断固たる抗議を行ない、近隣諸国に対する我が国の外交姿勢をはっきりと見せつけた。

とは言え、これから我々が持つべき《憲法》には、明確な《外交政策》を書き記しておくことが望ましい。その要点を列挙すれば、次のようになる——

（a）インドの国民《ザ・ピープル・オヴ・インディア》は、絶対的平等に基づいて、近隣諸国のみならず世界の全ての国と、友好関係を保ちながら平和に暮らしてゆくことを希求するものである。インドは、近隣諸国に対して、いかなる領土的関心も持たない。インドは、他国の自由を尊重し、国際的な協和と親善の創出に努める所存である。

（b）インドは、いかなる国に対しても、貿易と通商を通じて経済的な搾取を行なわないし、他国から搾取されることも許さない。インドは、相互の利益と繁栄が確保できる場合においてのみ、外国と交易関係を結ぶ。

（c）インドは、全世界の平和と秩序ある発展を実現するためには当然のことながら自由な諸国家・諸国民《フリー・ネイションズ》から成る一大《世界連邦《ワールド・フェデレイション》》を即刻《そっこく》確立する必要があると、確信するものである。「こうした一大《世界連邦》がひとたび確立されれば、すべての国《オール・カントリーズ》で軍備の撤廃《てっぱい》が実行可能となり、各国が保有してきた《ナショナル》陸軍・海軍・空軍はもはや不要となり、唯一の〝世界防衛軍《ワールド・デフェンス・フォース》〟のみが世界平和を維持し、侵略や攻撃《アグレッションズ》を予防することになろう。《自主独立を遂げたインド《インデペンデント・インディア》》はこのような《世界連邦》を歓迎し、他の国々と平等な立場で国際問題の解決に関与して行くという前提で、自ら進んでこれに加盟するであろう。」（インド国民会議派・全国委員会《オール・インディア・コングレス・コミッティー》〔A.I.C.C.〕の〔通称『インドから出て行け《クウィット・インディア》』決議として有名な〕一九四二年八月八日の決議文）

（d）インドは、平和と自由と民主主義のために力を尽くし民族自決《ナショナリズム》・民主主義・社会主義を実現すべく奮闘している世界中のあらゆる勢力に、全面的な支援を提供するとともに、侵略者に対して行なう国際規模での経済制裁の努力を歓迎し、これに自ら進んで参加する。

（e）インドは、集団安全保障体制を組織化し、それを維持して行くという努力に際して、他の国々《ネイションズ》と協力することは吝かでないが、いかなる国《アニィ・カントリー》に対しても、その国の自由を強奪破壊《スポリエイション》したり弾圧《サプレッション》を加える側には与しない。

（f）インドは、世界中の大国であれ小国であれ、人種《レイス》や民族、肌の色、経済や文化の後進性《バックワードネス》による差別を行なうことなく、すべての国に対して完全なる自由《フル・フリーダム》の守護役を担う。

どのような状況にあっても、〝他国を支配する権利〟なんぞを持つ国なんて存在しないのだ。

第16章　財政および税制

公共機関《パブリック》が現在実施している財政《ファイナンス》および税制《タクセイション》の制度は、きわめて公平公正《イン＝エクィタブル》を欠き、道理なき《イラショナル》ものとなっている。それゆえ、これらの制度は根本から作り直して《レキャスト》〝分解清掃修理《オウヴァーホール》〟を行なわねばならない。これから我々が持つべき《インドの憲法》の中に織り込むべき要点は少なからずあるが、以下にそれらを列挙しておこう——

（a）《地域に根付いた自主管理の政治《ローカル・セルフ＝ガヴァーンメント》》を実現するために、《国家財政《ナショナル・ファイナンス》》は適切な地方分権《デセントラライズド》の下に置かれるものとする。各々の村落の徴収による《地租税収《ランド・レヴェニュー》》の少なくとも半分は、その村落の《五賢評議会《パンチャーヤト》》に配分される。

（b）〔村落の徴収による《地租税収》のうち、当該村落の《五賢評議会》に配分された〝全税収の半分〟を除いた〕《地租税収》の残り半分の税収を、《県》と《州》および〔〝インド中央政府》の役割を担う〕《全インド五賢評議会》との間でどのように分配するかについての詳細は、《憲法制定国民議会》が然《しか》るべき権限を持つ《委員会《コミッション》》を設置して、そこで決めるものとする。

(c) 上記以外にも、《村落五賢評議会》は、地域に根付いた支出《ローカル・エクスペンディチャー》に対応するために、①《収穫からの寄進《ファスリー・チャンダ》》(Fasli Chanda)、②個人的な寄付、③仲裁手数料、④罰金、⑤放牧料金、等々の形態による徴税を行なうことで、財政収入を調達できるものとする。村民が直接的に肉体労働《マニュアル・レイバー》を行なう、という形態の徴税も奨励される。

(d) 軍事および公益事業・行政事務部門《パブリック・サーヴィシズ》の突出偏重した支出は、大幅に削減する。外国から招聘《しょうへい》した専門技能者の場合を除き、国家公務員《ナショナル・サーヴァント》の月給は、五〇〇ルピーを上限とする。

(e) 保健部門や教育研究部門のような公共事業《パブリック・ユーティリティー》に対する国家《ステイト》の支出は、〔その需要に応じて〕増大させるものとする。

(f) 現在の無責任な英領インド政府によって引き起こされた理不尽な《公的債務《パブリック・デット》》に対しては、債権者が国内・国外のいずれにあろうとも、《自由国家インド《フリー・インディア》》はその支払いの責任を負わない。

(g) 具体的に明示した一定の最低収入額を上回る農業収入に対しては、差率税《グレイデド・タックス》を課すものとする。

(h) 《相続税《インヘリタンス・タクシズ》》は、一定の最低評価額を上回る財産に対しては、段階的累進税《グラヂュエイテド・スケイル》を課す。

(i)《所得税《インカム・タックス》》は、その税収を《州》の歳入とする。

(j) 塩は、空気と同じく、何人《なんぴと》も自由に利用できる。

(k)《自由国家インド》は、全面的な《酒類の製造販売禁止《プロヒビション》》を実施するので、酒類《イントキシカンツ》に消費税《エクサイズ・タクシズ》(物品税)を課して税収を得ることは、本来、起こりえない。

(i) 各種租税の(金銭支払い以外の方法による)納付は、特に田園地方《ルーラル・エリアズ》においては、特別に優遇される。

(m) 各種の〝基幹〟産業および《公共事業》サービスの経営《マネヂメント》によって生じた収益は、《州五賢評議会》および《全インド五賢評議会》の主要な収入源の一つとする。

第17章　国有財産

私有財産は、来《きた》るべき《自主独立の憲法《スワラージ・コンスティトゥーション》》が施行された後も、必ずしも〝私有である〟というだけの理由で廃止されるわけではない。但し、現在の《獲物盗り社会《アクィジティヴ・ソサエティー》》の明白なる害悪の数々を抑止する目的で、私有財産の範囲に制限が加えられ〔その私有財産権の行使は〕抑制される。以下に挙げる種類の〝富《ウェルス》〟は、今のところ民間の資本家たちが私的に所有しているが、これらは〔新しい憲法のもとでは〕《国有財産《ナショナル・プロパティー》》となる――

（a）すべての土地は《国家《ザ・ステイト》》に属する。従って、〔ムガール帝国以来の遺制であり、〝地租徴収請負人《うけおいにん》〟に〝土地《ザミーン》〟の〝保持《ダール》〟を認めてきた〕「徴税請負地主《ザミーンダール》」制度による土地保有権は、廃止されることになる。《国家《ザ・ステイト》》は、実際に耕作を行なっている農民に対して、長期契約で土地の賃貸を行なうものとする。

（b）すべての基幹産業《キー・インダストリーズ》は、〔国民総体《ザ・ネイション》としての〕《国家《ザ・ネイション》》が所有する。民間の産業家たちは、基盤産業《ベイシック・インダストリーズ》を所有することは出来ないし、それゆえ、自らの利益のために国家の諸資源《ナショナル・リソーシズ》を利用《エクスプロイト》することも出来ない。

（c）鉱山・河川・森林・道路・鉄道・航空運輸・郵便・電報通信《テレグラフ》・船舶輸送《シッピング》その他の公共輸送機関《パブリック・トランスポート》は、これを《国有財産》とする。

（d）以上に挙げた各種の財産は、今のところは民間の所有物になっているが、然るべき時期に《国家《ステイト》》が正式にこれらを取得するものとし、その取得に際して必要があれば、〔財産所有権の主張が法的に正当であるか否かについて〕〝権原《タイトル》〟を適正な手続きによって調査吟味《インヴェスティゲイト》したうえで、相応《リーズナブル》の補償を行なうものとする。

第18章　教育

現行のインドの教育制度は、国民生活《ナショナル・ライフ》にとって死活的重要性をもつ各種の要請に応えることができずに来た。すなわち社会や経済の現実には全く触れることが無かったし、国民の創造性を養い精神の発揚を助ける理想を、描いて見せることも全く行ない得ない、絶望的な制度が続いてきたのである。それゆえ《自主独立の憲法《スワラージ・コンスティトゥーション》》の施行後は、徹底的な改革に着手せねばならない。改革の〝要点《キー・ポインツ》〟は少なからずあるが、それらを以下に列挙しておこう――

（a）基礎教育《ベイシック・エデュケイション》は、無償の義務教育とする。基礎教育は、十四歳までの全ての男児および女児に授けるものとし、糸紡《つむ》ぎ・機織《はたお》り・農業のような生産的な手工芸《プロダクティヴ・クラフト》をその内容とする。このような教育は、インドのような貧しい国《プア・カントリー》においては三重の効用《パーパス》がある。その効用とは――

（i） 生徒たちに、健全な知識《サウンド・ナリッヂ》を授けることができる。

（ii） 教育によって生じる効用によって、その教育を実施するために負わねばならぬ費用の大部分、あるいは少なくとも費用の一部を、補填《ほてん》することができる。

（iii） 生徒たちに、概ね〝定職《ガォウケイション》〟をもつに相応《ふさわ》しい職能を授けることができる。

（b） 教育施設における体罰《コーポラル・パニッシュメント》は、絶対にあってはならない。

（c） 教育のすべての段階で、教授訓育《インストラクション》のための意思伝達手段《メディウム》には、母語《マザー・タング》を用いる。これまで教授訓育のための意思伝達手段として英国言語《イングリッシュ》が強要されてきたことは、この国の教育にとって、まことに大きな惨害《トラヂディーズ》であった。

「〔英語によってインドの教育が行なわれてきたことは〕国民の活力を奪い、学童の寿命を縮めてきました。国民大衆の仲を引き裂き、教育の費用を無駄に引き上げてきました。このやり方《プロセス》をこれからも頑固に続けて行こうとすれば、すべての国民は、自らの魂を奪い盗られてしまうことになるでしょう。[1]」

（d） 《村落五賢評議会》は、文盲《イリテラシー》〔＝非識字《ひ・しきじ》〕の一掃をできるだけ早く実現できるよう、努めるものとする。但し、成人教育《アダルト・エデュケイション》については〔読み（reading）・書き（writing）・算数（reckoning）の〕〝三つのR〟の知識のみに制限されるわけではない。成人には、保健《ヘルス》・衛生《ハイヂーン》・公衆衛生《サニテイション》・農業の効率化・協同組合活動《コウポラティヴ・エフォート》および公民権《シヴィック・ライツ》についての普通教育《ヂェネラル・エデュケイション》を授けるものとする。だが成人教育においても、やはり手工芸技能《クラフト》が、その基礎を成すことになる。

(e) 大学教育は、主として専門技能《テクニカル》の教育訓練《トレイニング》よ調査研究《リサーチ》に限定するものとする。

(f) 《大学卒業生《グラデュエイト》》には義務として一年間の社会奉仕《ソウシャル・サーヴィス》活動を課し、その義務を終えてのち《学位《ディグリー》》を授けるものとする。

第19章　犯罪と刑罰

かつて犯罪は、暴力的な刑罰か、さもなくば過剰なる感傷の垂れ流しを以《もっ》て、扱われたものだった。しかし刑罰学《ペノロヂー》は今や、世界の進歩的な国々においては、その存立の根幹に関わるような重大な変化を遂《と》げようとしている。すでに犯罪は、〝生物学的な現象〟とは見なされなくなっている、つまり今や犯罪は、一種の〝社会的な所産《ソウシャル・プロダクト》〟と見なされているのだ。犯罪者は〔一個の独立した人格を有する〕〝人間《パーソン》〟として扱われ、犯罪もまた、他の身体や精神のさまざまな疾患と同様に、診断が必要な〝臨床的な課題《クリニカル・プロブレムズ》〟として扱われるのが、道理となる、だからこそガンディー翁は、犯罪を憎んでも、犯罪者を憎むことはない。各種の犯罪を注意深く分析することで見えてくるのは、その背景にある主要な原因が、貧困や失業や、不十分な教育や、住居が壊れていてまともに生活できない、などの問題だということだ。[1]犯罪を減らすためには、社会環境や経済的境遇《サーカムスタンシズ》を抜本的に改善せねばならないのだ。

常に言えることだが、生じてしまった病を治すことよりも、病が生じぬよう予防するのが賢明である。《ガンディー憲法》が熟慮のうちに実現を企図している諸々の社会的・経済的変革が実施されて行くなら、この国における実効性を伴った犯罪予防は、長足の進歩を遂げることが期待できる。

但し、《自主独立《スワラージ》》が実現すれば、もうそれだけであらゆる種類の犯罪が自動的に止む、などと思いこむなら、それは愚かしいことだ。《自由国家インド》もやはり尚、犯罪と格闘し、裁きを以て刑罰を下し、刑務所を運営維持して行かねばならないだろう。だが、その刑務所の〝本来的な在り方《ネイチャー》〟は、現行の存在様式《パターンズ》とは完全に異なるものとなる。なにしろ現在の刑務所たるや、有罪判決を受けて監獄に囚えられた人々を、改心させるどころか益々《ますます》窮地に追いつめて、もはや善導しようのない度し難き犯罪者として残りの人生を生きてゆくしかない、と〝覚悟〟させる場所に成り果ててしまったのだから。来るべき新憲法のもとでは、刑務所は本質的に、正しく整えられた更生施設《ウェル・オーガナイズド・リフォーマトリー》として存在することになる。そのような意味では、ソヴィエト社会共和国連邦（USSR）にある《ボルシェヴァ更生支援村《リフォーマトリー・コロニー》》（Bolshevo Reformatory Colony）について若干詳しく知ることが出来れば、興味が湧《わ》いてくるだろうし、役にも立つはずだ——

「モスクワ州モスクワ郊外の軍需産業都市コロリョフの一地区であるのボルシェヴァ〔Bolshevo〕に、《ГПУ《ゲーペーウー》》〔＝ロシア語略称は《ГПУ《ゲーペーウー》》、正式名は《ロシア・ソヴィエト連邦社会主義共和国・内務人民委員部・付属「国家政治局」》だが、通称は《国家政治保安部》として知られ、そもそもロシア十月革命直後の一九一七年十二月二十日にレーニンが人民委員会議直属の取締機関として設置した秘密警察組織《Cheka《チェーカー》》（＝ロシア語略称《ЧК《チェーカー》》で正式名は《反革命サボタージュ取締・全ロシア非常委員会》）が一九二二年二月に《ГПУ《ゲーペーウー》》に改名され、以後も幾度かの改組を経て、スターリン死後の一九五三年九月に廃止されたが、「反革命分子」「反動分子」「反体制派」の摘発と抹殺を目的としたこの秘密警察は発足から廃止までの三十五年間に無数の自国民と外国人を逮捕し、その多くを抹殺した。《ГПУ《ゲーペーウー》》の解散後、処分を免《まぬが》れた残党は《KGB《カーゲーベー》》（＝ロシア語略称《КГБ》、正式名は《ソ連国家保安委員会》）という新たな秘密警察諜報機関で隠然と活動を続けた）自体が、注目すべき更生施設村《リフォーマトリー・セツルメント》を運営維持しているが、この施設は、その有望性や実績とともに、社会に歯向かう犯罪者《オフェンダーズ・アゲンスト・ソサエティー》に対する理想的な処遇の実現に向けて、世界のどこよりも抜きんでた進歩を示しているように見える。それは広大な施設で、ほぼ一千名におよぶ囚人を収容している。施設は快適な国有地に建てられたもので、大富豪の産業家から没収した土地であったが、ここに手工業的な生産と農業ができる設備も整えた。しかもこの施設には、在監者の外出を妨げるような塀も、錠前で閉ざした門扉《もんぴ》もない。この施設では、窃盗とか暴力を伴う強盗や不法侵入を行なったことで、ソ連邦を構成するいくつかの共和国の通常裁判で有罪判決を少なくとも二回受けた大量の累犯者のなかから、〝更生可能〟と判定されて特に選ばれた者たちが、一般社会の日常となんら変わることなく、労賃を受けながら作業に従事し、刑務作業所のさまざまな割り当て部署で自由自在に働き、穏当な範囲内で自らの欲するままに紫煙を燻《くゆ》らし、おしゃべりや音楽や演劇を楽しみ、暇な時間を過ごすことも許されている。つまりこの施設の囚人たちは、実質的な生活上の自由が保障されている社会においては、勤勉と休養娯楽の調和がとれた規律ある日常生活を送ることこそが、犯罪に奔《はし》ったり物乞いに頼る貧困の暮らしに甘んじるよりも愉快なものなのだ、ということを思い知らされるわけである。入所から一定の期間が経てば、彼らは妻を呼び寄せて施設で同居することが許され、それぞれの家族が施設内に設けられた〝自作農場《ホームステッド》〟を新たな拠点として、生活再建に取り組むことになる。在監者の多くは刑期が満了しても出所を拒むほどで、施設内で見初《みそ》めた女性と結婚する者もいる。かくして、この〝更生支援村〟は、さまざまな地方の出身者から成る自立更生を遂げた〝住民〟を増やし続け、囚人および刑を終えた自由人から成る〝村〟の人口は今や三千人に届こうとしている。だがこれはボルシェヴァだけの話ではないのだ。ソヴィエト社会主義共和国連邦には、これとおなじやり方で運営されている更生支援村が、他に十ヵ所も存在しているのである。(2)」

《自由国家インド》においては、最も重い犯罪に対してであっても、死刑は用いない。新たなるインドでは、《国家《ステイト》》が、犯罪をその根源から予防する目的をもって、非行少年を癒すための《相談診療所《クリニックス》》を維持運営するものとする。

《刑事法《クリミナル・ロー》》は、可能なかぎり手短で簡潔なものとする。《法律》というものは、むやみに煩雑《はんざつ》だと、それがために却って〝犯罪にはしる心理《クリミナル・メンタリティー》〟を醸成し、犯罪の発生を助長しがちだからである。

第20章　行政事務および公益事業に従事する公務員

(a)《自由国家インド》は、現行の公官吏《オフィシャルズ》を、〔新国家における〕《州》および《全インド》の行政事務・公益事業サーヴィスにも引き続き雇用して行くか否かについて決めることができる、完全なる選択権を持つ。

(b)〔新国家への移行によって〕雇用を打ち切られる公務員《パブリック・サーヴァント》に対して、《自由国家インド》は、相応の恩給または特別扶養手当を支払わねばならない。

(c)〔新国家への移行によって〕雇用が継続される公務員に対しては、退職金および退職者恩給の支給額の算定において、〔新国家に移行する〕以前の現役勤務の年数を加算するものとする。

(d)《村落》《郡》および《県》が新規に採用する公官吏は、それぞれの《村落》《郡》《県》が、明確に定めた規則に従って直接に任用するものとする。

(e)《州》および《全インド》の行政事務・公益事業サーヴィスへの〔職員の〕新規採用《リクルート》は、それぞれの《州五賢評議会》または《全インド五賢評議会》が任命した《行政事務・公益事業委員会《パブリック・サーヴィス・コミッション》》がこれを行なうものとする。《行政事務・公益事業委員会》の構成員《メンバーズ》は、傑出した能力《アビリティー》と優れた徳性《キャラクター》を有する人物であらねばならない。

(f)《行政事務・公益事業委員会》は、公務員の任用・昇進・懲罰・退職金および退職者恩給に関する詳細な規則を制定せねばならない。

(g)行政事務・公益事業サーヴィスへの〔職員の〕新規採用は、資質適性《クオリフィケイション》・作業能力《エフィシエンスィー》・人徳《キャラクター》および〝国民全体に奉仕する《ナショナル・サーヴィス》〟という気概《スピリット》にのみ基づいて行なうものとする。あらゆる少数集団と下層階級《ダウンワード・クラシズ》に対して完全に公正公平な処遇を実現するためには、特別な配慮も必要となるであろうが、〔宗教・人種・言語・世襲階級《カースト》身分などを共有する〕様々な〝社会的属性共有集団〟から、それぞれの成員がその〝共有集団〟を代表する《コミュナル・リプレゼンテイション》形で公正公平に行政に参加する、という大原則といえども、それが《自由国家インド》憲法の効力を阻害することは、あってはならない。《行政事務・公益事業委員会》の構成員は、人が宗教に対して臨むのとおなじだけの誠実さをもって、どの〝社会的属性共有集団〟に対しても絶対的に中立公正《ニュートラル》な姿勢を保たねばならない。

(h)崇高なる公徳心を維持する目的のため、賄賂行為《ブライベリー》・汚職《コラプション》・身内びいき《ネポティズム》や情実・〝社会的属性共有集団〟絡みのえこひいき《コミュナル・フェイヴァリティズム》で告発された公務員に対しては、免罪を行なわない。

（i）公務員に対して、職制・事務的業務・公務員としての行動規範についての教育訓練を効率よく施すために、《公務特別研修学校《スペシャル・トレイニング・インスティトゥート》》を実施運営するものとする。

（j）公務員は志願者のなかから選抜するものとするが、その際には、インド独立闘争《ストラグル》に積極的に参加した若者たちを優先的に採用するものとする。

第21章　雑則

〔1〕　国旗

《自由国家インド》は、中央に《糸車》の図案《エンブレム》を配した「三色旗」を、正式な国旗とする。

〔2〕　憲法に用いる語彙

《自由国家インド》憲法において用いる語彙は、《憲法制定議会》によって任命された《特別委員会》が考案した、ヒンドゥスタニー語による適切な造語を用いるものとする。

〔3〕 憲法の改正

《全インド五賢評議会》は、この憲法のどの条項についても、変更を行ない、あるいはその効力を停止できる権限《パワー》を有する。このような〔憲法の条項の〕変更あるいは効力の停止を実施するための法案は、《全インド五賢評議会》と全ての《州五賢評議会》において、いずれも七十五％〔＝四分の三〕の多数賛成票を得た議決を経ねばならない。但し、憲法改正の内容が、一つの《州》だけに限られた案件である場合には、その改正法案の議決を行なうべき《州五賢評議会》は当該の《州》のものに限られる。

尚、この憲法の《基本的人権《ファンダメンタル・ライツ》》に関する規定については、《インド最高裁判所》から書面による裁可が得られた場合においてのみ、変更を行なうことが許されるものとする。

第22章　結びの言葉

植民地インドの現状をご存じない読者、あるいはぼんやりと本書の字面《じづら》を追うような、そんな読み方をしてきた読者にとっては、前章までに概略を述べてきた《ガンディー憲法》の政体も、従来の〝頭でっかち《トップ・ヘヴィー》〟の、すなわち上級管理機構の権力ばかりが肥大したインド植民地政体と、さほど変わりがないように思えるかも知れない。現在の英領インドにだって、村落・郡・県・州と全インドのそれぞれの規模で「五賢評議会《パンチャーヤト》」と呼びうる〝機関〟が確かに存在はしている。けれどもこの小冊子を注意深くお読みになれば、ここに描かれた《立憲政体《ザ・コンスティトゥーション》》はその丸ごとすべての真髄が、英国植民地時代のインドの政体とは際立って異なっていることに、お気づき頂けると思う。

この《ガンディー憲法》によって姿を現す政治体制は、この国を作り上げている無数の《村落生活共同体《ヴィレッジ・コミュニティーズ》》が結び付いて広大な〝石据《いしず》え〟を構えた一大〝ピラミッド〟に他ならない。

この〝ピラミッド〟の上方の各段に置かれた《五賢評議会》が扱うべき職務は、結局のところ行政実施《アドミニストレイション》と行政事務《パブリック・サーヴィス》および公益事業の作業効率《エフィシエンスィー》が上がることを期待して、それぞれの《村落五賢評議会》の諸活動の〝連係と調整《コゥオーディネイト》〟を図るという大目的のために、自分よりも〝ピラミッド〟の下方にある〔つまり巨大な〝石据え〟である《村落生活共同体》の一層近くにある〕〝行政単位〟の《五賢評議会》に対して、一段と広域的な見地から適切な助言を申し出たり、専門的見地から指導を行なうとか情報資料《インフォーメイション》を提供する、というものである。

しかし《ガンディー憲法》はあくまでも〔ラテン語の「力《ウィース》（*vis*）」と「～に富む（～*ulentus*）」の複合語に由来し、文字どおり「力づく」を意味する「暴力（violence）」の本義である〕〝力による強制《ヴァイオレンス》〟を否定する《暴力なき国家《ノン＝ヴァイオレント・ステイト》》《力づくを否定する政府《ノン＝ヴァイオレント・ステイト》》を構想するものであるから、《村落共同体》という〝国家編成の基本単位〟こそが、〝中央政府〟に差図《さしず》を出す権能を有した最高権威をもつ決定者なのであって、この逆はありえない。

要するに、新生インドの政体《システム》は、植民地時代のインドのものを丸ごと全部、真っ逆さまに引っ繰り返した構造に変わるのである。すなわち新生インドでは、《村落《ヴィレッヂ》》こそが国家社会運営《アドミニストレイション》の、正真正銘の、そして実際に政治的原動力を担う、〝主体《ザ・ユニット》〟である。

ここで次のような憂慮が語られても不思議ではあるまい――「けれどもインドの村々は、不健全な現状に甘んじているではないか」と。確かに植民地インドの現在の村々では、村民は依然として読み書きができない状況に置かれており、「公民《シヴィック》」たるにふさわしい明敏なる社会良識を持ち合わせていないし、村民同士がつまらないことで嫉《ねた》み妬《そね》みを抱くとか、罵り合うとか、派閥根性にとりつかれて無闇に張り合うなどの愚行が見られる。

それゆえ現状のままなら《村落五賢評議会》に多大な信頼を置いたり期待をかけるのは危うい冒険だ、ということにもなろう。けれどもそうした物言いは、人間心理《ヒューマン・サイコロジー》の基本法則、すなわち「信頼は信頼を生む」という基本原理に対する全くの無知を、自らさらけ出した戯言《たわごと》にすぎない。「インド人は、《自主独立《スワラージ》》には不向き《アンフィット》である」などと、英国の連中はこれまで常々、我々にそんな説教をしてきたものである。ならば我らは連中に、次の言葉をお返ししてやろうではないか――「《自治《セルフ・ガヴァメント》》に勝《まさ》る《善政《グッド・ガヴァメント》》は無いのだ」と。

我々は自主独立をやり遂げて、そののち手違いや失策をしでかすかも知れないが、しかしそれが何だというのか？　自分でやらかした過ちであるなら、それを自らの教訓として、我らは前進することができる。だからこそ我らは躊躇《ためら》うことなく《村落共同体》のそれぞれに、大幅な政治権限の移譲を行なうことが出来るのだ。

権力を〔集中的に独占してきた〝お上《かみ》〟から、これまでは中央集権機構の支配下に置かれてきた〝下々《しもじも》〟の者へと〕移譲して政治権力の〝分散配置〟を行なうという社会改革は、少しずつ段階を踏みながらゆっくりと、しかし着実に、進んで行くことになるのかも知れない。だがそれにしても究極の目標は、明快なる構想として描き出され、その意味内容が厳密な言葉づかいによって正確に研ぎ澄まされ、誤解の余地がないほどに鍛《きた》え抜かれたもので、あらねばならない。《ガンディー憲法》が施行された暁《あかつき》には、我が国の村々はそれぞれが自らの潜在力を最大限に発揮して、擬物《まがいもの》ではなく正真正銘の、永続可能な民主政体の輝かしき模範へと姿を変えて、立ち現れてくるはずである。

訳者あとがき

本書は、セクサリア商科大学・学長のシュリマン・ナラヤン・アガルワル（Shriman Narayan Agarwal）氏が一九四五年に著し、翌四六年一月にアラハバードのキタービスタン書房から出版された『Gandhian Constitution for FREE INDIA』の全訳である。

そもそも訳者（佐藤）がこの本に出会ったのは、二〇〇九年にC・ダグラス・ラミス氏が著した『ガンジーの危険な平和憲法案』（集英社新書）を読んで、その〝危険な平和憲法案〟に魅了されたからである。

ラミスさんのご本は、彼自身の実体験に基づいて書かれていた。その読書体験は、スリリングな知的興奮をもたらしてくれる、非常に意義深いものだった。ラミスさんはインドの《発展社会研究所（CSDS）》から招聘《しょうへい》を受け、二〇〇四年の夏から一年半ちかく、現地で「平和」問題を研究していたが、その研究活動を通じて、大聖《マハートマー》ガンディーが原理的に絶対平和を実現しうる画期的な憲法案を構想していたことを知った。ガンディーの憲法構想は、彼が長年にわたるインド独立運動のなかで、あらゆる言論の機会に発表してきた膨大な言葉のなかに、埋もれて未整理のまま存在していたのだが、シュリマン・ナラヤン・アガルワル氏がこれを整理して一冊の本（本書の原著）にまとめ、インドの対英独立が本決まりとなって〝自由インド〟の憲法案が制憲議会で作られ始めていた時期に、世に出た。ところが、ガンディーと共に〝インド独立〟闘争を長年戦い続けてきた〝同志〟であるはずの、制憲議会の連中──国民会議派の国会議員たち──は、まるで神さまか何かのようにガンディーの〝御名《みな》〟を連呼讃頌《さんしょう》するばかりで、肝心《かんじん》のガンディー憲法案を冷たく黙殺したのである。ガンディーの理想主義的な反英闘争が、植民地インドを独立に導いたわけであるが、ひとたびインドの〝対英独立〟が決まるや、ガンディーは〝用済み〟とされて切り捨てられたわけだった。ラミスさんは、ガンディーと彼の憲法案を切り捨てた〝独立インド〟誕生前夜の不可解な状況に疑問を抱き、その背景事情を調べ始めたが、《発展社会研究所》の人々などインドの〝知識人〟から反発を受ける……という奇妙な体験をした。ガンディーを「国父」と仰ぎ、偶像崇拝してやまない人々が、よりによってその「国父」の思想と理想の真髄ともいうべき憲法構想を葬り去ったのであるから、その矛盾をラミスさんに指摘されて現代インドの〝実存〟そのものを自己否定しかねない危機を感知し、おおいに動転したのであろう……。

ラミスさんの『ガンジーの危険な平和憲法案』は、この憲法案の概略を紹介したものであり、その意味では画期的であった。なにしろ我々日本人は、ガンディーを「非暴力闘争を指導した聖なる導師」として──さらにいえば「コルコタの聖母《マザー》テレサ」（本名アグネサ・ゴンジャ・ボヤジ、一九一〇〜九七年）や「密林の聖者」アルベルト・シュヴァイツァー医師（一八七五〜一九六五年）と並ぶ二〇世紀の〝聖者〟として──認識してきたけれども、まさか彼が〝国家の絶対的独立と絶対的平和を実現しうる〟戦略的な憲法構想を持っていたなんて、ラミスさんが紹介するまで、全然知らなかったわけだから。

しかし新書版『ガンジーの危険な平和憲法案』は、私にとっては物足りなかった。なぜなら〝ガンディー憲法案〟の片鱗に触れてはいるが、憲法が〝一国の政体のありよう〟を規定する法典である以上、その全体像がわからないと、ガンディーの〝自由インド国家〟建国構想が見えてこないからだ。そこでシュリマン・ナラヤン・アガルワル氏の原著を全部翻訳する必要を強く感じたわけである。


ここで原著者がどういう人物なのか、簡単に紹介しておこう。

インターネット百科事典《ウィキペディア》の英語版には次のような大雑把なプロファイルが載っている。

――シュリマン・ナラヤン（一九一二～七四年）はグジャラート州前知事（任期一九六七～七三年）。マハートマー・ガンディーを生涯支えた人物。独立後のインド連邦議会の衆議院《ローク・サブハー》の初代議員。経済学者・教育家として華々しい活躍をし、その後、教育研修旅行を実施して、ハワイ、中国、日本、米国、英国、ベルギー、フランス、スイス、ドイツ、オーストリア、チェコスロヴァキア、イタリア、ギリシャ、トルコ、パキスタンを歴訪。第二次世界大戦中の一九四二年には、反英闘争「インドから出ていけ！（Quit India）」運動を闘っている際に逮捕され十八ヵ月も獄中生活を送った。ガンジー経済思想の精神を受け継ぎ、一九四四年に『ガンジー流のインド経済発展計画』を発表した。この計画では、農業に重点が置かれた。工業化については、重厚長大産業の主導的役割を支持する〝国家計画委員会（NPC）〟や〝ボンベイ計画《プラン》〟とは異なり、あくまでも家内工業や村落工業の振興を経済発展の基盤に据えていた。彼は〝分散型の経済構造〟と〝自己完結型の村〟を支持した。さらに文筆家として、一九三三年執筆の『生命の泉』や、『ロティ・カ・ラグ』など、詩やエッセイの本も出版している。

インド連邦議会の衆議院《ローク・サブハー》の議員紹介のウェブページには、もっと詳しい経歴が載っている。

――シュリ・シュリマン・ナラヤン・ダラム・ナラヤン・アガルワル（Shri Shriman Narayan Dharam Narayan Agarwal）はマディヤプラデーシュ州ワルダー市選出の国民会議派の国会議員で、初代の衆議院議員を一期務めた。

一九一二年六月十五日に、バブ・ダラム・ナラヤン・アガルワルの子として、ウッタル・プラデーシュ州エタワに生まれ、マインプリのA・P・ミッション高校を卒業後、アグラ・カレッジを経て、アグラ市内のアラハバード大学に進学。一九三七年七月十一日にはシュリマティ・マダルサ・デヴィ・アガルワル（Srimati Madalsa Devi Agarwal）と結婚した。英語学と経済学の修士号を持つ。

ワルダー市に一九四〇年七月に開学したセクサリア商科大学（Seksaria College of Commerce）の初代学長を務めた。〔同大学は、現在は《ゴビンドラム・セクサリア商科経済大学》（The

Govindram Seksaria College of Commerce and Economics、略称ＧＳＣＣＥ）として知られる名門大学である。同大学のウェブサイト（https://gsccwardha.ac.in）を参考に、その沿革を記せば次のようになる。――《ゴビンドラム・セクサリア商科大学》は、大聖《マハートマー》ガンディーの最大支援者であり《修学連盟（Shiksha Mandal）》の創設者でもある産業家ジャムナラール・バジャージ氏〔生一八八九〜没一九四二年〕の発案により一九四〇年七月十四日にワルダー市で開学した。インドで最初の「商業大学」となったこの大学は、マハーラシュトラ州ナグプール市に一九二三年に創設された〝インド最古の国立大学〟の一つである《ラッシュトラサント・タカドジ・マハラジ・ナーグプル総合大学（RTM Nagpur University）》の〝分校〟として誕生した。創立以来、国家的な大局を見据えた思考力を鍛《きた》える教育機関として、「国父」大聖ガンディーやその他の偉大な国家指導者たちの祝福と指導を受けた唯一の教育機関として位置づけられている。ガンディー思想の伝道者として知られる故シュリマン・ナラヤンが初代学長を務めた。一九四二年のインド解放闘争には講師陣や学生たちが自発的に参加し、献身的な貢献をした。本学では、商学教育とともに、より高度な経営科学教育を提供している。本学は充実した図書館施設、広い運動場、優秀な教師陣、優れた教材により、国内および国際レベルで活躍する優秀な学生を輩出している。〕

ハワイ、中国、日本、米国、英国、ベルギー、フランス、スイス、ドイツ、オーストリア、チェコスロヴァキア、イタリア、ギリシャ、トルコ、パキスタンを訪問し、教育ツアーを実施した。（この世界諸国歴訪は、一九四九年に行なったと推測される。）

第二次世界大戦さなかの一九四二年に反英「インドから出て行け！」運動を闘っていた際に植民地政府に逮捕され、十八か月間も獄中に拘禁された。

教育分野を中心に、ガンディーが創始したさまざまな教育運動組織や、インド国民会議派の青年団体などの幹部として、活躍した。たとえば次のような役職である――全インド教育会議大学部会幹事、全インド教育会議連盟執行委員会委員、インド青年会議（＝インド国民会議の青年部組織）実務委員会委員、ワルダー市のインド全人民向上委員会（Sarvodaya Samaj）外務部長官、ワルダー市の婦人福祉連盟（Mahila Seva Mandal）副会長、マハラシュトラ州セヴァグラムの全インド・ヒンドゥスターニ教育連盟（All India Hindustani Talimi Sangh）の会計担当および執行委員会委員、ワルダー市の全インド・ヒンドスタン・ヒンドゥスターニ語普及協会（All India Hindustani Prachar Sabha）の評議員および執行委員会メンバー、ヒンドゥスターン語速記・タイプライティング委員会委員、一九四六年から四八年までニューデリーの全インドラジオ放送のヒンドゥスターン諮問委員会メンバー。

インド独立後は、一九四七年にマディヤ・プラデーシュ州政府のビディ労働関係調整委員会委員長、一九四八〜四九年にインド制憲議会議員、一九四八年以降インド政府の全インド技術研究・経営管理委員会委員、一九五一年以降はマディヤ・プラデーシュ州計画委員会委員、一九五一〜五二年に同州政府教育再建委員会委員、五一年以降、ニューデリーのインド政府計画委員会社会福祉委員会委員、一九五二年十月からインド国民会議派党大会の書記長を務めた。

また一九五一年以降は、ナグプール大学商学部学部長を務め、同大学の学術評議会委員や、さらに同大学およびベナレス大学、マイソール大学、ウツカル大学の商学研究委員会メンバーとしても活躍した。

一九六七年十二月から七三年三月までグジャラート州知事を務め、翌年に逝去した。

主な著作として、一九四四年に『ガンディー流の経済発展計画（*Gandhian Plan of Economic Development for India*）』、四五年に本書の原著である『ガンディー流の自由インド憲法』（*Gandhian Constitution for Free India*）、四八年に『あらためてガンジー流計画の正しさを確認する（*Gandhian Plan Reaffirmed*）』のガンディー思想三部作ともいうべきシリーズを著したが、このほかに、一九三三年に英詩集『生命の泉（*Fountain of Life*）』、三七年に『インド人の眼で見たイギリス（*England Through Indian Eyes*）』、四二年に『教え諭すためのメディア（*Medium of Instruction*）』、四五年に『学生のための建設的なプログラム（*Constructive Programme for Students*）』、四九年に同年に著者が行なった世界歴訪の記録である『二つの世界（*The Two Worlds*）』、五〇年に『活躍する母国語メディア（*Mother Tongue Medium at Work*）』など、初期には英国留学の感化を受けた詩集や見聞録、その後は教育者としての仕事をまとめた本を多数著《あらわ》した。

ガンディーはインドとパキスタンの〝分離独立〟を認めず、あくまでもヒンドゥー教徒とイスラム教徒が仲良く暮らす〝統一インド〟実現のために命を捧げた。統一インドの〝共通語〟にするために、北部で使われてきたヒンドゥー語の全インドに普及すべく尽力したが、シュリマン・ナラヤン氏もガンディーの夢の実現を全力で支えた。彼は生涯を通じて普及に努めたヒンディー語で、いくつかの詩集を出している――『ロティ・カ・ラグ（*Roti ka Rag*）』、『シェガオン・カ・サント～マナヴァ（*Shegaon ka Sant; Manava*）』、『アマル・アーシャ（*Amar Asha*）』。またヒンドゥー語による軽妙なエッセイ集『ジュグノー（*Jugnoo*）』も著した。

この国会議員プロファイル記事の末尾には、定住所として「マディヤープラデッシュ州ワルダー市内の〝心の里（Jiwan Kutir）〟」と記されているが、これは誤りで、正しくは「マハーラーシュトラ州ワルダー市内の〝心の里（Jiwan Kutir）〟」であろう。ワルダー市は一九三四～三六年にガンディーによる農村復興運動の拠点となり、その後も全インド農村工業組合の本部が置かれており、一九八四年には有機農業を振興するためのインド初の会議が開催された町で、ガンディーの活動と深い関わりを持ってきた。ワルダー市から八キロ離れた場所に、一九三六年にガンディーの〝世直し活動〟の実験村落である《奉仕の村《セヴァグラム》》が建設され、ガンディーは〝暗殺〟されるまでそこで過ごした。シュリマン・ナラヤン氏が本書（原著）を執筆していた一九四五年に、彼の自宅をガンディーが訪れたときの写真が残っているが、その写真の〝説明書き《キャプション》〟には「マハーラーシュトラ州ナーグプル近郊のワルダー市内〝心の里〟」という住所が記載されている。

1945年、マハーラーシュトラ州ナーグプル近郊のワルダー市内〝心の里〟にあるシュリマン・ナラヤン氏の自宅を訪れた大聖ガンディー氏。
（右がガンディー氏で、左がシュリマン・ナラヤン氏）

インドは大きな国である。いや、ひとつの国家として統合し続けるには、大きすぎる国家だとさえ言えるだろう。これはインドに限った話ではない。米国も、中華人民共和国も、ロシアも、一個の国家として存続可能な規模を超えている。

インドは大きな国であり、文明発祥の地でもあり、異なる民族同士が衝突と共生を繰り返してきた亜大陸でもある。二〇世紀になってからの反英独立運動だけを見ても、宗主国イギリスの執拗《しつよう》かつ姑息《こそく》な植民地政策との丁々発止《ちょうちょうはっし》のやりとりのなかで、様々な形態を取りながら独立運動が展開してきたわけだから、それを理解するのは容易ではない。

ガンディー流の憲法構想を理解するには、インドの歴史や地理的事情とか、カースト制度のような社会事情とか、イギリスによる植民政策とそれに対する闘いの歴史を知る必要がある。この翻訳版の理解の助けとなるよう、本書では、本文中に〔　〕（亀甲括弧）で訳注を添え、さらに本文で言及されている人物についても、その経歴などを【人名訳注】として本書の末尾に記載した。

本書の理解に資する参考文献として、次に掲げる書籍を特にお勧めしたい。

・『ガンジーの危険な憲法案』（C・ダグラス・ラミス著、集英社新書、二〇〇九年）

・『真の独立への道（ヒンド・スワラージ）』（一九一〇年にM・K・ガーンディー著、田中敏雄訳、岩波文庫、二〇〇一年）

・『ガンディーと使徒たち：「偉大なる魂」の神話と真実』（一九七六年にヴェド・メータ著、植村昌夫訳、新評論、二〇〇四年）

ガンディーが指導する「非暴力」の対英「不服従」闘争は、宗教宗派や社会階層を超えてインド人民の心をひとつにまとめ、全国民的な粘り強い大衆闘争を組織することに成功し、インドへの搾取と寄生で「世界帝国」を成り立たせていた英国はついに根負けし、数世紀来の宿願だった「独立」を勝ち取った。その意味でガンディーは文字どおり「天才的な戦略家」だったわけだが、しかしその「戦略」は、冷徹な現状認識と、奥深い思索をつうじて自《みづか》ら築いた力動的《ダイナミック》な思想の、〝現実場面への応用〟だったのである。

インドは対英独立を勝ち取ったものの、ヒンドゥー主義者もムスリムも、人の上に立つ身分の連中はガンディーを〝使い捨てて〟、彼の国家建設プログラムを闇に葬った。ガンディーを暗殺したのが、ムスリムではなく、ヒンディー主義者だったのは、絶望的な皮肉である。ガンディー亡きあとのヒンディー主義者は、宗主イギリスの〝母胎〟から〝双子〟として生まれたが最初から宿敵であるパキスタンと、終わりなき対立と憎悪を今も続けている。ガンディーを切り捨てた国民会議派は、その後は腐り果てて国民に見捨てられたが、国民会議派に代わって政権を握ったのは、ガンディー暗殺勢力とも通じた過激なヒンドゥー主義政党である。〝ガンディーの危険な平和憲法案〟は、原理的な絶対平和で国家を守るための実践的なプログラムであるが、これを黙殺してガンディーを裏切り、「強力な軍事力を誇る〝ふつうの国〟」への道を選んだ国民会議派の連中は、結局「大仏《ほとけ》造って魂入れず」を地で行ったわけである。

インドは今や、核武装を誇りながら、やはり核武装を誇って隣接する宿敵パキスタンと睨《にら》み合いを続けており、この構図が解放されぬかぎり、未来には絶望しか残されていない。インドもパキスタンも、新興国として経済的には急成長したけれども、「貧困世界都市《ポア・ワールド・シティー》」などと不名誉な呼称がついた人口一千万超えの巨大都市が、経済格差を拡げながら不気味な人口膨張をとめどなく続けている。こうした現状をみると、独立インドがガンディーを切り捨てて選んだ「強い軍隊と重工業で武装した偉大な民族国家」という路線は、結局のところ〝持続不能な滅びへの道〟だったのではないか、と思わずにはいられない。ガンディーの憲法案は、やはり決定的に重要な国家思想と、実践的な国家建設プログラムだったのである。

当世では「持続可能な開発目標（ＳＤＧｓ）」というキャッチフレーズが世を賑《にぎ》わしているが、我々が〝持続可能な社会と国家〟を持ちたいと思うなら、ガンディーの憲法案から学ぶべきことは多い。米国とソ連という二つの超大国が、世界を二つの〝陣営〟に分けて支配していた二〇世紀の半ばには、インドも中華人民共和国も「第三の極」として独自の超大国を夢想せざるを得ない状況だったわけだが、大きすぎる〝核国家〟がウラニウムのように〝核の自己崩壊〟を起こして自壊してしまうことを、すでに我々は「ソ連の崩壊」や「米国の内部分裂」という形で目撃している。ガンディーの憲法案は、気ぜわしい現代社会から目をそむけて〝心安らかな昔の農村社会〟に想いを寄せる現実回避ではない。むしろ〝無限の発展〟という妄想にとりつかれたまま突っ走ってきた近代主義の〝行き詰まり〟を突破して、持続可能・生存可能な現実を取り戻すための、未来志向の実践プログラムである。

インドが対英独立闘争を成就させて「新生インド」に生まれ変わった一九四七年に、日本も新憲法を施行して「大日本帝国」が滅び去り、新生「日本国」に生まれ変わった。ところが、この新憲法（日本国憲法）を施行したそばから、「大日本帝国」時代の立憲君主体制下で特殊権益を享受していた旧勢力が、〝憲法改正〟を叫び始めた。アジア太平洋戦争の惨害を体験した世代が寿命を終えて消え去りつつあるなか、戦争の記憶どころか、戦争の悲惨に対する想像力すら持たない連中が、戦争と軍隊の放棄を宣言した「日本国憲法」を、いま葬り去ろうとしている。改憲運動の牙城であった自由民主党は、「日本国憲法」を切り捨てて、立憲君主制の旧憲法（大日本帝国憲法）に似た旧態に作り直す魂胆でいる。しかし、もし「憲法改正」を求めるのなら、ガンディー憲法のような絶対平和憲法に作り直す、という選択肢もあるのだ。むしろ日本が〝持続可能な未来志向の国〟をめざすなら、ガンディー流の憲法に切り替えるのが賢明であろう。

本書の重要性をいちはやく見抜き、励ましと寛容と忍耐で、訳者を支えてくださった、論創社の森下紀夫社長と、編集を担当していただいた同社の小田嶋源さんに、心からの感謝を申し上げます。

二〇二二年三月一日。

日本が中華民国を襲って傀儡《かいらい》「満州国」の樹立を宣言したきっかり九十年後に、ロシアのウクライナ侵攻の惨状を見ているわれわれ人類の愚かさを悲しみつつ……。

訳者・佐藤雅彦

【人名訳注】

《第1章》

★1　ウィルキー　米国の電力会社の社長で民主党員だったが、ニューディール政策で登場したテネシー渓谷総合開発のような大規模公共事業に反対して、連邦政府と争い、一九四〇年に『フォーチュン』誌に「われら人民」なる一文を寄稿したことで国民的人気を得て、同年いきなり共和党大統領候補に指名され、大統領選では民主党候補F・ルーズヴェルトに破れたが善戦。第二次大戦当時は早くから連合国援助を主張し大統領特使として英国・中東・ソ連・中国などを歴訪して味方陣営の結束強化に貢献し、一九四三年の著作『一つの世界（*One World*）』で来るべき戦後の国際協力を唱えた。

★2　ベザント博士　英国で生まれ育ち、二十六歳で夫と別居後、社会問題・労働問題の研究・普及活動から神智学運動に関心を持ち、神智学協会に参加してからインドに渡り、現地で同協会を指導するなかで民族解放運動に関わりはじめ、インド国民会議派の組織的統一や婦人参政権の獲得に尽力し続けたのちに、一九一七年に国民会議派の大会議長に選ばれて、その後は自ら「母国」と呼んだインドで没した。

《第2章》

★1　アリストテレース　古代ギリシアの哲学者で、ソークラテースの孫弟子、プラトーンの弟子としてあらゆる学問について体系的な記述を行ない壮大な学問大系を構築し、「万学の祖」と呼ばれているが、彼の著作『政治学』（正確には『ポリス〔＝都市国家〕に関する諸知見《タ・ポリーティカー》』では、国家の正しい目的は「国民共通の利益」なのであり「支配者のみの利益」は誤りであると論じ、この社会倫理的な大前提に基づいて政体を、正しい国家目的に即した「王制（バシレイア）」「貴族制（アリストクラティア）」「共和制（立憲民主制）あるいは〃市民の資産に応じた政治参加制度《ディモクラティア》〃（名誉政治／制限民主制）としての国制（ポリテイア）」と、その三種類の堕落形態としての「僭主《せんしゅ》制（テュランニス）」「寡頭《かとう》制（オリガルキア）」「民主制（デモクラティア）」に分類した。

★2　ホッブズ　英国に生まれ育ち、オックスフォード大学卒業後に欧州大陸の新興学問の中心地だったフランスやイタリアに遊学し、諸学を吸収するなかでイギリスの「経験論」と大陸の「機械論的自然主義」と「唯物論」の総合をやり遂げ、その結果、哲学を旧来の神学の縛りから解放し、思弁的な形而上学を排して近代の哲学や政治思想の基礎づけを行なった哲学者・政治思想家である。

★3　ロック　トマス・ホッブズよりも半世紀のちに英国に生まれ育ちオックスフォード大学で医学と哲学を学び、亡命先のオランダで世俗的・経験主義的な生活哲学に感化され、人間の悟性は神から授かった先験的・超越的なものではなく、人は〃白紙〃の状態で生まれその後の生活経験によって知性を獲得し発展させて行くのだという経験主義的な認知論を提唱。同様の発想で、社会哲学についても、当時支配的だった「王権神授説」を否定して「国家は主権者たる人民が社会的契約を交わすことで成立する」という「社会契約説」を唱え、近代民主主義の政治原理の確立者とされている哲学者・

政治思想家である。

★4　ルソー　スイスのジュネーヴに生まれ、青年時代にフランスやイタリアを放浪し、一八世紀半ばのルイ王朝絶対王制の爛熟《らんじゅく》期のパリで百科全書派の知識人たちとの交友を広めながら退廃的・反自然的な都市文化や教育や経済的不平等や身分制度などを根底から批判する著作を次々と世に出し、都市部の大衆が漫然と受け入れていた伝統的な社会観をひっくり返して、フランス革命の思想的根拠を作り出した啓蒙思想家で、小説家でもある。

★5　ヘーゲル　フランス革命直後の混乱きわまる欧州で、ドイツに生まれ育ちチュービンゲン大学で哲学と神学を学び、その後はイエナ大学講師、ハイデルベルク大学教授、ベルリン大学教授を歴任して生涯をアカデミズムの講壇で過ごした哲学者であり、「世界は、唯一にして絶対的な理性である〝絶対精神〟という神のごとき存在が自ら生みだした矛盾を自ら超克して弁証法的に自己発展していく永久に動的な変動流転の一大過程なのだ」という観念論的・弁証法的な世界観と思考の流儀を提唱し、〝ドイツ観念論の大成者〟としての名声を確立し、「国家」もまた「絶対精神」の自己運動による生成物である以上、国家権力の強大化は歴史の必然だと見なしたが、のちにこの反人民的な国家主義思想が〝階級闘争による社会と歴史の動的発展と最終的な国家権力統治の消滅〟を、観念論ではなく唯物論にもとづく弁証法的思考によって導き出したカール・マルクスによって批判されることにもなった。

★6　ベンサム　ドイツでヘーゲルが活躍したのとほぼ同時期に、欧州大陸から海峡を隔てた島国のイギリスで活躍した法学者・倫理学者・経済学者で、オックスフォード大学で法律制度や思想を研究したのち、一七七六年（アメリカ合衆国独立の年）に匿名で最初の著作『政府論断片』を世に問い、「善き政府か、悪しき政府か、は最大多数の人民が最大級の幸福を享受できているか否かを基準に据えて考えるべきだ」と唱えて、功利主義の社会哲学の基礎を築いた。

★7　スペンサー　一九世紀後半にイギリスで活躍した哲学者で。学校教育のあり方に疑問を抱き、独学で身を立て民間の学者として生涯を通したが、認識論の立場としては〝不可知論〟、世界観として〝進化論〟の立場で、「総合哲学」という知の一大体系を構想し、独自の社会学として〝社会有機体説〟を土台とした『社会静学（*Social Statics*）』を提唱し、日本ではこれが明治時代の初期に『権理問答』（尾崎行雄訳）や『社会平等論』（松島剛訳）として邦訳紹介されたことで自由民権思想として受容された。

★8　ミル　そのスペンサーとほぼ同時期に活躍した、やはりイギリスの哲学者・社会思想家・経済学者で、英国の伝統的な経験主義哲学の立場から〝帰納法〟の思考法を体系化し、実証主義的な社会科学理論の確立に努めると共に、自由主義経済学の近代最後の擁護役を担い、哲学・政治学・経済学・宗教学・社会思想・女性解放思想など、広範な分野に重大な感化を及ぼした。

★9　マルクス　英国のスペンサーやミルとほぼ同時期にドイツで生まれ育ち、若き革命思想家として盟友フリードリヒ・エンゲルス（一八二〇〜九五年）と共に〝ヘーゲル左派〟を批判し、一八四八年に彼との共著『共産党宣言』を世に出して史的唯物論を確立し、同年三月に中欧各地で、その半世紀前に起きたフランス革命の〝普及版〟というべき民主主義を求める市民革命が勃発し、ケルンでは『新ライン新聞』を発行して急進民主主義を唱えたが、この〝三月革命〟の失敗によりロンドンに亡命して『資本論』（一八六七～九四年刊行）を執筆し、一八六四年には世界最初の国際的な労働者の連帯組織である〝国際労働者協会〟（＝第一インターナショナル）の創立に関わり、その指導役を担った哲学者・経済学者であり、科学的社会主義の創始者となった。

★10 ラスキ教授 イギリスの政治学者・文明批評家でフェビアン協会員でもあり、マルクス主義の影響を受け、社会主義と個人的自由が調和した新たな社会の実現を求めて本書刊行時の一九四六年には英国労働党の中央執行委員を務めたが、ソ連のような〝プロレタリア独裁体制〟には批判的だった。

★11 カレルギー伯爵 日本人の母と、オーストリア人の父のもとで、日本に生まれ育ち、ウィーン大学で哲学を学んだのち、一九二三年に欧州《ヨーロッパ》統合運動を提唱、一九二六年には汎欧州《ヨーロッパ》統合連盟（パン・ヨーロピアン・ユニオン）を組織して総裁を務め、一九三八年にナチスの手からフランスに逃れて一九四〇年に米国へ亡命、戦後の四六年に帰欧して四七年に欧州《ヨーロッパ》議員連盟を結成し、現在の欧州連合（ＥＵ）に至る欧州統合への土台を築いた汎ヨーロッパ統合運動の立役者である。

★12 トーニー教授 大英インド帝国で生まれ育ったイギリスの経済史家・社会思想家で、キリスト教的な社会主義の立場から青年時代にフェビアン協会および英国労働党に加わり、労働問題の究明と労働者教育に力を尽くし、一九三一～四九年のロンドン大学経済史教授の時期にはテューダー王朝期の農業土地問題、とりわけ「囲い込み運動」を中心とした経済史研究を通じて、資本主義社会を社会科学者の立場から批判し続けた。

★13　ガーディナー　英国のジャーナリストで「北斗七星の主星《アルファ・オヴ・ザ・プラウ》」というペンネームでユーモアあふれる随想《エッセイ》も書いたが、ロンドン『デイリーニューズ』紙の主筆時代には同紙をリベラル言論の牙城に育てて購読者数を爆発的に増やすとともに、〝搾取労働反対国民連盟（National Anti-Sweating League）〟の指導者として、リチャード・トーニー教授らと共に搾取労働の撲滅と最低賃金制度の確立をめざす闘いを展開した。

★14　カント　ドイツのケーニヒスベルクに生まれ育ち、ケーニヒスベルク大学教授となり、この地に没した近世ドイツの哲学者で、認識論については従来の〝経験主義〟と〝（先験的）合理主義〟の総合をめざして哲学的認識の成立条件の限界を見きわめて、伝統的な〝形而上学〟のあり方を批判し、さらにまた道徳哲学の分野では、個人の良心の自立のうえに道徳原理が基礎づけられるのだと考え、さらにその上部構造として宗教も成立するのだと考えた。

★15　ヒトラー　独裁政治によって世界大戦を引き起こしドイツを滅亡の淵に追い込んだ政治家であるが、そもそもオーストリアに生まれ育ち、第一次世界大戦に従軍して負傷し、敗戦直後のドイツすなわち「ワイマール共和国」で陸軍のスパイとして「ドイツ労働者党」に入党し。ほどなく「国民社会主義ドイツ労働者党（略称ＮＳＤＡＰ、通称Ｎａｚｉｓ《ナチス》）」に改名した同党の党首となり、ミュンヘン一揆に失敗して投獄されたが獄中で『わが闘争』を書き上げて政治的名声獲得の足がかりを掴《つか》み、一九二九年世界大恐慌を発端とする三〇年代初頭の社会不安のなかでポピュリスト政治家として大衆人気を増長させるのに成功し、一九三三年の総選挙でのナチス党の政権獲得に伴い首相に就任し、国名も通称「ワイマール共和国」を廃して「第三帝国」（通称「ナチスドイツ」、一九三三～四五年）と公式に改め、翌年には「国家緊急事態」宣言を発し社会的混乱に便乗して自ら「（国家）総統《フューラー》」と称してファシズム独裁を完成させ、近隣諸国への軍事侵略を重ねて、「国家生存圏《レーベンスラウム》」すなわち帝国領土の拡張に励んだが、一九三九年九月のポーランド侵攻をきっかけに、ドイツ第三帝国・イタリア王国・大日本帝国の〝三国同盟〟を中心とした反共〝枢軸《アクシス・パワーズ》〟諸国と、その侵略に抗してファシズム体制の打倒を盟約した（英国・米国・ソ連および中華民国を結集軸と成す）反ファシズム〝連合《ユナイテッド・ネイションズ》〟諸国とが交戦する第二次世界大戦へと発展したが、一九四四年六月に連合国軍がノルマンディー上陸作戦を決行して欧州大陸に西側からの〝第二戦線〟が開かれてドイツが東西両側から挟撃されて敗走に転じ、翌四五年四月末、陥落直前の帝都ベルリンの官邸地下壕で妻エヴァ・ブラウンと心中し、その数日後にドイツは連合国に降伏して「第三帝国」滅亡をもたらした。

★16　ムッソリーニ　イタリアの独裁政治家で、師範学校卒業後に二〇代半ばで社会党に加わり、その翌年に小学校教師となるが、十年あまり後の一九一二年には社会党機関誌『アヴァンティ！（＝前進！）』の編集長として活躍し、当初は反戦を唱えていたが一九一四年に第一次世界大戦が勃発するや戦争支持へと転向して党から除名され、この大戦に従軍して負傷したが終戦直後の一九一九年に復員軍人などを集めて右翼行動団体「戦闘ファッシ（＝戦いの斧束《ファッシ》／戦闘者団）」を創立して武装私兵集団「黒シャツ隊」を組織し、社会主義運動への武装襲撃を繰り返すなかで、一九二一年には国会議員に当選し、同年には「戦闘ファッシ」を「国家ファシスト党」に改組して党首に就き、翌二二年にはファシストの全国デモ行動「ローマ進軍」を実施して大衆人気を獲得し、自身も首相就任を皮切りに種々の主要な大臣職ばかりか陸海空の三軍の省や、さらに一九二五年以降は立法司法の両権も掌握して専制独裁体制を確立し、ドイツで同じく独裁を目指していたヒトラーに多大なる感化を与えつつ、イタリア王国の全体主義国家化を完成させるや一九三五年にはエチオピアに軍事侵攻、三六〜三九年にはスペイン内乱に干渉してフランコ将軍の右翼独裁体制の確立を助けるなど、自国領土の拡張のみならずファシズム体制の国際的増長を推し進め、一九三九年にナチスドイツと軍事同盟を結んで翌年に英仏に宣戦したが、各地で敗退を重ね、一九四三年に失脚して逮捕監禁され、ほどなくドイツ軍に救出されてナチスドイツの傀儡《かいらい》政権を組織したものの、四五年四月末にパルチザンによって愛人クララ・ペタッチとともに逮捕され、即時裁判ののちに銃殺処刑されて死体が愛人と並んで街辻《まちつじ》に逆さ吊りされるに至った。

★17　ジョード先生　英国の哲学者で、一九世紀の自然科学の劇的な発展に伴い、世界は人間の主観的認識と関わりなく厳然と客観的に実在している、という理論的前提に立ってそれを正しく「経験」するための哲学的方法論を模索すべく、二〇世紀初頭の経験主義哲学の牙城である英米の哲学者が唱え出した「新実在論」の担い手の一人であった。

★18　リンカーン　米国の第十六代大統領（在任一八六一〜六五年）で、ケンタッキー州に農民の子として生まれ、各地で職を転々としながら独学で法律を学んで弁護士になり、ホイッグ党イリノイ州議員や連邦下院議員を務めて一度は引退したが、（カンザスとネブラスカを準州にするときに奴隷制度を合法化するか禁止するかは地元の住民投票で決定できるとし、合衆国内での奴隷制拡大の懸念を呼び起こした）「カンザス・ネブラスカ法案」の成立に憤慨して政界復帰を決意し、奴隷制に反対する〝共和党〟の結成に参加、その後は同法案の提案者S・ダグラス議員を打倒すべく対立候補として連邦上院議員選に立ち、選挙戦でダグラス候補と交えた公開討論で全米に名を轟《とどろ》かせて一八六〇年大統領選の共和党候補に指名されて当選したが、大統領就任早々に〝南北戦争〟が始まり、当初は戦況不利だった北軍の反撃が進むなかで六三年元旦に「奴隷解放宣言」を発布、六四年大統領選で再選され、六五年四月九日に南軍のリー将軍の降伏で戦勝したが、同月十四日に観劇のさなか南部人の俳優J・ブースに銃撃され、翌朝死亡した。

★19　**ルーズヴェルト夫人**　米国第三十二代大統領フランクリン・ルーズヴェルト（民主党）の夫人で、第二十六代大統領テオドア・ルーズヴェルト（共和党）の姪《めい》として生まれたが両親の死後は英国の祖母のもとで育ち、一九〇五年にフランクリンと結婚、一九二一年以降は小児麻痺《ポリオ》で闘病生活に入った夫を支え、三三年に夫の大統領就任に伴いファーストレディとして多方面で活躍し、四五年の夫の死後は後任トルーマン大統領の指名を受けて国際連合の米国代表となり、国連人権委員会の委員長として「世界人権宣言」の起草を行なった。

★20　**トクヴィル**　フランスの歴史家・政治家で、下院議員・一八四八年憲法制定議会の議員・外務大臣を歴任する一方、アカデミーフランセーズの会員として人類社会の成長は必然的に民主主義の発展に向かうと明察し、独立直後の米国を詳細に視察して大著『アメリカにおける民主主義』を世に出した。

★21 レッキー　アイルランドの歴史家・政治家で、ダブリンのトリニティーカレッジで学び、アイルランドやイギリスや欧州の宗教と道徳、および科学や合理主義の発達史を中世から辿り直す大系的な歴史研究を進め、一八九五年にダブリン大学から（英国で一八八六年に「アイルランド自治法案」に反対してイギリス自由党から分裂して生まれた政党である）〝自由統一派〟の下院議員に選ばれるとアイルランド植民統治改革を主張したものの、「自治法案」には反対し、英国によるアイルランド植民統治の維持を求め続けた。

★22 ビスマルク　ドイツ第一帝国（九六二～一八〇六年に存在した「神聖ローマ帝国」）を継ぐ〝国体〟として成立した「ドイツ第二帝国」（一八七一～一九一八年）を築き上げたドイツの政治家で、ユンカー（＝大土地領有貴族）階級に生まれ、ゲッティンゲン大学とベルリン大学で法律を学んだ後、プロシアの官吏になったが仕事に打ち込めずに自己都合で短時間のうちに任地を転々と変え、あげくに一年ばかり兵役に就《つ》いてから実家に戻って兄と共に家業の農場経営を継いだが、友人の伝手《つて》で地主貴族の信抑サークルに加入してそこで国王の近臣の知遇を得て、自由主義の阻止をめざす保守派政治運動に関わり始めた。一八四七年にはプロシア連合州議会議員になって絶対主義王政と反動反革命の扇動者として活躍し、翌四八年には〝三月革命〟の潰《つぶ》し役として名声を広め、フランクフルト議会（＝ドイツ連邦議会）のプロシア代表、駐ロシア大使、駐フランス大使を歴任したのち一八六二年にプロシア首相に就き、軍拡問題で議会に対立すると「ドイツ問題は鉄と血によって解決される」という〝鉄血演説《てっけつえんぜつ》〟を行ない議会を説伏《せっぷく》、一八七〇～七一年の普仏（＝プロシア対フランス）戦争を指導して勝利を収め〝ドイツ民族〟の長年の念願だった〝ドイツ統一〟を成し遂げて、一八七一年三月に〝ドイツ第二帝国〟初代宰相になり、帝国宰相時代には〝飴《あめ》と鞭《むち》〟で政敵たちを押さえ込む政治手法を駆使して「社会主義者鎮圧法」を制定する一方で、社会保険制度などの〝社会福祉〟政策も推し進め、内外に〝政敵〟をデッチ上げて国民大衆の危機感を煽《あお》る策略を多用して、その都度に政治的危機を乗り越えたものの、「社会主義者鎮圧法」の更新をめぐって皇帝ヴィルヘルム二世と対立し、一八九〇年三月に宰相を辞任した。

★23　ニーチェ　ドイツの哲学者で、二十代半ばにバーゼル大学古典文献学教授に就任したが、その翌年に普仏戦争が勃発するや志願従軍し、「ドイツ第二帝国」誕生後の一八七九年に健康不良のため教授職を辞任、それ以降は著述に専念するも八九年に精神病が悪化し十年余りの絶望的な〝療養生活〟ののち脳卒中と脳炎で病死したが、その文明批評は芸術活動の哲学的考察から出発して、（ギリシャ神話の〝豊饒と酒の神〟である）「ディオニソス的（な動的・激情的・陶酔的・狂熱的）精神」による文化創造を唱えたものの、やがて世紀末ヨーロッパ文明を激烈に非難するに至り、近代西洋社会の価値観の根源であるキリスト教や民主主義を〝弱者の奴隷道徳〟と見なして批判し、その対極にある君主専制統治を〝強者の自立的道徳〟の発現であると賞讃して、絶対君主を「超人」と呼んで理想化し、ナチスドイツによる独裁政治の実現への哲学的土台を用意する結果となった。

★24　ヴォルテール　フランスの作家・啓蒙思想家で、上流ブルジョワ階級の出身だが青年時代に自由思想家と接して啓蒙主義にめざめ、風刺詩を書いてバスティーユ監獄に収監されたが、十一カ月の監獄に韻文悲劇の処女作『オイディプス』が王立フランス劇場《コメディー・フランセーズ》が初公演されて大成功し、それで一気に〝裕福な有名作家〟になったが、その成功を妬んだ名門貴族の企みで不当逮捕され再びバスティーユに収監された。世論の支持を受けてすぐに釈放され、はじめてのイギリス渡航をはたす。一七二〇年代の英国滞在で習得したイギリス経験論の哲学思想を祖国に持ち帰り〝ルイ王朝の絶対王政〟における専制独裁とカトリック教権支配への公然たる批判を開始し、〝理神論〟の立場から蒙昧《もうまい》愚劣な狂信や偏見を激烈に非難し、カトリック教徒による新教徒への差別攻撃と闘い、〝百科全書派〟の知識人たちを支援して、フランス革命の精神的土台を用意することになった。

★25　ウェッブ女史　社会主義者でフェビアン主義の指導的理論家である夫のシドニー・ウェッブと共に〝ウェッブ夫妻〟として知られる英国の現代社会主義運動の基礎固めを行なった社会学者・経済学者・労働史家で、祖父が自由党の下院議員リチャード・ポッター、父が実業家という裕福な家に生まれ、幼少時から自学自習で育つなか、同じく学校教育を拒否して独学で一大学問体系を築いたハーバート・スペンサーの唯物論的な総合哲学と、協働組合運動に感化され、現地調査にもとづく実証的な社会科学の立場から社会問題の究明と解決策の模索に人生を捧げる道を選び、漸進的社会主義を唱える〝フェビアン協会〟の創設（一八八四年）、貧困調査や社会調査の先駆者チャールズ・ブースのもとでロンドンの労働者貧困調査に従事するなかで『産業民主制論』（*Industrial Democracy*, 一八九七年）を着想し、夫シドニーを理論的に先導する一方で、現実から遊離し〝学問のための学問〟になりつつあった経済学のあり方を科学方法論の視座から批判し、フランス共和政下の国立高等学院（グランド・ゼコール）に倣《なら》って〝ロンドン経済学院〟（London School of Economics: ロンドン大学経済政治学総合学部）の創設（一八九四〜九五年）に携わり、一九三八〜四一年にはフェビアン協会の会長も務めた。

★26　バーンズ先生　イギリスの無神論・世俗主義の指導的教育家で、西インド諸島の英領セントキッツ・ネイヴィスに植民地役人の子として生まれ、ケンブリッジ大学卒業後にローマで司祭教育を受けたが一九〇八年に教会から離脱して社会問題への研究に向かい、一九一八年から英国世俗主義倫理運動の拠点である〝サウスプレイス倫理学会（South Place Ethical Society）〟の常任講師を務め、ロンドン大学やロンドン経済学院やグラスゴー大学などの講師としても活躍した。

《第3章》

★1　ロード氏　英国で生まれ育ちオックスフォード大学ベイリャル学寮《カレッジ》で道徳哲学を学び、スコットランドのアバディーン大学で政治学講師を務めたのち、一九〇五年に南アフリカに新設されたローヅ・ユニヴァーシティ・カレッジの哲学・歴史学教授として道徳哲学に基礎づけられた理想的な政治統治のあり方を考究したが、晩年は現実世界のファシズムの登場により学究としての人生をかけたその思想的努力が虚しく崩れ去るのを見ながら病没した。

《第4章》

★1　ミューア　英国の歴史家で、キリスト教倫理に基づいて労働者階級の権利拡張を推進した二〇世紀初頭の英国の〝進歩的自由主義（リベラリズム）〟運動の代表的な活動家であり、自由党（リベラル・パーティー）の政治家として国内労働者支援と国際的相互依存の政策を振興して一九二〇～三〇年代のリベラル政治思想の発展に貢献した。

★2　クリップス卿　イギリスの政治家で、高名な社会主義者である叔母ビアトリス・ウェッブ女史の影響で早くから社会主義に関心を持ち一九三一年に労働党下院議員になったが第二次大戦勃発の三九年に〝挙国一致内閣〟を提唱して党から除名され、大戦中はソ連駐在大使、（「戦後になったらインド独立を認める」という交換条件を示しながらインドの参戦を求めたがインド側から拒絶されることになった）「クリップス訪印使節団」団長、航空機生産大臣などに就き、翌四六年に再び訪印使節団の団長としてインドに赴き（戦後インドを〝インド・パキスタン連邦〟政体にする提案を出したがムスリム連盟の強硬な反対に遭って説得は失敗）、その後も経済大臣や大蔵大臣を歴任して英国の戦後経済復興に身を捧げた。

★3　ベネシュ　政治家で、農民の息子として生まれ育ち青年時代はプラハ、パリ、ディジョンの各大学で学び、一九〇八年に法学博士、翌年にはプラハ商業専門学校の経済学教授、一九一三年にはチェコ大学教授となるが、オーストリア帝国からの祖国独立を主張したため翌年の第一次世界大戦勃発を機会に（一九一八年の祖国独立で初代大統領に就くことになる）トマーシュ・マサリクと共にスイスに亡命し、一九一六年にパリで〝チェコスロヴァキア民族議会〟を結成して書記長として独立運動に献身、一九一八年にチェコスロヴァキア共和国の独立が成就するや一八〜三五年に外務大臣、二一〜二二年には首相を兼任、三五年にマサリクの後継者として大統領になったが三八年にナチスドイツの恫喝に屈してズデーテン地方を割譲した責任をとって辞職し、米国に亡命して第二次大戦中はフランスと英国で反ナチス抵抗運動を組織し、四〇年には臨時政府の大統領に就き、対ソ連外交に努めて四三年に対ソ同盟条約を結び、四五年三月にソ連のスロヴァキア進駐に伴って帰国して再び大統領を務めたが、四八年のクーデタで「チェコのスターリン」こと共産党のクレメント・ゴットワルトが親ソ連政権を樹立すると大統領を辞任した。

★4　ブルツクス　バルト海に面する（現在はリトアニアの風光明媚な港町）パランガ市にユダヤ人琥珀《こはく》商の三男として生まれ（兄はロシア・シオニストとして有名なユーリ・ブルツクス）、幼児期にモスクワに転居しギムナジウムで初等中等教育を受けたが一八九一年のユダヤ人モスクワ追放で一家はワルシャワへの移住を余儀なくされ、彼の地で農業を学び、一八九九年に〝ユダヤ植民協会〟付きの農学者となり、ユダヤ人経済の調査のため欧州のユダヤ人入植地を巡回調査するうちに、〝ロシアのユダヤ人問題〟の根源が経済問題にあることに気づき、ロシアのユダヤ人の解放と平等的権利の獲得のために〝同化主義〟でなくイデッシュ語の権利を含む〝民族文化的自治〟を主張してユダヤ民族解放運動に奔走したが、一九一七年のロシア革命で〝ソ連〟が誕生した後も、ソ連政府が私有財産制を廃止して商業者の選挙権を剥奪した結果、ユダヤ人の大半が選挙権を失ったことに悲嘆して一九二二年には「ブルジョワ知識人」の烙印を押されてソ連から追放され、亡命先のベルリンで〝ロシア学術研究所〟教授となり、スターリン体制下の強制的農業集団化、富農絶滅政策、知識人弾圧などへの強靱な批判的論陣を張ったが、一九三五年にナチスによりベルリンから追われてパレスチナに赴き、晩年はヘブライ大学で農業経済学を教えつつ、共産主義よりもナチスの人種差別イデオロギーの危険性を訴えた。

★5　イーストマン　二〇世紀初頭のニューヨークでグリニッチヴィレッジの左翼文化運動を築き上げたことで知られる米国の作家・文学者・詩人・政治運動家であるが、ニューヨーク州の地方都市に会衆教会のの聖職者の息子として生まれ、コロンビア大学で哲学者ジョン・デューイに師事して哲学を学び、グリニッチヴィレッジに生活拠点を置き婦人参政権運動など数多の政治運動に参加、一九一一年に女性解放運動の闘士で女優で弁護士で作家のアイダ・ラウ（Ida Rauh）と結婚し、彼女に感化されて社会主義に傾倒し、離婚後に二年ほどのソ連滞在中、一九二四年にモスクワ生まれの画家でソ連からの亡命を求めていたエレーナ・クリレンコ（Elena Krylenko）と再婚したが、妻エリーナの苦闘を通じてスターリン独裁の恐怖政治の現実を見たことで、ソ連草創期への期待が幻滅へと転じ、生涯を通じてリベラリズムを信奉して（最初からベトナム反戦運動に参加するなど）平和主義の活動を続けたが、プラグマティズム（哲学的実用主義）の立場から共産主義に強く反対した。

★6　コウル教授　協同組合運動に長年取り組み、フェビアン協会員として〝自由意思尊重（リベルタリアン）社会主義〟の実際的発展に貢献した英国の経済学者・歴史家・政治思想家・小説家であるが、青年時にオックスフォード大学で学び在学中には同大学の〝社会主義連盟〟議長として活躍し、卒業後は第一次世界大戦に際して良心的兵役拒否運動を展開し、同志として闘ったマーガレット・ポストゲイト（一八九三〜一九八〇年、社会主義理論家・推理小説家・詩人で、やはり後年に社会主義者・推理小説家・料理探訪家として活躍した弟のレイモンド・ポストゲイト［一八九六〜一九七一年］の兵役拒否闘争を支援し、ジョージ・コウルとの結婚後は夫婦でフェビアン協会員・教育者として活躍した）と結婚、また戦時下には合同機械工組合（ＡＳＥ）の無休研究員として戦時立法に抗する労組の闘い方を指南しつつ、組合社会主義の理論構築を進め、オックスフォード大学で教えながら労働党マクドナルド政権の国家経済会議にトーニー教授、メイナード・ケインズらと共に参加、一九三〇年代にファシズムが台頭すると他の知識人に先駆けて傍観主義的「非戦主義」から戦闘的なファシズム撲滅主義に転じて人民戦線運動を組織化し、スペイン市民戦争で闘っている反ファシスト共和勢力を支持し、これにより労働党から除名されたが第二次大戦下にはオックスフォード大学に社会の復興再建に向けた調査研究機関を設けて戦後の再建構想を模索しながらも、ソ連のスターリン独裁を強く非難して「社会主義社会の手本」にならないと警告し、第二次大戦後の晩年にはフェビアン協会の会長（一九五二〜五九年）を務めた。

★7　グレンディー　イギリスの経済学者、ケンブリッジ大学卒業後、ケニア植民地の国策化学企業・マガディ曹達《ソーダ》会社の主任調査員（一九一三〜一五年）、第一次世界大戦中は王立アフリカ小銃隊に中尉として従軍、戦後はイギリス産業連盟の経済部長や顧問を務め、『経済社会の未来：グループ組織における研究（*The future of economic society:a study in group organisation*, 一九四四年）』の著者として知られる。

★8　マンハイム　「知識社会学」を提唱したハンガリーのユダヤ人社会学者で、ブダペストに生まれブダペスト大学で学んだのち一九一四年にはベルリン大学で（デカルト的な心身二元論に基づいて知性と合理性を偏重してきた近代哲学を超克する企てとして考究された「生の哲学」の構築者であり、オーギュスト・コントが〝全ての諸科学を包み込む総合科学〟として構想した気宇壮大な従来の〝個別科学たりえない社会学〟を超克する学問として、人間相互の関係の様態・形式のみを考察の対象に据えた〝個別科学としての社会学〟すなわち「形式社会学」を提唱したドイツの哲学者・社会学者）ゲオルク・ジンメルの講義に啓発され、その後もパリ大学、ハイデルベルク大学で学究を続け、ロシア革命に続いてヨーロッパで初めて成立した共産主義国家として一九一九年の三月から八月まで存在した〝ハンガリー評議会《ソヴィエト》共和国〟の時期には母国で師範学校の教師を務めたが、ハンガリー革命が挫折して摂政ホルティ・ミクローシュが国権を掌握すると、ドイツに亡命し、（マックス・ヴェーバーの弟で、現代の「経済地理学」成立の立役者である社会学者・経済学者の）アルフレート・ヴェーバーの庇護を受けてハイデルベルク大学で社会学を教え、一九二九～三三年にはフランクフルト大学の社会学・政治経済学の教授として活躍するが、一九三三年にナチスドイツの反ユダヤ人法によって教授職を奪われ公職追放となり、英国に亡命してロンドン経済学院（ＬＳＥ）講師となり、その後は第二次世界大戦が始まり同学院での活躍の場が狭まるなかで一九四一年にロンドン大学に招聘され、四六年には同大学の初代社会学教授として活躍し四七年にロンドンで没したが、生前は、どんな思想であれ、その社会的立場や時代に拘束されている、という〝思想の存在被拘束性《ひ・こうそくせい》〟を指摘して〝知識といえども社会的拘束関係の所産にすぎない〟と見なしてその分析理解を行なう「知識社会学」を唱えて、そうした社会的しがらみに拘束されずに観察と思考が行なえる「自由に浮動する知識人」の重要性を力説すると共に、夢想的と見なされてきた〝ユートピア〟にも現実的な変革目標としての意義を見出そうという『イデオロギーとユートピア』（一九二九年）でその後の世界の思想状況に重大な啓発的影響を与えた。

★9　アダムズ教授　英国の政治学者で、オックスフォード大学卒業後、シカゴ大学で経済学、マンチェスター大学で政治学を短期間教えたのち、アイルランドのダブリン農芸指導局で統計情報部長を務めてこの大英帝国植民地の農業の近代化に貢献し、一九一〇～三三年にはオックスフォード大学で講師から教授に昇進し、三三～四五年には同大学オールソウルズ学寮長を務めた。

★10　マンフォード　米国の建築評論家・文明批評家・歴史家・ジャーナリストで、多くの大学で教授を歴任した。青年時代にニューヨーク市立大学、コロンビア大学、〝社会研究のための新学院（New School for Social Research）〟（現在のニューヨークの〝ニュースクール大学《ザ・ニュー・スクール》〟）などで学び、一九一四年に（植物学・生物学の研究から都市計画に携わり、生態学的で環境保存的な都市計画の在り方を提唱した）パトリック・ゲデスに私淑し（息子をゲディスと名付けたほどだった）、第一次世界大戦で海軍に入隊した後はジャーナリスト・評論家として各種の文化雑誌に執筆を重ね、「近代建築の三大巨匠」と呼ばれるフランク・ロイド・ライトと親交を深め、ナチスドイツが欧州戦争を開始した一九三九年には米国が「連合国」に加わって参戦することを主張し、四二年にはスタンフォード大学教授に就くが四四年には息子ゲデスが戦死し、戦後は核兵器廃絶運動に関与した、『ユートピアの系譜』（一九二二年）や『機械の神話』二分冊（一九六七〜七〇年）で知られる。

★11　**プラサード博士**　インドの歴史学・政治学者で、ミュアー中央大学（アラーハーバード大学の前身）で歴史学を専攻し一九一七年に修士課程で学び、アラーハーバード大学創立とともに同大学の院生として（ムガル帝国第四代皇帝）ジャハーンギール治世の政治史や文化史を研究、一九二一年に同大史学部の教員となり二三年に学位論文作成のため渡英して古代インドの政治理論と制度を研究し、二四年にロンドン大学でラスキ教授に師事して社会主義知識人たちと交友を深めつつ、インド古代史の研究により同大で経済学と理学の二つの博士号を取得後、アラーハーバード大学に帰還して准教授および新設の政治学部長に任命され二九年には教授に昇進し公民学（civics）を教えた。

★12　**クロポトキン公爵**　ロシアの地理学者・革命家・無政府主義者で、公爵家に生まれ少年時代には皇帝に目をかけられるほど模範的な貴族の子弟で父と同じく軍人になったが、二〇代半ばで軍を離れて地理学者になり、三〇代の頃スイス旅行中にバクーニン派のアナーキズムに強く共感して〝チャイコフスキー団〟に加わり革命運動に挺身、二年後に投獄されたが更に二年後に脱獄して西ヨーロッパに亡命しロンドンを拠点にアナーキズム運動を国際展開したのち、一九一七年のロシア「二月革命」

後に帰国したものの「十月革命」でボリシェヴィキ勢力が〝独裁政権〟を樹立したことで「革命は裏切られた！」と絶望して政治運動とは絶縁した。彼が唱えたアナーキズム理論は《社会ダーウィニズムに基づく〝プロレタリア独裁国家〟の樹立と、〝ブルジョワ国家〟との〝国家次元での国際階級闘争〟すなわち〝生存競争としての世界戦争〟を通じた〝世界的な社会主義革命の成就〟》というマルクス・レーニン主義の革命観とは根本的に異なっており、ダーウィン主義が軽視していた〝相互扶助を通じた生物社会の維持発展〟を根本原理に据えて、人民が自発的な生産者協同組合を政治的・経済的生活の〝根拠地〟としつつ〝相互扶助〟の生活態度で暮らして行くという〝無権力社会〟の構想であり、現代においてますます重要性を増している。

★13 **メガステネース**　アレクサンドロス大王《だいおう》の後継者の一人であるセレウコス一世（シリア王国初代の王）が西アジアに開いた巨大王国「セレウコス帝国」（紀元前三一二～前六三年）に仕えたギリシア人で、紀元前三〇四年ごろにセレウコス朝とマウリア朝のあいだで講和条約が結ばれたのち、使者としてマウリア朝に赴任して一〇年ばかり滞在し、帰還後に『インド誌』を著した。

★14 **法顕《ほっけん》**　中国東晋時代の仏僧で、仏教の学究を進めて行くうちに「経典」の多数漢訳されているのに「戒律」の文献に欠落や錯誤が多いことに気づき、六十歳を過ぎて（「経蔵」「論蔵」と共に仏教の「三蔵」の一つで、戒律の条例を収めた典籍である）「律蔵」を完全に整えるべく、仲間の僧たちと共に長安からインドへ求法《ぐほう》の旅に出かけ、一五年ほどかけて各地を巡り多数の仏典を得て、ただ一人、海路で中国に帰り着くことができ、旅行記の『仏国記』を著すとともに多数の仏典を漢訳した。

★15　玄奘《げんじょう》　中国唐代初期の仏僧で、二〇代後半のとき仏教の疑義を解くため単身、長安を出発し西城諸国からアフガニスタンを経て困難な旅の果てにインドに渡り、二十年近く滞在するなかでナーランダ寺の高僧などに仏教の真髄を学び、帰国後は太宗皇帝の勅命で膨大な数の経典を漢訳して中国仏教史の時代を画すとともに、旅行記『大唐西域記《だいとうさいいきき》』（全十二巻、六四六年に完成）を著し、明代の伝奇小説『西遊記』では〝三蔵法師〟という重要な脇役として描かれることにもなった。

★16　トレヴェリヤン卿　英国の植民地行政官で、一八二九年に東インド会社ベンガル政庁に勤務、一八四〇～五九年に大蔵省勤務となりアイルランドとスコットランドを襲った大飢饉の救済策を担当したが手に負えず、大量の餓死者を出すなかで五一年に〝アイルランド・スコットランド高地難民移住促進協会〟を設立して飢餓難民のオーストラリアへの脱出移住を推進し、またこの時期（一八五三年）には〝貴族の子弟をコネで採用する〟という従来の英国政府文官の採用方針を抜本改革して〝有能な平民を積極採用すべし〟という提言を出して現代文官制度の基礎固めを行ない、一八五九～六〇年には大英インド帝国（一八五八～一九四七年）のマドラス総督、一八六二～六五年には大英インド帝国財務長官を歴任した。

★17　バードウッド卿　インド伝統文化の発掘紹介に努めた英国人医師で、インド駐留軍人の子として生まれ英国エディンバラ大学で医学を修得後、軍医としてインドへ渡り、ボンベイ医師団で働くなかで広くインドの風物や文化に興味を持ち、ボンベイの文化庁に関与し、新設されたボンベイ大学の事務長に就き、王立アジア協会の美術博物館の学芸委員を務めて、一八六八年に健康を害して帰英したのちも博覧会や博物館でのインド文化の紹介に尽力し、一八七九年にはインド省での歴史記録の編纂に従事した。

★18　メトカーフ卿　英国の植民地行政官で、一八〇一年にイギリス東インド会社に就職し、〇九年には現地のシーク教徒統治者と修好条約を結び、インド主要都市の駐在員やインド参事会員（一八二七～三三年）、三四～三五年にアーグラ州知事、三五～三六年にインド総督臨時代理、三九～四二年にジャマイカ総督、四三～四五年に英領カナダ総督を歴任した。

★19　メイン卿　英国の〝歴史法学派〟を代表する法学者・歴史学者で、ケンブリッジ大学を卒業後、一八四七年に同大学の民法教授に就任するとともにローマ法を研究発表し。六三～六九年にはインド総督の法律顧問としてインド法の集成に尽力するとともにカルカッタ大学の学長代理も務め、六九年からオックスフォード大学の歴史学法学教授、八七年からケンブリッジ大学の国際法教授となり、古代法や村落共同体における法律観念の研究を通して〝法人類学〟の基礎を築いた。

★20　アルテカル教授　インドの歴史家・考古学者・古銭学者で、ベナレスヒンドゥー大学の古代インド歴史文化学部長および教授、パトナーにあるカーシー・プラサード・ジャヤスワル研究所の所長やパトナー大学古代インド歴史文化学部の教授を歴任し、古代インドの巨大建築物の遺跡を発掘したり、古代以来のインドの教育の歴史や女性史について画期的な研究成果を著し、ガンディーと同時代のインド民衆の希望に満ちた自己認識を促すことに大きく貢献した。

★21　ムーケルジー博士　インドの歴史家で英領時代の民族独立運動の高名な闘士でもあり、社会生態学者ラードハ・カマル・ムーケルジー博士の兄でもあるが、一九〇五年にカルカッタ大学で博士号を取得し、民族独立運動家たちが「国産品愛用《スワデーシー》」運動の教育啓蒙拠点として翌年に開設した「教育国民会議《ナショナル・カウンシル・エデュケイション》」に参加し「ベンガル国民大学《ナショナル・カレッジ》」の教員として活躍、一九一五年以降はベナレス、マイソール、ラクナウの各大学で終身教員を務め、一九一二年の著作『インド航海史：インドの海上輸送の歴史と古代以来の海運活動』で、西はアフガニスタンから東はベトナムやインドネシアまでの極めて広大な「インド文化圏（Greater India）」という概念を唱えた。

★22　ムーケルジー　二〇世紀のインドを代表する思想家・社会学者で、ラードハ・クームード・ムーケルジー博士の弟でもあり、ラクナウ大学の経済学・社会学教授および副総長を務め、地理学・地質学・生物学などの自然科学と社会科学の学際的統合を通じて創り上げた〝社会生態学〟を駆使して、村落共同体のネットワークによって営まれてきたインド独特の民衆交易の歴史を究明し、非西洋的な自国の伝統的社会制度や経済制度の潜勢力を世に知らしめて、建設的な社会構築のための展望を提供して、インド独立運動に大きく貢献した。

★23　ボーソディ　米国の農村生活向上運動の理論家にして実験的な農村社会改革の実践者であり、広告系出版経営者の息子としてニューヨークのマンハッタンで生まれ育ち青年時代には父の事業を手伝っていたが、二十二歳の時に「大地に帰れ《バック・トゥ・ザ・ランド》」運動を試みるようになり、一九二〇年頃には「質素ぐらし（simple living）」の生活哲学をすっかり身につけ、一九二〇～三〇年代には資本主義や都市生活の害毒を説く著作を次々と発表しながら一九三四年にニューヨークに「生活学校《スクール・オヴ・リヴィング》」という生活共同体《コンミューン》を創設、さらに人民が安価に農地を得て自活生活ができるようにするため土地トラスト事業も開始し、一九七〇年代の晩年にはニューハンプシャー州エクセター町で地域通貨を発行して自立型地域経済の社会実験を行なった。

★24　フォード　「自動車王」と呼ばれた米国の実業家で、一八七九年にデトロイトで機械工場の見習い工、九一年にはエヂソン電灯会社の技師になり、九六年に二気筒のガソリン内燃機関で動く自動車を創り上げ、一九〇三年にフォード・モーター社を設立して自ら社長となって自分で開発した自動車の製造を開始し、〝流れ作業〟によって自動車を組み立てる「フォード・システム（＝フォード氏流の生産体制）」と呼ばれる極めて勝《すぐ》れた経営合理化方式を実施し、自動車の大量生産に成功して世界最大の自動車企業を築き上げ、自動車を大衆化して〝自動車時代〟を全世界にもたらしたのみならず、自社においては労働者に対する「八時間労働制」「最低賃金制」「利潤分配制」などの〝労使共栄〟の革新的な経営を展開し、この「フォーディズム（＝フォード主義）」と呼ばれる〝階級協調的〟な生産組織の経営理念にもとづいて労働組合運動や「大恐慌」対策としてF・ルーズヴェルト大統領が推進した「全国産業復興法（NIRA）」による国家権力の産業統制政策を痛烈に批判するとともに、一九三六年にはフォード財団を設立して工業都市デトロイトの地域振興や産業主義にもとづく自由社会と民主主義の振興のために莫大な資材を投入した。

★25　アインシュタイン教授　ドイツで生まれ米国で活躍した理論物理学者で、チューリヒのスイス連邦工科大学を卒業後、ベルンの特許局技師を経て母校やプラハ大学やベルリン大学の各教授を歴任し、この間に「ブラウン運動の理論的解明」「光量子仮説」「特殊相対性理論」「質量とエネルギーの等価性」についての四つの論文や更に一九一六年には「一般相対性理論」を発表し、二一年にはノーベル物理学賞も受賞したが、一九三三年にナチスドイツのユダヤ人迫害と学問弾圧が激化するなかでドイツを逃れて米国に亡命、一九四〇年に米国市民権を得てプリンストン大学高等研究所で終生にわたって研究生活を送り、第二次世界大戦中にはナチスドイツ打倒のためにルーズヴェルト大統領に原爆開発を進言した。

★26 グリーン　英国の哲学者で、オックスフォード大学ベイリオル学寮《カレッヂ》で学んだのち同大フェロウとなり、一八七八年には同大学の道徳哲学教授になったが、当時の英国哲学界の主流であった経験主義的認識論（H・スペンサーの経験論的自然主義や、J・S・ミルの感覚論）に反対し、ドイツ観念論（とりわけカントやヘーゲルの観念論）の影響を受け、新カント学派および新ヘーゲル学派の立場から、「個人は自発的な自由意志をもって自己の本性の実現に努めねばならない」と説く《自我実現理論（self-realization theory）》を提唱した。

★27 トルーマン大統領　米国の政治家・第三十三代大統領で、ミズーリ州の農村で育ち第一次世界大戦に従軍後、一九二二年にジャクソン郡の地区行政執行官《カウンティー・コート・ヂャッヂ》に選ばれ三四年には民主党の連邦上院議員に当選、四四年には副大統領に選出され、翌年四月にF・ルーズヴェルト大統領の死去に伴い大統領（在任一九四五〜五三年）に就任し、第二次世界大戦後の混迷のなか、「連合国」とりわけ米国・ソ連の二大強国が覇権を争いながら〝新世界秩序〟を模索するなかで〝反共路線〟を明確に打ち出し、

「冷戦」体制のなかで「共産圏」を〝封じ込める〟陣形での、NATO（北大西洋条約機構）すなわち一九世紀欧州〝旧列強〟を中核とした「民主国家」諸国の団結的〝共栄〟を指導した。

★28 **マルサス**　英国の〝古典派経済学〟を代表する経済学者で、啓蒙主義の弁護士・植物学者であった父ダニエル・マルサスの子として生まれ育ったおかげで幼少時代から父を介してジャン＝ジャック・ルソーやデイヴィド・ヒュームなどの啓蒙家と面識を持ち、ケンブリッジ大統領ジーザス学寮《カレッヂ》を卒業後にキリスト教執事をめざして勉学に励む一方、翌八九年に英国国教会の牧師補になり、九一年に文学修士を取得、九三年には母校ジーザス学寮のフェロウ（＝特別研究員）に選ばれ、九八年には匿名で『人口論（*An Essay on the Principle of Population*）』（一七九八年）という小冊子を著して「人口の幾何級数的増加に、食料の算術的供給は追いつかないので必然的に人口過剰と貧困が発生するため、社会改良政策では対応できない」と唱えて〝道徳的な人口抑制策〟を実施すれば急進的な資本主義体制改革は不要である、という発想から啓蒙主義的な貧者救済を否定し、戦争や飢餓などによる貧困層人口の社会的・自然的淘汰《とうた》を肯定し、ダーウィンの自然淘汰説による「進化論」を強力に下支えする思想的基盤を用意することとなるが、この『人口論』の改訂執筆を続けるなかで次第に経済政策についての議論を提起するようになり、一八〇五年には創設されつつあった東インド会社専門学校《カレッヂ》（通称「ヘイリーベリー・カレッジ」）に英国初の「経済学教授」として招かれ、終生この単科大学で経済学と歴史学を教えた。

★29 **ホグベン教授**　英国の実験動物学者・医療統計学者で、ケンブリッジ大学の医学生として遺伝学を学び一九一五年に学位を得たが、この頃に社会主義への確信から同大学「フェビアン協会」を「社会主義協会」に改組し、翌一六年には第一次世界大戦下の徴兵に〝良心的兵役拒否〟で抵抗して収監され、刑期中にフランスで赤十字活動に従事、翌一七年に出獄し、翌一八年には数学者・人口統計学者で女権拡張論者のエニッド・チャールズ〔一八九四～七二年、彼女は当時の英国で数多誕生した社会主義者とフェミニストの夫婦のうち、夫婦別姓を貫いた唯一の女性である〕と結婚し、ロンドン大学に講師の職を得て糊口《ここう》をしのぎ、二二年にエディンバラ大学（スコットランド）動物飼育研究部門に移籍し、マッギル大学（カナダ）を経て、二七年にケープタウン大学（南アフリカ）動物学教員となり、現地に棲息するアフリカツメガエルの生殖を研究し、この動物を用いる生物学実験用の〝モデル動物系〟を確立し、その後の実験動物学の発展に多大な貢献を行なうとともに、カエルの生殖の内分泌学的研究を応用した妊娠診断検査の基礎技術の確立も行ない、一九三〇年にロンドン経済学院（ＬＳＥ）に移り社会生物学を担当し、三二年には実験生物学会を立ち上げて、当時台頭していた〝優生学〟を批判する強力な論陣を張るとともに、ナチス台頭でファシズムと戦争の脅威が欧州を覆い始めたこの時期には『百万人の数学』（一九三六年）や『市民のための科学』（三八年）などの科学啓蒙書の執筆に尽力し、三七年にアバディーン大学（スコットランド）博物学教授に就き、第二次世界大戦中は英国陸軍の医療統計を担当するとともに、世界平和の実現維持のための〝世界共通言語〟の重要性を痛感して人工言語の研究を開始し一九四三年に世界言語「インテルグロッサ（Interglossa）」を提唱、一九四一～四七年にバーミンガム大学の動物学教授、四七～六一年には医療統計学教授、六三年退職し同年南米の英領ガイアナに創設されたガイアナ大学の初代副学長に就任し、翌年辞職しさらに翌年にはガイアナ大学を去って北ウェールズの〝ケイリオグ渓谷（グリン・ケイリオグ）〟の山村の田舎家で、一九五七年に再婚した地元の元校長女性とともに余生を送った。

★30　**マジュムダール博士**　インドの歴史家で、カルカッタ大学を卒業しインド古代史の研究に従事したのち、一九二一年にダッカ大学歴史学教授に就き、三七年からは同大学副学長を務め、インド独立後は政府後援のインド民族運動史編纂委員会の長となったが意見対立のため辞任して独自に民族運動の通史を著し、さらに『インド民族の歴史と文化（*The History and Culture of the Indian People*）』（一九五一～六九年）全一一巻を編纂した。

★31　**ベヴァレッヂ卿**　インド生まれの英国の法律学者・経済学者・政治家（自由党）・社会保障制度の主唱者で、オックスフォード大学を卒業して弁護士になったが（英国の経済史家・社会改良家で、産業革命の研究で経済学および経済史に新時代を画し、慈善事業・協同組合・教会改革などの社会改良活動にも献身したアーノルド・トインビー〔一八五二～八三年。ちなみに二〇世紀最大の歴史家の一人であるアーノルド・ジョセフ・トインビーは彼の甥であるが〕の死後〔一八八四年〕に彼の偉業を記念してロンドンに創設された〝世界最初のセツルメント〟である）〝トインビー・ホール〟の副館長に一九〇三年に就任し、社会問題や失業問題の研究に携わるかたわら、『モーニング・ポスト』紙の論説を担当し、一九〇八年に商務院に入り国営保険の施行とそのための制度機構の整備に尽力し、一九一九年にはロンドン経済学院（ＬＳＥ）の学長に就任して以後一八年間この職を務めるとともに政府の各種委員会にも参与し、一九三七年にはオックスフォード大学ユニヴァーシティ学寮《カレッヂ》の長に選ばれ、一九四二年に英国政府が社会保険の総合調整委員会を設置するとその委員長に就《つ》いて同年一二月に（第二次世界大戦後の英国の「ゆりかごから墓場まで」を〝題目《スローガン》〟に据えた包括的な社会保障制度を築いて行く土台となり、これに基づき「家族手当法」「国民保険法」「国民産業災害保険法」「国民保健サービス法」「国民扶助法」「児童法」の六大福祉法制が作り出されることになった）『ベヴァレッヂ報告書』を議会に提出した。

★32 **ウェルズ**　米国の政治家で、ハーヴァード大学卒業後、主にラテンアメリカ諸国の外交官を務めたのち、一九三三年に国務次官補、三七年には国務次官に任命され、米州諸国外相会議に出席するなど一九三〇年代から第二次世界大戦期にかけての中南米との外交に重要な役割を果たした。

★33 **ラードハークリシュナン博士**　インドの哲学者・政治家で、一九一八〜二一年にマイソール大学、二一〜三一年および三七〜四一年にはカルカッタ大学でいずれも哲学教授を務め、この時期に主著『インド哲学（*Indian Philosophy*）』（全二巻、一九二三〜二七年）を著し、一九三六年にはオックスフォード大学の東洋宗教倫理学教授、三九〜四八年にベナレス・ヒンドゥー大学の副学長、五三〜六二年デリー大学の学長を歴任、さらに一九四六〜五二年にはユネスコ（国連教育科学文化機関）のインド代表団長や議長を務め、四九〜五二年に駐ソ連・インド特別大使を務めたのち、五二〜六二年にインド初代副大統領、六二年五月には第二代大統領に選ばれ、六七年五月の引退まで、この独立〝新興国〟を〝第三世界〟諸国の指導的地位に育て上げた。

★34　リップマン　〔米国の社会心理学者・政治評論家で、ハーヴァード大学を卒業後、一九一四年に進歩主義的評論誌『ニュー・リパブリック』の創刊に参加し、二一年には『ニューヨーク・ワールド』紙の論説執筆者となり、翌二二年に著した『世論（*Public Opinion*）』は〝世論〟を〝合理性なき社会心理学的現象〟と捉えて大衆社会論の基礎を作り、二五年にこの社会心理的分析をさらに進めた『幻の公衆（*The Phantom Public*）』を発表、三一年には『ニューヨーク・ワールド』廃刊に伴い、ライバル紙であった共和党系の『ニューヨーク・ヘラルド・トリビューン』にコラムニストとして移籍して外交・政治・社会問題に健筆をふるい、第二次世界大戦後の一九四七年には『冷戦（*The Cold War*）』を著して新たな形態の世界規模の争闘戦がすでに始まっていることに警鐘を鳴らし、その後も「赤狩り」マッカーシー旋風やベトナム戦争など米国の自由と民主主義を脅かす国内脅威に果敢に批判を浴びせ続けた。

《第12章》

★1　シュスター卿　勅選弁護士の息子として生まれ、チャーターハウス校を経てオックスフォード大学ニューカレッヂを卒業し、一九〇五年にリンカンズ・イン法学院に所属して弁護士開業、第一次世界大戦中はロンドンの金融街シティーで金融業に従事したのち兵役に就き、将校（最終階級は中佐）として西部戦線およびロシア（ムルマンスク）で連合軍に従軍、戦後はバーミンガム大学で財政学を学んだのち、国際連盟の財務諮問委員会メンバー、一九二二～二七年には英国エジプト共同統治下のスーダンの財務大臣を務め、この間に英国政府植民地大臣の経済財政顧問としても活躍し、一九二八～三四年には在英「インド評議会」の財務大臣を務めるが、その任期中の二九年四月に革命家バガット・シンとバトゥケシワル・ドゥットが実行した在インド「中央立法会議」（大英インド帝国立法評議会の下院）爆破テロに巻き込まれて負傷し、帰英後の一九三八～四五年に国民自由党（NLP）の下院議員を務め、一九四五年以降は英国政府の綿工業特別調査委員会の委員長、英領マルタの財務調査官、一九五一年にはオックスフォード地区病院評議会の会長、以後は学校教育への資金集めなどでも活躍した。

《第13章》

★1　**ウェリントン公爵**　アイルランド生まれの英国の軍人・政治家で、一七八七年に歩兵少尉として英国陸軍に入隊し、〝フランス革命封じ込め〟戦争（一七九二～九九年）に参加したが、九七年に（インドの〝マラータ同盟〟諸侯の勢力伸長を封じ込めるために一七七五～八二年、一八〇二～〇五年、一八一七～一八年の三回にわたって繰り返され、最終的に英国軍が〝マラータ同盟〟諸侯を個別撃破して諸侯領を「藩王国」として服従させ、西インドでの支配権を確立することになった）インドのマラータ戦争に転戦し（ちなみに彼の長兄リチャード・コリー・ウェリントン〔ウェリントン侯爵（Richard Colley Wellington）一七六〇～一八四二年〕は上院議員を経て、マラータ戦争当時の一七九七～一八〇五年にインド総督を務めている）、その戦功によりナイト爵位を受け、一八〇七年に（英国国教会を支持し王権を尊重する）トーリー党ポートランド政権のアイルランド担当大臣に就任したが、間もなくナポレオン戦争（一七九九～一八一五年）に参加し、軍人としての才能を発揮して一三年にフランス軍を制圧し、その功績で公爵に叙《じょ》せられ、王政復古後の駐仏イギリス大使に就任、一五年に（ナポレオン戦争終結後の新欧州秩序の確立を議するための）ウィーン会議に列席した際に、ナポレオン一世のエルバ島脱出の報に接し、プロシア軍と共同で〝ワーテルローの戦い〟に臨《のぞ》み、ナポレオンを破ってその〝百日天下〟を終わらせたのち、三年間にわたって北フランス駐留〝連合軍〟の司令官を務め、一八一八年に政界に復帰、二九～三〇年に宰相《さいしょう》を務め、四六年に政界を引退した。

《第14章》

★1　ジンナー氏　本書出版（一九四六年）の直後に「パキスタン建国の祖」になったインド（と独立後のパキスタン）の政治家で、カラチに生まれ育ち、二〇歳を迎える頃に英国留学から帰国して弁護士となり、〝インド国民会議派〟に加わって独立闘争に身を捧げたが、一九一三年に〝全インド回教徒連盟《ムスリム》〟に迎え入れられ総裁に選出され、当初はヒンドゥー教徒とイスラム教徒の統一によるインド独立を目指していたが、〝国民会議派〟がヒンドゥー教徒を最優先に据えながら過激な反英闘争を続けていることに不満を募《つの》らせ、〝国民会議派〟と決裂して一時はインドから離れていたが、一九三四年に帰国して、孤立窮乏していたイスラム教徒の権益を守るために〝イスラム連盟〟を強大な組織へと再建し、インド国内でそれまで地理的・政治的に分断されていた〝イスラム地域〟を一大国家にまとめ上げて（ウルドゥー語で「清浄なる国」を意味する）「パキスタン」国家としてインドから分離独立させるという〝パキスタン建国運動〟を展開し、その結果、一九四七年八月のインド独立の際に〝分離独立によるパキスタン建国〟を成就させ（但し〝イギリス連邦〟の〝イスラム自治領〟という国家身分であり、一九五六年まで正式独立を待たねばならなかった）、この〝パキスタン自治領〟の初代総督に就いたが、翌四八年に過労のため病没することになった。

★2　アリー　インドのイスラム教徒の民族自決を願って反英独立闘争を戦った二〇世紀前半の代表的な教育家・ジャーナリスト・政治家で、ウッタルプラデーシュ州で生まれ育ち、同州のムハンマダン・アングロオリエンタル大学《カレッヂ》（一八七五年にサイイド・アフマド・ハーンがイスラム教徒のために創設した大学で一九二〇年にアリーガル・ムスリム大学に改称）を卒業後、一八九八年に宗主国のオックスフォード大学リンカーン学寮《カレッヂ》に留学して近代史を学び、卒業後は帰国してラームプル藩王国の教育長官、ガーイクソール藩王国の首都バローダの行政官を経て、評論活動や弁士として活躍、新人政治家として嘱望《しょくぼう》されるようになり、英国の『タイムズ』『マンチェスター・ガーディアン』『オブザーヴァー』等の有力新聞の論説家としても名を高め、一九一一〜一四年にはカルカッタで英語版週刊新聞『同志《コムレイド》』を刊行、一九一二年には活動拠点をデリーに移し、〝学寮《カレッヂ》〟だった母校をアリーガル・ムスリム総合大学《ユニヴァーシティ》に昇格させる立法運動を成功させた。すでに一九〇六年にはデリーで開かれたアーガー・ハーン三世を総裁に据えた）全インド回教徒連盟《オール・インディア・ムスリム・リーグ》の結成大会に参加しており、一八年には同連盟の総裁に就き、二八年まで同連盟の中心的な指導役を担った人物でもある。一九〇五年にインド総督カーゾンによるベンガル州分割を契機に急進化したインド国民会議派にも参加して、ヒンドゥー教勢力との友好的な共闘関係づくりにも努めたが、（一九一八年末の第一次世界大戦終結に伴うオスマン帝国トルコの敗北とこの帝国の分割解体により、イスラム世界の最高統括者たる《預言者後継役《カリーファー》》［英語表記は「caliph／カリフ」］の撤廃を決めた戦勝国イギリスに対して、英領インドの回教徒が〝汎世界ムスリム統一戦線《パン・イスラミズム》〟として取り組んだ）《預言者後継役》統治を守る運動《キラーファト・ムーヴメント》が開始当初はガンディーら国民会議派ヒンドゥー勢力の共闘を得て順調に展開したものの、一九二〇年八月にガンディーが主唱し始めた〝対英協力拒否運動《ノン・コウオペレイション・ムーヴメント》〟の拡大に伴って一九二二年二月四日にウッタルプラデーシュ州ゴラクプル市で起きた「チャウリ・チャウラ事件」（対英抗議集会に参加した群衆と衝突した警官隊が発砲したことをきっかけに、反撃に出た市民たちが警察署に放火して、市民三人と警官二二人が死亡した暴動事件）の衝撃でガンディーが〝対英協力拒否運動〟を全面中止したことを〝弱腰〟であると批判し、〝キラーファト運動〟もイギリス本国では相手にされず結局一九二四年に無惨な敗北を喫《きっ》したことで、一九二一年以降は頻繁《ひんぱん》に逮捕され長期投獄されるという状況に追い込まれるなかで国民会議派への不信を募《つの》らせ、一九二八年に〝父《モティラール》ネールー〟作成による『インド全政党協議会報告書』（所謂《いわゆる》『ネールー報告書』）が発表され、国民会議派ヒンドゥー勢力の構想する〝将来のインド〟の在り方が〝大英帝国の自治領の一つ〟に留《とど》まることであることに強く反発し、国民会議派から離別して『慈愛《ハムダード》』新聞を再開し、インド亜大陸にイスラム教徒の独立国「パキスタン」を創建するという新たな目標に残りの人生を捧げた。度重《たびかさ》なる投獄で栄養失調が健康を蝕《むしば》み糖尿病が悪化するなかで、一九三〇年十一月にロンドンで開始された円卓会議（議長はアーガー・ハーン三世）に出席して全インド回教徒の代表として発言し、「私は祖国が自由を得るまで帰る意思はない。よその自由の国に留《とど》まる方がまだマシだ。英国政府は、インドに自由を与えぬのであれば、インドを墓場に変えることになろう」と呪詛《じゅそ》に似た強烈な決意を述べ、翌年に年明けのロンドンで脳卒中で死去し、遺体がパレスチナのエルサレムに埋葬された。

★3　ミントー卿　ロンドンに生まれイートン校を経てケンブリッヂ大学トリニティ学寮《カレッヂ》を卒業後、一八六七年に陸軍に入り、七〇～八二年にスペイン、トルコ、アフガニスタン、南アフリカ、エジプトなど世界各地での戦闘に従軍したのち、一八八三～八六年にカナダ総督府の軍事大臣として先住民メティ族の反乱（所謂「ノースウェスト反乱」）鎮圧の指揮を執り、九一年には父から第四代「ミントー伯爵位」を継承し、一八九八～一九〇四年にカナダ総督、一九〇五～一〇年にインド副王・兼・総督を務め、インド総督在任中は〝ベンガル分割計画〟に対して沸《わ》き起こったインド人民の大衆運動を徹底弾圧して〝裁判なしの拘留〟や〝反対運動指導者たちの国外追放〟を躊躇《ちゅうちょ》なく実施して、爆弾テロで殺されかけたが不発弾だったせいで一命を取り留めたこともあり、弾圧の一方で親英的なインド人エリートを懐柔する融和策をモーリー卿（当時のインド担当国務大臣）と共謀して推し進めたが、この所謂「モーリー・ミントー改革」はインド現地の立法参事会（＝立法議会）の半数近くのメンバーを、結果的にはイスラム教徒に有利な形の〝分離選挙〟で選ぶ新制度であり、しかも参事会メンバーの決議や質疑の権利は認めたものの、行政府は議員の質問に答弁する義務も、議決に拘束される義務もない、という形式的な虚構にすぎず、ヒンドゥー勢力とイスラム勢力の国内対立を増長させながら宗主国イギリスによる〝インド分断統治〟を一層強固にするものに他ならなかった。総督退任後の一九一一年にエディンバラ大学の学長となり晩年を過ごした。

★4　モーリー卿　英国ランカシャー県ブラックバーン市の外科医の息子として生まれ、地元のグラマースクールを卒業後、イギリス国教会の因習を打破しあらゆる意味で〝新構想〟を構えたロンドンのユニヴァーシティカレッヂ附属学校に進学し、更に当時としては異例の男女共学校であったグロスターシャ県のチェルトナム学寮《カレッヂ》を経てオックスフォード大学リンカーン学寮に進んだが、在学中に、息子を聖職者にしたかった父親と口論となり大学を中退せざるを得なくなってジャーナリストの道を選び、一八六七～八二年には当時最大の影響力を誇った月刊『フォートナイトリー・レヴュー』誌の編集長を務めて同誌を自由党の応援媒体として大躍進させ、一八八〇年にはそれまで保守党の応援紙だった夕刊『ペルメル・ガゼット』紙の社主が自由党シンパに交替したのをきっかけに同紙編集長としてやはり八三年まで活躍。ジャーナリズムだけでなく政界にも関心を寄せ、一八六九年にはブラックバーン市の補欠選挙、八〇年の総選挙ではウェストミンスター特別区《シティー》から国会議員めざして立候補したが、落選を繰り返したすえに八三年にイングランド北部のニューカッスル・アポンタイン市の補欠選挙でようやく自由党の下院議員として国会入りを果たし、自らが崇拝する自由党党首ウィリアム・グラッドストンを首班とする内閣で一八八六年にアイルランド総督主席秘書官《チーフ・セクレタリー・フォー・アイルランド》（名目上は〝アイルランド総督の部下〟に過ぎないが、実際には国務大臣すなわち「アイルランド担当大臣」と呼びうるほどの、つまり植民地総督を凌《しの》ぐ実権を持ち、総督に代わってイギリス本国の内閣に参加していた）に就《つ》き、その直後の保守党ソールズベリー内閣発足で一度は野に下るが、九二～九五年のグラッドストン内閣復活により同職に再度就いた。

自由党では一八八六年にアイルランドの自治議会創設を認める趣旨の「アイルランド自治《ホーム・ルール》」法案に反対する党内勢力が集団離党して〝自由統一派〟を旗揚げしたあげくに保守党に合流してアイルランド植民地体制の維持をあくまでも主張する〝統一党《ユニオニスト》〟勢力が出現するに至り、アイルランド問題をめぐる政局とりわけ自由党内の混乱に振り回された世紀末であったが、南アフリカのオランダ系植民国家〝トランスヴァール共和国〟の乗っ取りを謀《はか》って一八九九年に英国が始めたボーア戦争（一九〇二年に戦勝した英国は、トランスヴァール共和国とオレンジ自由国を獲得し、南ア領土の劇的拡張を成し遂げた）に際しては「帝国主義」と〝国権の対外行使〟である「侵略戦争」に強く反対している。

一九〇五～一〇年にはインド担当国務大臣を務めたが、大臣に就いた〇五年にインド総督ジョージ・カーゾンが強行したベンガル州の東西分割がきっかけで全インドで沸騰した反英運動に対しては、イギリス本国の政治的伝統である基本的人権など全く無視した新任総督ミントー卿の強行弾圧政策を是認しながらも、インド人エリート層を懐柔して分断統治を成功させるための姑息《こそく》策として《モーリー・ミントー改革》も実施した。ジョン・モーリーがインド担当大臣の時代に首相を務めたのは、アイルランド生まれの自由党ヘンリー・キャンベル＝バナマン卿であったが、その首相は一九〇八年に病のため政界引退し（同年死去）、同じ自由党のハーバート・H・アスキスの内閣が生まれ、その新内閣でもインド担当大臣として留任した。しかし下院での政争に煩《わずら》わされぬようにと上院への転籍を勧められて、新たな爵位「ブラックバーンのモーリー子爵」が創設授与される形で上院（すなわち貴族院《ハウス・オヴ・ローヅ》）議員となる。上院においては一九〇九年に自由党ロイド・ジョージ蔵相が提出したドイツに対抗するための海軍増強と社会政策への費用捻出の〝超過所得税および地価の不労増加分に対する二〇％課税〟を「貧困とたたかう戦争の予算案」と宣言して提出し、下院（すなわち平民院《ハウス・オヴ・コモンズ》）は通過したのに上院が議会慣例を破ってこの「人民予算《ピープルズ・バヂェット》」案を否決したため、自由党が上院の権限を制約すべく〝上院改革〟を主張することとなり、国王ジョージ五世が乗り出して両院和解の調整を図るが失敗した結果、自由党政府が一九一〇年の一月および十二月に二回の総選挙を実施していずれも勝利するに及び、上院の権限を大幅に規制して〝下院の上院に対する優位〟を確立する「一九一一年（連合王国）議会法」が成立したが、こうした上下両院の争乱のなかで彼は上院議員として同法の制定に尽力しつつ、一九一〇～一四年に枢密院議長を務めた。だが一四年八月四日、すでに前月二十八日に始まっていた（後に「第一次世界大戦」と呼ばれることになる）中部ヨーロッパの戦争において英国はドイツに宣戦布告したが、これに異議を唱え、とりわけ帝政ロシアと手を結んでドイツを攻めることに強く反発して翌日には辞職し、政界から身を退いた。その後は、議員時代に就任した大英博物館の理事職やマンチェスター・ヴィクトリア総合大学の名誉総長職など学芸分野での名誉職を晩年まで務めた。

★5　マクドナルド　イギリス労働党の創建に携《たずさ》わり、英国史上初の労働党内閣の首相を務めた政治家であるが、大英帝国の左翼急進勢力の代表格だった彼でさえインド統地については〝帝国主義的〟な政見しか持ち得なかった限界を理解するためには、彼の生涯をやや詳しく知っておく必要がある。——彼は、スコットランド東北部マリシャーに漁村として古くから栄えたロッシーマウスに小作農民と家政婦の私生児として生まれ、地元の教会付属学校で六歳から十五歳まで初等教育を受けたのち直ちにこの教会の〝教生《きょうせい》〟（＝徒弟制度で教員養成を行なっていた一九世紀の英国で、自らの学業に励みながら年少児を教えることで教員をめざした〝教育実習生〟）に抜擢《ばってき》され、十代の終わりの一八八五年にイングランド南西部エイヴォン県の県都ブリストルの由緒ある聖ステパノ教会にキリスト教青少年奉仕会の創設を手伝う〝牧師助手〟として赴《おもむ》くが、かの地で（一八八一年に英国初の社会主義政党として《民主連盟《デモクラティック・フェデレイション》》の名で結成され、八四年に党名の冒頭に「社会《ソシアル》」主義の一語が付加される形で改名されたばかりの〝急進的《ラディカル》〟団体である）《社会民主連盟》（SDF）に入党した。ほどなくSDFはその創設者で英国最初のマルクス主義信奉者であるヘンリー・M・ハインドマンが保守党から〝自由党攻撃のための選挙工作資金〟を受け取っていたことが発覚したことで内部分裂したのだが、〝敵の敵は味方〟と見なして保守勢力との共謀も辞さないマルクス主義活動家たちから決別する形で分派結成された新政党《社会主義協会《ソシアリスト・ユニオン》》に参加することとなる。翌八六年はじめにロンドンに転居して簡易事務作業の職を得るがほどなく解雇され、倉庫事務の軽作業の職を見つけて低賃金労働に苦しみながら《社会主義協会》の活動に精進《しょうじん》し、八七年十一月十三日に当時発足したばかりであったソールズベリー内閣のアイルランド総督首席秘書官《チーフ・セクレタリー》が策定した〝弾圧立法《コアーション・アクト》〟「アイルランド無期限刑事および訴訟法」に反対して、英国《社会民主連盟》と《アイルランド国民同盟《ナショナル・リーグ》》の二党共催でロンドンのトラファルガー広場で開催した政府抗議集会が、ロンドン警視庁と陸軍の暴行弾圧を受けて発生した「血の日曜日」の惨劇を目撃し、『トラファルガー広場を忘れるな：一八八七年の保守党《トーリー》テロリズム』と題する小冊子を著して自由党〝応援紙〟時代の『ペルメル・ガゼット』社から発行し、社会主義運動の論客としての名声を高めて行く。この時期までは（アンニー・ベザントや、〝立体化学〟を創始してノーベル化学賞を受けたデレク・バートンをはじめ、多数の各界著名人を輩出した）バークベック夜間大学で広く自然科学全般を学んでいたが試験直前に過労で倒れ、学業を断念して政治生活への献身を決断。八八年にアイルランド生まれの急進的政治家トマス・ロク（＝彼はのちの一八九二〜一九一八年に自由党下院議員を務め、一九〇五〜〇八年には文部政務官、一九〇七年から二二年に死去するまで北アイルランドのキャヴァン県知事を務め、一九〇八年には枢密顧問官に任命されている）の私設秘書になり、九二年にロク氏が下院議員になって以降は秘書として（ウィリアム・グラッドストンが首相在任中の一八八二年にロンドン市内テムズ河畔に建てた〝自由党の本拠地〟である）《英国自由倶楽部《ナショナル・リベラル・クラブ》》や、自由党のみならず急進勢力の新聞編集部にも自由に出入りできるようになり、その後は八八年に自由党から離れて《スコットランド労働党》を創設し、九二年の総選挙で下院議会に進出し、九三年には《独立労働党》を結成して党首となる。

　一八九四年には《フェビアン協会》と、結成直後の《独立労働党》にも加入し、議会を重視した穏健な政治方針をとりながらも保守党・自由党の二大政党から独立した〝労働者のための第三勢力〟の組織化に尽力し、一九〇〇年に労働者のための政党である《労働者代表委員会》の結成に漕ぎつけて第一書記に就任し、同《委員会》は一九〇六年に《労働党》に改名し、同年には自身も下院議員に当選、一一年に同党の党首となり、同党は二〇世紀初めの自由党政権（一九〇五～〇八年のヘンリー・キャンベル＝バナーマン内閣と、〇八～一六年のハーバート・アスキス内閣）を支えながらその勢力を伸ばしていく。しかし第一次世界大戦が勃発し自由党政権が参戦を決めると、労働党もそれを支持したため、一四年八月早々に党首を辞任。党首辞任直後の一四年九月には、国民の監視の目が届かぬところで列強の政治支配者たちが秘密外交を行なってきた結果が世界大戦を招いた、との反省から、政治と外交の民主的管理を実現する圧力団体《民主政治管理連合《ユニオン・オヴ・デモクラティック・コントロール》》の組織化に乗り出し、同年十一月に発足。同《連合》は第一次大戦中には右翼から「非国民」呼ばわりされたものの一九六六年まで存続した。

　ドイツの降伏で第一次大戦終結が決まった直後の一八年十二月の総選挙（＝自由党ロイド・ジョージが一九一六年のアスキス首相辞任のあと僅《わず》か保守党を含めた六人の閣僚から成る連立「戦時内閣」を組閣し、強力な指導で英国を勝利に導いた余勢を駆って、連立内閣を支持する選挙候補者たちに〝公認証〟を授けた所謂「公認証選挙《クーポン・エレクション》」）で落選。一九年六月に成立したヴェルサイユ条約に対しても、戦勝諸国の〝帝国主義〟体質が戦後秩序を歪めてしまったことを強く糾弾し、二一年のロンドン市内ウリッジ東部補欠選挙に出馬した際には、大戦時に陸軍の由緒ある〝火打ち石銃連隊《フュージリア》〟で英雄的活躍を遂げて〝最高武勲勲章《ヴィクトリア・クロス》〟を受けた保守党対立候補ロバート・ギーの陣営が、対立候補のマクドナルドに対して「一貫して反戦平和を唱えてきた」という〝非国民〟体質を叩く悪質な選挙宣伝を行なったせいで、有効投票数の二・五％（七〇〇票差）という僅差で敗北を喫した。だが一九二二年の選挙で南部ウェールズから立候補し政敵二人を抑えて堂々当選。以後は生涯、労働党の下院議員として活躍し続けることになる。参戦の是非をめぐって分裂状態だった労働党もこの頃までには統一を回復し、再び党首に指名され三一年まで務めた。一九二二年、世界大戦の〝残骸〟であったロイド・ジョージ内閣が保守党との連立が崩れて解体すると、戦後不況による失業者の急増という社会経済状態のなかで、「反戦平和」を貫いた政治姿勢が大衆に見直されて一転して〝時代のカリスマ〟となり、同年の選挙で労働党が野党第一党に進出する一方で、翌二三年の選挙では保守党が大敗。二四年一月に国王ジョージ五世に組閣を下命《かめい》されて、自由党の閣外協力を得ながら首相として労働党内閣を率い、外務大臣も兼任。ところが労働党政権は発足直後からソ連に友好的な平和外交を進め（一四年八月八日に英ソ貿易協定に調印して対ソ融資を約束）、さらに左翼ジャーナリストで英国共産党機関誌『ワーカーズ・ウィークリー』（二三年二月創刊）編集長のジョン・ロス・キャンベルが二四年七月二十五日に同党の〝反戦週間〟企画の一環として「戦闘部隊の諸君に与ふる書」と題する公開状を載せ、政府がふたたび宣戦布告したときは、国境かなたの〝敵国〟で〝お上《かみ》〟から戦闘を強いられている労働者の同志にではなく、自分たちに戦闘を強いている自国の支配層に銃を向けよ、と説いたことに対して、法務長官パトリック・ヘイスティングス卿が「一七九七年反乱煽動法」で起訴すべしと政府に勧告したが　労働党内の〝陣笠議員〟たちの圧力に押されてラムゼイ内閣が八月十三日に不起訴を決めたため、保守党だけでなく自由党までが内閣不信任を決議し、下院が解散総選挙する羽目になるという「キャンベル事件」が起きた。ところが総選挙予定日（十月二十九日）の4日前に、〝帝国主義を擁護する戦争煽動〟で夙《つと》に悪名高かった『デイリーメイル』紙が「（ソ連のコミンテルン執行委員会議長である）グレゴリィ・ズィノヴィエフから英国共産党に宛てた書簡」と称する「ズィノヴィエフ書簡」なるものを〝暴露〟し、この「書簡」が「英ソ外交関係の樹立によって英国の共産主義革命の準備が進むので英軍内の反乱を準備せよ」と〝秘密指令〟を出している、と報じた。のちにこの「書簡」が偽文書だったことが判明するのだが、総選挙では労働党が大敗を喫し、首相辞任に追い込まれた。

五年後の一九二九年五月末の総選挙で労働党が大勝し、初めて単独で労働党内閣を樹立して首相に返り咲いたが、四か月後に米国発の世界恐慌が起き、翌年には大恐慌を乗り切れないという理由で辞表を出したが、国王から組閣を命じられ、自由党と保守党を引き入れた〝挙国一致内閣《ナショナル・ガヴァメント》〟を結成。この野合的な内閣の首相を続けるうちに労働党主流派から乖離《かいり》した結果、三五年六月に首相を辞してその座を（「ズィノヴィエフ書簡事件」直後の二四年一一月から二九年六月まで保守党政権を率いた）スタンリー・ボールドウィンに譲《ゆず》り、三五年一月に就任した枢密院議長の職を死の半年前の三七年五月まで続けた。

★6　イクバール　独立前のインドでは最も高名な詩人で、全インド回教徒《ムスリム》連盟の精神的支柱でもあったイスラム教原理主義の哲学者。インド北部パンジャーブ州の、カシミール地方への通商の要衝《ようしょう》であるシアールコート市で、裕福な仕立屋を営む敬虔《けいけん》なイスラム教徒の家に生まれ、ラホールの官立学寮《ガヴァンメント・カレッヂ》大学卒業後にケンブリッジ大学とミュンヘン大学で哲学を学びニーチェとベルグソンに強く感化され、イランの神秘主義に関する研究で学位を得て帰国後は、弁護士を開業しながらペルシア語とウルドゥー語の詩作に励んで詩人としての名声を高め、政治の分野にも活躍の場を広げて、一九三〇年に全インド回教徒《ムスリム》連盟の議長に選ばれた際の就任演説で「イスラム教徒が多く住む地域を統合して単一国家を打ち立てるべきだ」と主張し《パキスタン国家の建国》という当時の植民地インドのイスラム教徒たちにとっては究極的な、だが決して実現不可能とは思えぬ政治的達成目標を人々に与えることとなった。

★7　アーリー　インド植民地内にイスラム教単独の自治領を創建するという最初期のムスリム建国構想が詩人イクバールによって大衆提起された直後、この〝未来国家〟を「パキスタン」と名付けたパキスタン独立運動の精神的指導者である。パンジャーブ州のラージプート族の支族グルジャラ族のムスリム家庭に生まれ、ラホールのイスラム系学寮《カレッヂ》を卒業後、同地の男子校アチソン学寮の教員となったが、三十二歳の時（一九三〇年）にパンジャーブ総合大学に進学して法学を専攻、翌年に渡英してケンブリッジ大学エマヌエル学寮に入学し、三三年に教養学士（BA）、翌三四年にケンブリッヂ大学で文学修士（MA）を取得。インド憲法改革をめぐる第三回（最終回）のロンドン円卓会議が終了した直後の三三年一月二十八日に、円卓会議に参集した英国とインドの代表者たちに向けて『今闘うか、それとも闘いを捨てるか？：我々の生命に明日はあるか、それとも永遠に滅びるのか？（*Now or Never:Are we to live or perish forever?*)』と題する政治パンフレットを作成し、その中で「パンジャーブ（P）、アフガン［＝北西辺境］州（A）、カシミール（K）、シンド（S）、バルーチスターン（～TAN）」という大英インド帝国の北部五地域を統合して樹立すべき「イスラム教徒の祖国」たるべき単一独立国家の国名を、これら五地域の合成語である「パキスタン（PAKISTAN）」にすべし、と提案した。この名称は急速な勢いで知れわたったが、とはいえこの提案もイクバール翁のムスリム国家創建構想とともに当初はインドのムスリム社会内部ですら〝夢物語〟と見なされていた。だがイクバールの死去から二年後の一九四〇年、その年の三月下旬に開催された全インド回教徒連盟《ムスリム》のラホール大会で「インド北西部とベンガル地方のムスリム多住地域を統合して独立主権国家を樹立する」旨の《ラホール決議》を採択するに至り、同決議に「パキスタン」の名称は使われなかったものの、マスコミは直ちにこれを「パキスタン決議の採択」と報じて、ここから正真正銘の《パキスタン建国運動《ムーヴメント》》が始動した。一九三三年に『今闘うか、それとも闘いを捨てるか？』を世に出した後も英国に留まり続け、四三年にロンドンのミドルテンプル法曹学院から弁護士の、さらにケンブリッヂ大学とダブリン大学からも文学修士と法学士の資格を得て、四六年には英国において《パキスタン国民国家創建運動《ナショナル・ムーヴメント》》を始動させ、彼自身の《パキスタン》国家構想を宣伝する各種のパンフレットを次々と発行したが、翌四七年八月十四日（インド対英独立の前日）に〝イギリス連邦の自治領の一つ〟として《パキスタン》が実際にインドから分離独立して建国を遂げる過程で大規模な殺戮抗争が頻発し、悲惨きわまる大規模な〝民族移動〟を免《まぬが》れ得なかった現実に直面し、自ら唱えてきた《パキ

スタン》構想がその元凶であったと思い詰めて、翌四八年四月に英国からパキスタンに渡ると、自らの構想には無かったベンガルまでも〝領土〟に含めてしまい、尚かつ自らの構想よりも小さな国家しか作ることが出来なかった回教徒《ムスリム》連盟の指導者たち、とりわけパキスタン自治領〝建国〟の最大の貢献者として彼《か》の国では「偉大《アザーム》（*Azam*）なる指導者《クワイド》（*Quaid*）」（*Quid-i-Azam*）とか、「国家《クワム》（*Quam*）の父《バーバ》（*Baba*）」（*Baba-i-Quam*）の尊称で崇《あが》められているムハンマド・アリー・ジンナーを、「イギリスに妥協して《パキスタン》を小国に貶《おとし》めた売国奴」であると罵倒し、一九四〇年にナチスドイツによる自国侵略を歓迎して対ナチ協力を行なったが第二次大戦終結直後の四五年十月に反逆罪で処刑されたノルウェーのファシスト政治家クヴィスリング（Vidkun A.L.J.Quisling 一八八七～一九四五年）に擬《なぞら》えて「大《アザーム》いなる売国奴《クウィスリング》」（*Quisling-i-Azam*）と呼んで公然と非難したため、同年十月にリアークァト・アリー・カーン（初代パキスタン）首相じきじきの命令で全財産を没収されたうえで国外追放され、浮浪者《ふろうしゃ》同然の状態で英国に帰り着き、五一年二月初めに英国ケンブリッヂで極貧《ごくひん》と孤独に耐えながら死去した。

★8 コープランド教授　大英帝国史の著名な研究者・教育者で、一九〇七年にオックスフォード大学トリニティー学寮《カレッヂ》の特別研究員《フェロウ》および講師として選ばれ、一二～一三年には「一九一九年インド統治法」における植民地憲政改革の骨格となった〝英国政府直結のインド植民地中央政府〟と〝一定の住民自治を認めた植民地インド地方政府〟の両者から成る《両頭政治《ダイアーキー》》や、《大英帝国連邦》構想や、第二次世界大戦後の晩年には《世界連邦》構想を唱えた植民地高級官僚であり、大英帝国の

〝二〇世紀生存戦略〟を多方面で策動実行した帝国主義知識人ライオネル・ジョージ・カーティスの後任として）同大学の（南アフリカの金鉱とダイヤモンドの採掘で一九世紀末に莫大な巨富を築き、大英帝国の世界的覇権を安定的に維持していくための土台作りとして巨額を投じてイギリス植民地の生活産業インフラ整備を行ない、母国ドイツのハンブルク大学や、鉱山事業の成功後に自らの生活拠点に据えた英国のオックスフォード大学などの教育研究機関にも多額の寄付を続けたアルフレート・バイト〔Alfred Beit 一八五三〜一九〇六年〕の名を冠した）〝バイト記念植民地歴史学講座〟の講師、一九二〇〜四八年には同講座の教授を務め、教授在任中にインドやビルマやパレスチナの統治問題に関する各種の政府機関の委員や顧問を務め、第二次世界大戦中には一九四二年〝クリップス視察団《ミッション》〟のメンバー等としてインドを二度訪れ、一九四〇年以降はインド独立までの時期にインド統治問題についての書物を続々と著した。

《第15章》

★1　ネールー　インド独立運動の時代には社会主義に理想を求める青年指導者として活躍し、独立後は20年近くにわたって生涯、初代首相を務めた政治家。英領インド北部の北西州（一九二〇年以降は連合州、現在はウッタルプラデーシュ州）の州都イラーハーバード市の裕福なバラモン階級の家柄に、弁護士でインド独立運動ではガンディーを支えたモーティラール・ネールーの長男として生まれた。

なお、モーティラール・ネールー〔Motilal Nehru　一八六一～一九三一年〕は、一九一九年と二八年にインド《国民会議派》党の議長を務めた人物であるが、一九二二年の「チャウリ・チャウラ事件」発生に衝撃を受けたガンディーが自ら開始宣言を出していた対英〝非協力〟闘争を急きょ撤回したのを契機に、ガンディーの政治路線に反発して《国民会議派》党から分かれる形で創設された《排英自治党《スワラージ・パーティー》》〔正式名は《議会主義《コングレス》・カリフ制擁護《キラーファト》・排英自治党《スワラージ・パーティー》》で一九二三年に結成され三五年に解散した〕に参加し、一九一九年の《モンタギュー&チェルムズフォード改革》で新設されたインド総督直属の中央立法参事会〔＝一九一一年に〝英領インドの首都〟として新設されたニューデリーに設置された《帝国立法参事会（Imperial Legislative Council）》の下院〕の議員に選出されて植民地政府の立法活動をことごとく妨害することに力を尽くし、一九二六年には〝排英自治国家〟インドの、現実的な将来像として、オーストラリア・ニュージーランド・カナダと同様の《自治領《ドミニオン》》を想定し、その憲法草案づくりをめざして超党派会議の結成を各政党の代表者たちに呼びかけ、二八年に『インド全政党協議会報告書』〔通称『ネールー報告書』〕をまとめた、二十世紀初めのインド民族解放運動の代表的指導者の一人である。

ジャワーハルラールは、幼少時には〝箱入り息子〟として過保護に育てられ、宮殿のような自宅で家庭教師に初等教育を受けたが、その家庭教師に感化されて、科学と、〔ブラヴァッキー夫人らが一八七五年に創設した《神智学協会》の、古代インド文明の宗教思想を土台に据えた教義である〕

《神智学》に惹《ひ》かれ、父モーティラールの友人である〔《神智学協会》の第二代会長にもなった〕アンニー・ベザントを通じて十三歳の時、《神智学協会》に加入した。《神智学》を通じてインドの古代文明や伝統文化の素晴らしさを〝発見〟し、仏教とヒンドゥー聖典を学ぶなかで〝ヒンドゥー民族としての自尊心〟を獲得し、更にボーア戦争（一八九九～一九〇二年）を通じて英国の帝国主義の残虐非道さを知り、日露戦争（一九〇四～〇五年）を通じてアジア東端の小さな島国・日本《ジャパン》の奮闘が強大国ロシアを打ち負かしたことを知って大いに励《はげ》まされ、十代後半には熱烈なナショナリストになった。

十六歳で渡英し、名門パブリックスクールのハロー校に入学。そこでイタリア統一運動の志士ヂュゼッペ・ガリバルディ将軍（一八〇七～八二年）の伝記と出会い、祖国インドの独立運動に〝献身〟してゆく覚悟をひそかに固めた。一九〇七年にケンブリッヂ大学トリニティー学寮《カレッヂ》に進み、自然科学を専攻。一九一〇年に同カレッヂを卒業し、インナーテンプル法曹学院《オナラブル・ソサイアティ》で法学を学び、一二年に弁護士資格を得て帰郷したが、この間に《ファビアン協会》の社会主義者たちとの交流を深めている。インド帰国後にイラーハーバード高等法院の法廷弁護士となるが、弁護士稼業の単調さに失望し、インド独立運動に身を投ずるに至る。

一九一二年の帰国直後に早くもインド国民会議派の年次大会に出席し、当時の同党指導者たちの〝イギリスかぶれの上流階級〟的な態度や「議会」（とは名ばかりの、事実上は実権なき〝植民地エリートの懇話会〟）偏重主義の運動方針に疑問を抱きながらも、当時はまだ南アフリカで反差別闘争を闘っていたガンディーの活動を、支援するようになった。

翌一四年に第一次世界大戦が勃発してインドの世論が〝英国支持の参戦派〟と〝対英非協力の参戦反対派〟に割れるなか、（英国を本拠にその植民地や自治領で応急処置や看護奉仕を行なう民間ボランティア組織である）《セントジョン救急隊》に参加。だが彼は、戦時中に英国政府が制定した〝検閲法制〟を公然と非難し、国民会議派の内部でさえ「インド独立」を求める運動自体が全くの妄動と見なされて穏健主義が支配していた状況に抗《あらが》い「植民地政府の官職を辞めて徹底的に対英非協力を実行すべし」と公然と唱える〝過激《ラディカル》〟な政治指導者として頭角を現し、インド「内政自治《ホーム・ルール》」の奪還をめざす積極果敢《アグレッシヴ》な民族自決主義者《ナショナリスト》たちとの共闘を強めていく。インド国民会議派は、〝穏健主義〟指導者として〝君臨〟してきたゴーパラ・クリシュナ・ゴーカレー（一八六六～一九一五年）の死去によって、アンニー・ベザントやバール・ガンガーダール・ティラク（一八五六～一九二〇年）のような〝反穏健派〟の指導者たちが主導権を握ったことで、〝対英非協力〟路線に傾くが、穏健勢力の協力を得られず、ベザントもティラクも翌年に〝内政自治権〟獲得に向けたそれぞれの活動団体を立ち上げ、ジャワーハラール・ネールーはその両方に加入したが、ベザントの《内政自治奪還連盟《ホームルール・リーグ》》の事務局長《セクレタリー》という重職を引き受けて「内政自治権《ホーム・ルール》」獲得運動のまとめ役として活躍した。一九一六年暮れに《ラクナウの盟約《パクト》》が結ばれて、長年反目し合っていたヒンドゥー勢力とイスラム勢力との間に、国民会議派を結集軸とする共闘関係が成立した。戦時下でインド社会の対英協力が欲しいばかりに英国政府がインドに対してかなり宥和《ゆうわ》的な態度を続けるなかで、対英協力への〝見返り〟として仄《ほの》めかしてきた〝自治権の拡大〟に踏み出す気配を一向に見せない英国政府に対するインド民衆の憤怒は高まる一方であり、こうした状況のなかで宗派を超えた反英闘争は拡大を続けた。

第一次世界大戦が終結するや早速《さっそく》一九一九年三月にインド植民地政府は、理不尽な〝治安維持〟立法である「ロウラット法」をいきなり制定した。「ロウラット法」には前身がある。それは大戦下の一九一五年三月十九日に、インド総督が署名して即日施行された戦時緊急刑事法である「一九一五年インド防衛法」——正式名は「インド統治防衛法（Defence of India Regulations Act：DIRA）」——だ。この「インド統治防衛法」は、この法律そのものが合憲か違憲かを判断する〝司法による違憲立法審査〟を認めずに、裁判抜きでの容疑者の逮捕拘留や無期限「予防」拘禁を法制化した〝暗黒立法〟であった、戦争が終わったのにこの特殊な〝戦時法制〟の無期限延長を定めたのが「ロウラット法」に他ならなかった。「ロウラット法」は、正式名が「無政府主義および革命主義の犯罪に関する一九一九年の法律」であったが、別名「暗黒法（Black Act）」とも呼ばれたほどの悪法であった。その「ロウラット法」を制定した翌月（一九年四月十日）には、パンジャーブ州の著名な反植民地運動活動家であるサティヤーパール医師と、イスラム教徒のサイフッディン・キッチルー弁護士が、この法律によって逮捕され、国外追放処分を受ける事件が起きた。その直後の四月十三日はヒンドゥー教とシーク教の両方の〝春季大祭〟に当たっていたが、同州アムリットサル市のシーク教の大寺院に接する広場では、穏健な抗議集会が開かれた。ところがその集会の最中に、英国人レジナルド・ダイヤー准将率いるグルカ兵（＝ネパールの山岳民族から成る戦闘集団）およびインド北西部辺境の回教徒から成る英領インド帝国軍《ブリテッシュ・インディアン・アーミー》一個小隊が突然乗り込んできて、群集に無差別発砲を行ない、一五〇〇名以上の死傷者を出すという「アムリットサルの大虐殺」事件が起きたのである。これを契機にインド全土で反英感情が爆発的に高まって、翌二〇年八月にはガンディーの指導の下に「インド完全独立」を将来目標に据えて「自己決定・自己統治《セルフガヴァナンス》」の奪還をめざす《対英非協力運動《ノン・コウオペレイション・ムーヴメント》》が本格的に開始された。

　多くの犠牲者を出しながら続けれた戦時中の対英協力の〝見返り〟が、「ロウラット法」の一方的な実施と「アムリットサルの大虐殺」とであった……という冷酷無情の現実に直面したガンディーは、《まことを貫く生き方《サティヤーグラハ》》――すなわち全人民規模の徹底的な非暴力抵抗闘争を戦い抜くことでイギリスによる〝植民地支配〟を政治的・経済的・社会的・文化的に事実上〝絶滅無化〟することこそが正真正銘の「インド独立」なのだ、という画期的思想の境地――にたどり着き、数ヶ月を経ずしてジャワーハルラール・ネールーという強力な〝使徒〟を得て、インド国民会議派の全国闘争方針となった。

　カリフ制度《キラーファト》擁護運動および「不可触賤民《アンタッチャビリティー》」制度廃絶運動と併行して進められた《対英非協力運動》は、インド全土で高揚した。ジャワーハルラールは二一年十二月に父モティーラールとともに初めて逮捕されたが、その後も一九四五年までに再三逮捕されて、刑期を合計すれば獄中で十年間も過ごすこととなった。

　ガンディーが指導する《対英ヒンドゥー教力運動》が開始された翌々年（一九二二年二月五日）に、反英集会の参加者たちが警官隊の発砲弾圧に激怒して警察署を焼き討ちし、二十名以上の警官および市民が死亡するという「チャウリ・チャウラ事件」が起きた。この事件に衝撃を受け、非暴力闘争の統制に失敗して動揺したガンディーが《対英非協力運動》中止指令を出したことで、反英闘争は《市民的不服従《シヴィル・ディスオビーディエンス》》運動や《インドから出て行け《クウィット・インディア》(Quit India)》運動への〝後退〟を余儀なくされた。ガンディーの《対英非協力運動》中止指令は、国民会議派のなかに闘争方針をめぐる亀裂を生み、父モーティラールは《排英自治党《スワラージ・パーティー》》を結成して議会介入路線に進んだが、ジャワーハルラールはガンディーを支え続けた。

　第一次大戦で荒廃した欧州諸国が復興へと歩み始めた一九二〇年代には、米国大統領ウィルソンが主唱した理想主義的な〝新世界秩序〟建設の機運が高まるなかで、国際連盟が創設され、世界各地の独立運動の指導者たちが一堂に会する機会が格段に増えた。ジャワーハルラール・ネールーはインド国民会議派の〝使徒〟として国際舞台での〝反植民地闘争のネットワーク〟構築に尽力し、例えば一九二七年二月にベルギーの首都ブリュッセルで世界三十七ヶ国一七五名の植民地や被抑圧民族の代表者を集めて開催された〝被抑圧民族〟国際会議には、インドから国民会議派が招待され、その代表者として参加したジャワーハルラールは、同会議から生まれた《帝国主義と植民地主義の抑圧と闘う国際連盟《リーグ・アゲンスト・イムペリアリズム・アンド・コロニアル・オプレッション》》の最高理事会メンバーに選出された。

　第一次世界大戦は世界規模で政治の流れを変えた。すなわち一八世紀末の米国独立革命とフランス革命によってもたらされた政治的激動のなかで、一九世紀には「大衆」が社会変動の一大要因として登場し、〝同じ土地で生まれ育ったという自意識《ナショナリティー》〟を共有する「大衆」が自ら政治権力を掌握して地域社会の自主的な統治を行なうことをめざす思想および運動である「民族主義《ナショナリズム》」が高まって、「国民国家《ネイション・ステイト》」が続々と誕生した。さらに、伝統的な社会支配勢力や支配階級を打倒して「地域住民《デーモス》による支配権力《クラトス》」（すなわち人民権力《デモクラシー》」）を樹立して「一般人民《プーブリクス》の〝もの《レース》〟（すなわち「共和国《レパブリック》」）を作るという理想主義は、欧州の国々では産業革命を担う「低賃金労働者」集団として生み出された「無産階級《プロレタリアート》」の〝独裁〟にもとづく「社会主義国家」の創建を求める運動に向かった。第一次大戦のさなかに欧州亡命中のヴラヂーミル・イリイチ・レーニン（一八七〇～一九二四年）が（ロシア帝国と交戦中であった敵国の）ドイツ帝国陸軍参謀本部から支援を得て、国民の厭戦《えんせん》気分のなかで皇帝支配が破綻して革命的情勢になっていた祖国ロシアへの帰還を遂げて、〝ロシア社会民主労働党・多数派《ボリシェヴィキ》〟政権を樹立して世界初の「社会主義国家」建国に成功したことで、第一次大戦後はロシアに肖《あやか》って社会主義革命を成就しようとする動きと、それに対する反動が、欧州諸国を席捲《せっけん》した。そうした反動の（〝階級協調主義〟を謳《うた》い、無産階級の大衆を動員して示威行動を行なうという）二〇世紀社会における典型的な形態が、一九二〇年代に欧州のみならずアメリカ合衆国や大日本帝国など世界各地の工業先進国に出現した「ファシズム」だったわけだが、一九三〇年代になってファシストが国家権力を掌握した代表的な国が、フランコ将軍独裁のスペイン、ムッソリーニ首相のファシスト独裁のイタリア、ヒトラー総統のナチス独裁のドイツ、そして〝天皇の統帥《とうすい》大権〟を口実に事実上の軍閥独裁を行なった日本であった。

一九三〇年代の半ばにはナチスドイツによる近隣諸国への侵略が次々と起こり、ユダヤ人迫害も

〝社会政策〟として実施されるようになる。ナチスドイツの迫害政策で一気に勢いづいたユダヤ人のパレスチナ移住に対して、故郷を徐々に奪われていくアラブの民衆は、ユダヤ移入民に抗するパレスチナ解放闘争を強めて行ったが、「パレスチナ問題」の元凶は第一次大戦時にユダヤ人からの対英支援を取り付けるため一九一七年十一月に英国外相アーサー・バルフォアが貴族院議員ウォルター・ロスチャイルド（第二代ロスチャイルド男爵）に提出した『バルフォア宣言』にあった。『バルフォア宣言』は、ユダヤ人がパレスチナに「民族の祖国《ナショナル・ホーム》」を建てる、という〝神の都《ツィオン》への帰還運動〟（＝「ツィオニズム」運動）を、英国政府が公式方針として賛同し、支援する、と誓約した〝公文書〟だったのである。パレスチナ紛争は英国の帝国主義が生み出した惨害に他ならない、との認識からジャワーハルラール・ネールーはパレスチナ解放闘争への共感を表明した。この「ツィオニズム」批判を快《こころ》よく思わないユダヤ人たちから「ネールーはヒトラーに同調している」と言った非難を受けたが、「イギリス帝国主義と闘うパレスチナ民衆の奮闘が、たまたまヒトラーの思惑と重なったからと言って、パレスチナ解放闘争に対する我々の賛同支持が弱まることなどあり得ない」と反論している。実際、一九二〇年代の初めにインド独立運動の新世代の担い手として華々しく登場したスッバーシュ・チャンドラ・ボウス（Subhash Chandra Bose　一八九七～一九四五年）と緊密な共闘関係を保ちながら、インド独立への支援獲得に向けた外交関係づくりを国際舞台で進めてきたわけだが、チャンドラ・ボウスがナチスドイツの支援を得て反英独立闘争を展開する道を選んだのに対して、ジャワーハルラール・ネールーはスペイン内戦（一九三六～三九年）でフランコ勢力と戦う共和制支持者たちを支援し、ムッソリーニとの会見も拒否するという反ファシズムの姿勢を鮮明に打ち出し、闘争方針の分岐が誰の目にも明らかになった。三八年と三九年にインド国民会議派の議長を務めたチャンドラ・ボウスは、ガンディーら党の中心指導者たちと別方向に向かっていたことから追放の憂き目に遭い、結果的にナチスドイツや日本軍に頼って反英〝インド解放戦争〟を企図せざるを得ない境遇に追い込まれることとなった。

ジャワーハルラール・ネールーは（スッバーシュ・チャンドラ・ボウスらとともに）「インドの完全独立」を公然と求めた最初の政治指導者である。ネールーとボウスが欧州ソ連行脚《あんぎゃ》から帰国した直後の一九二七年末にインド国民会議派の年次大会がマドラスで開かれ、圧倒的歓迎に応えて大会に登場した二人はただちに同党の急進左派や青年層を代表する幹部指導者になった。こうして国民会議派の〝世代交代〟と急進路線が可能になった背景には、①すでにこの時期、第一次世界大戦下の連合国向け軍需品の生産によってインドの工業が急激に拡大発展したことで低賃金労働者が爆発的に急増していたことや、②大戦の長期化によって経済とりわけ農村経済が疲弊の極みに達したことで膨大な数の農民大衆が窮乏化していたことや、③「今回の戦争では宗主国イギリスを助けよう！」という〝大義〟を不本意ながら受け入れて国外戦地で従軍したものの、傷病者として帰還したり、たとえ無傷で帰国できても失業に追い込まれた人々が大量に発生していたことや、④植民地政府が一方的に打ち出してきた「一九〇九年モーリー＝ミントー改革」と「一九一九年モンタギュー＝チェルムズフォード改革」によって極めて限定された形ではあったがインド人にも或《あ》る程度の参政権が与えられたことで、植民地体制に憤懣《ふんまん》を抱く国民大衆が〝政党〟や〝議会〟と一層の期待を寄せるようになり、これが《大衆》が国民会議派を支える重要な勢力になっていた、という政治的社会的環境の大きな変化がある。

この一九二七年末の国民会議派の大会で、ネールーは「インドの完全独立《インデペンデンス》」を求める決議案を出した。この「インド完全独立を求める決議案」は、同大会直前の二七年十一月に英国保守党政権が、総選挙後の敗北による労働党への政権交代を見越して「一九一九年モンタギュー＝チェルムズフォード改革」実施十年目に行なうべき〝点検評価《レヴュー》〟のための「法定」委員会（通称「サイモン委員会」）を、インド人を一人も参加させずインド政財界にも諮《はか》ることなく勝手に発足させたことへの怒りの証《あか》しとして同大会に提出された「サイモン委員会の完全排斥《ボイコット》」決議案とともに、採択はされたけれども、ガンディーはこれを「学生の討論会」のような「実行不可能」な空論と見なして斥《しりぞ》けた。だが翌二八年二月にサイモン委員会がインドに上陸して〝現地調査〟を敢行するや、全インド規模での〝同盟罷業《ハールタール》〟がこれを迎え、委員会は行く先々で「サイモン帰れ！」と怒号をあげる抗議デモに妨害された。一九〇五〜〇八年にベンガル分割反対闘争を指導して国民会議派をインドの民族解放運動の主体にすることに貢献した反英闘争の代表的闘士であるラーラー・ラージパト＝ラーイ（Lala Lajpat Rai 一八六五〜一九二八年）は同年十一月、パンジャーブ地方で自ら指導していた「サイモン委員会」抗議集会に参加中、警官隊に襲撃され、植民地政府の警察が〝非暴力の人民〟に対して常用していた〝警棒《ラーティー》〟（＝警官が携帯用の武器として用いる、鉄のたがをはめた竹製の長い棍棒《こんぼう》）でしこたま殴打され撲殺された。

　サイモン委員会に対抗する形で、インド独立を希求する現地の政治指導者たちの声をまとめた『ネールー報告』は一九二八年に発表され、息子ジャワーハルラールもその制作に関わったが、この報告書は、一九一六年の『ラクナウの盟約《パクト》』で国民会議派がイスラム教徒たちに約束した「分離選挙」を反故にして、イスラム教徒の議席数の確保をも否定する内容になっていたので、ともに独立を希求して共闘に努めてきたイスラム勢力との絶望的な対立を招くことになった。

　英領インド植民地の支配継続を前提とした欺瞞的な「サイモン委員会」の〝現地調査〟強行で、インド全土に反英の国民的怒りが沸騰した。二七年の国民会議年次大会の際には、ジャワーハルラール青年の「インド完全独立」方針に批判的だったガンディーであったが、情勢の変化を見て取り、「二年以内に英国がインドを自治領にしないなら、インド国民会議は全国民に呼びかけて完全独立に向けた闘争を開始する」旨の決議案を提出し、さらにその実施期限を「一年以内」へと短縮した。英国は一九二九年にガンディー提案によるこの国民会議の要求を拒絶したので、同年暮れの国民会議ラホール年次総会でジャワーハルラール青年が、父モーティラールから議長の座を引き継ぎ、「インド完全独立《プールナ・スワラージ》」を求める決議を行なって、同年大晦日にはサフラン黄色・白・緑色の横三色の中央に〝青い糸車〟を配した〝独立インド国旗〟を掲げ、翌三〇年一月二十六日には『インド完全独立宣言』を発した。

　インドの「完全独立」を成就させるためにガンディーが考え出した完全必勝戦略こそ

《まことを貫く生き方《サティヤーグラハ》》——すなわち全人民規模の徹底的な非暴力抵抗闘争を戦い抜くことでイギリスによる〝植民地支配〟を政治的・経済的・社会的・文化的に事実上〝絶滅無化〟することこそが正真正銘の「インド独立」なのだ、という画期的思想の境地——に他ならない。それを実際に試さねばならぬ状況が「完全独立」宣言を発したことで遂に到来したわけであるが、ならば如何《いか》に闘うべきか？　ここでガンディーが着目したのが、イギリス植民政府がインド人民に強制した「食塩の自作禁止」と「塩税の納付」をご破算にする闘いであった。ガンディーは三〇年三月十二日にグジャラート州アハメダバードの活動拠点《サバルマティー修行院《アシュラム》》（通称・ガンディーアシュラム）を出発してアラビア海のダンディー海岸に向かう約四〇〇キロの道程を行進して海岸で塩を〝採取収穫する〟という非暴力大衆実力行動「塩のサテヤーグラハ」（通称・塩の行進）を開始し、四月六日についに海岸で〝塩づくり〟を行なって植民地政府の「塩税法」を正々堂々と突き破った。この「塩の行進」は植民地政府系の（それゆえ独立運動のデモ参加者の人数をつねに少なめに偏向報道していた）御用新聞『ザ・ステイツマン』紙でさえ「十万人」の大衆が参加したほど大きな規模に膨らみ、参加者はみなカーディで作った白い衣装を着ていたので、デモの隊列は「白き大河の流れ」と呼ばれたほどだった。「塩のサティヤーグラハ」闘争は国民会議の宣伝と指導により、たちまちインド全土に波及し、以後三週間のうちに植民地政府は「塩税法」違反のかどで六万人のインド民衆を逮捕したが、ジャワーハルラール・ネールーは四月十四日に逮捕され中央監獄《セントラル・ジェイル》に六ヵ月も収監された。ガンディーも五月五日未明に逮捕されたが、武装警官隊に殴打されながらも非暴力を貫《つらぬ》き黙々と海水から塩を〝採取収穫〟しつづけるインド大衆の正義の闘いは、マスコミを通じて世界に伝えられ、驚異と感動をもって受けとめられ、〝純真素朴で崇高なインド国民の独立闘争と、それを武力でぶちのめすイギリスの野蛮と強欲〟という劇的な対立を、世界の人々に印象づけることになった。「塩のサティヤーグラハ」闘争さなかの四月二十三日には〔のちの〝分離独立後〟に新生《パキスタン》国家に属することになる〕ペシャーワル市で、ガンディーの理念に忠実な非暴力市民不服従運動をイスラム教徒に訓練指導していたアブドゥル・ガッファル・カーン師（一八九〇～一九八八年）が逮捕され、その抗議集会がキッサカワニ市場《バザール》で行なわれていたところに植民地政府軍が襲来して非武装・非暴力の民衆四〇〇人近くを銃殺するという「キッサカワニ大虐殺」事件が起きた。無抵抗の一般市民を（しかも同郷人を）意味もないのに撃ち殺せという（侵略者イギリス人の上官からの）命令を、政府軍の兵士たち（無論、彼らもインド人である）が拒絶して、死刑を含む厳罰に処されたが、これは非暴力闘争の〝本当の恐ろしさ〟を植民地政府とイギリス本国の王室も含む政府上層部に、心底知らしめる事件となった。武器を手にして向かってくる暴徒から身を守るため……ならともかくとしても、徒手《むなで》で抵抗すらしない民衆を〝畜生〟のごとくに惨殺するというやり方では、「文明国」としての英国の国際的地位はもはや保てないことを、思い知ったからである。

とはいえ「塩のサティヤーグラハ」そのものは英国から「インドの完全独立」どころか「自治領」認定すら引き出すことは出来なかったわけで、国民会議は三四年にこの闘争を打ち切った。「完全独立」を追求するネールーらはガンディーから離反して、独自の政治闘争戦略を模索することになり、ガンディーも政争喧《かまびす》しい国民会議から身を退《ひ》いて、〝自由国家インド〟を完全な意味で実現させていくための《立て替え立て直しにむけた具体的構想《コンストラクティヴ・プログラム》》をインド社会の基礎的な部分から紡《つむ》ぎ直す作業へと、努力を集中させるようになった。そのインド社会根本革命の一例が「不可触賤民」の解放運動であり、この被差別カーストに「神の子《ハリジャン》」という新たな名称を与えて、彼らの〝潜在力《エンパワーメント》を育み引き出す〟活動にガンディーは献身したわけである。

一九三〇年代後半は、ネールーはヨーロッパ諸国を訪れて列強世界の複雑な国際情勢を目《ま》の当たりにした。ドイツではナチズム、イタリアではファシズムが台頭し、スペインでは内戦が起きていた。彼は獄中生活の時期に社会主義の書物にも接していたが、ソ連の「社会主義」的な計画経済政策には特に大きな感化を受けた。再び戦争が始まるかも知れない、という暗い予感を抱きながら帰国し、インド独立後を想定した経済建設計画の策定にも関わったが、実際には〝分離独立〟することになったので、結局これは机上の空論で終わることになる……。

一九三九年九月に第二次世界大戦がドイツがポーランドに電撃侵攻して第二次世界大戦が勃発すると、インド総督リンリスゴー侯爵（一八八七～一九五二年、総督在位一九三六～四三年）がインド統治法の規定を無視してインド立法議会の声を聞かず一方的にインドを〝英国の同盟国〟として参戦させた。中国訪問中だったネールーは直ちに帰国して「今回の戦争は民主主義とファシズムの戦いで、我々は当然、民主主義の立場に共鳴するけれども、自分としては、インドはこの際（参戦せずに）自分たちの国の新たな秩序を求める闘いに全力を挙げるつもりだ」と声明を出した。その後、熟慮したうえで、リンリスゴー総督に「英国が次の二つの条件を呑むなら、インドは英国に協力することも吝《やぶさ》かでない──【条件一】この戦争が終わったらインドの完全独立を認めて〝新憲法制定議会〟の選挙を認めること、【条件二】インド人の軍隊が英国指揮官の下に置かれるとしても、インド兵士は〝インド中央政府〟に直接所属し、〝インド中央政府〟にも英国政府と同等の権限と責任を認めること」という妥協的な条件を提示したのだが、総督はこれを拒絶した。開戦の翌月、インド国民会議は総督の態度を非難する声明を出し、諸州の大臣に辞職して抗議の意志を示すよう呼びかけた。ネールーは、ムハンマド・アリー・ジンナーと《全インド回教徒連盟《ムスリム》》にも抗議運動に加わるように呼びかけたが、ジンナーに拒否された。ムスリム勢力は国民会議派の〝ヒンドゥー至上主義〟に失望して、すでに自分たちだけの独立国家を創建する決心を固めていた。十年前のロンドン円卓会議の頃から、ムスリム勢力は英国政府と独自の交渉をしていたわけだが、イギリスお得意の〝分断統治の罠〟に陥《はま》ってしまっていた、ともいえる。しかし翌四〇年三月の全インド回教徒《ムスリム》連盟ラホール総会で、ジンナーは『パキスタン独立宣言』を発するに至る。こうして〝分離独立〟の気配が俄《にわ》かに濃厚となった半年ばかり後に、リンリスゴー総督はネールーに「インドを自治領《ドミニオン》の地位に引き上げることこそ英国政府の目標なのだ」と懐柔的な甘言をもちかけたのだが、その狙いが、ヒンドゥー自治領「インド」とムスリム自治領「パキスタン」を捏《こ》ね上げたうえで、この二つを他の〝イギリス上級植民地〟──アイルランドやカナダやオーストラリアやニュージーランドなど──と同様、結局、英国女王が統治する実質的な植民地状態の維持であることは明白だった。ガンディーもネールーもこれまでは戦時下にインドが英国に貢献することで英国側の譲歩を引き出す、という宥和路線をとり、独立運動内の対英強硬派から一線を画してきたわけだし、その結果、この二人は英国政府との〝交渉の窓口〟となりうる利権を確保してきたわけでもあるが、今回の英国側の〝人を喰った対応〟にはもはや堪忍袋の緒が切れ、同年十月に〝英国支持〟の方針を放棄して対英〝市民不服従〟で闘う路線を選んだ。たちまちネールーは逮捕され禁固四年の刑を喰らった。

投獄から一年足らず、一九四一年一二月初めにネールーは国民会議派の仲間とともに釈放されるが、その三日後に日本軍が米国ハワイの真珠湾を攻撃し「太平洋戦争」が始まった。日本軍は東南アジアの英国領地域を急襲して進撃を続け、四二年二月にはインド国境にまで迫った。この期に及んで、それまでインドに冷淡だったチャーチル首相がインド独立勢力の懐柔を狙って戦時内閣の国務大臣序列五位「王璽尚書《おうじしょうしょ》」の地位に就いたスタッフォード・クリップス卿（一八八九〜一九五二）をインドに派遣し、「新憲法制定議会」の件を餌にしてガンディーおよびネールーを〝飼い慣らそう〟としたのだが、この「クリップス使節団《ミッション》」が三月に現地に着いて知ったのは、もはやヒンドゥー勢力とムスリム勢力は完全に分裂して、英国政府がインドの政治指導者を説得できる段階は終わった、という現実であった。八月にガンディーの提案で国民会議は「英国よ、インドから出ていけ《クウィット・インディア》（Quit India）」方針を決議し、ガンディーに比べれば、対英宥和的な傾向が強かったネールーもこれに従った。リンリスゴー総督の植民地政府はただちにガンディーやネールーも含め、国民会議派の指導部全員を逮捕投獄した。彼らが釈放されたのは、連合軍の勝利が見えてきた一九四五年六月半ばのことである（但しガンディーは健康上の理由で四四年五月に早期釈放された)。「インドから出て行け運動」関連で逮捕されたインド人は一万人以上に及んだが、この強権的な弾圧によって、英国のインド支配は自己崩壊に突き進んだ。

国民会議派の指導部が獄中にあった時期、全インド回教徒連盟《ムスリム》が急速に勢力を伸ばし、一九四三年四月にはベンガル地方、翌月には北西辺境州を制圧した。だが皮肉にも、この〝大勝利〟の直後からムスリム連盟内でのジンナーの指導力は急激に衰退し始めた。原因は同年三月に起きた「ベンガル飢饉《ききん》」で現地ムスリム政権の責任が追究されたことと、いまだ獄中にある国民会議派への同情がムスリム勢力内に高まったことであった。ジンナーは自分の支持者が急減したことに失望して政界から身を退《ひ》きカシミール地方に〝隠居〟したが、またもや皮肉にも、そんなジンナーを最後まで支え続けたのはガンディーだったのである。四四年九月にガンディーはジンナーと会い、戦争が終わったらムスリム支配地域で「分離独立」の可否を問う人民投票を行なったらどうか、と提案した。これはジンナーにとっては「パキスタン国家の成立承認」を意味するものだったので、両者の考えは噛み合わず、会談は頓挫《とんざ》したわけだが、ガンディー自身は最後まで「ヒンドゥー勢力とムスリム勢力の融和統合にもとづく統一国家インド」誕生への希望を捨てていなかったのである。

第二次世界大戦がほぼ終わりかけた四五年七月に、英国ではチャーチルが選挙で負けて、労働党クレメント・アトリー内閣が誕生した。アトリー首相の発案で、英国からインドへの権力移譲と「統一インド」国家の独立への準備作業を目的とした「英国閣僚使節団《キャビネット・ミッション》」が組織され、その〝交渉窓口〟を担うために、長期獄中に〝隔離〟されていたネールーはようやく釈放された。一九四六年、「英国閣僚使節団」とネールーらインド独立勢力指導者の合意に基づき、インドの中央および各州で選挙が行なわれ、こうして生まれた議会がインド〝憲法制定議会〟を組織することになった。各州の選挙では国民会議派が（全体の議席の七割を獲得して）圧勝し、一九四六年九月、ネールーが「インド暫定政府《インターリム・ガヴァメント》」の首班（暫定政府・執行理事会副会長）となった。この選挙で国民会議派は勝ったけれども、ムスリム連盟は強力な〝野党〟として立ち現れ、分離独立とパキスタン建国を主張した。ヒンドゥー勢力とムスリム勢力の対立が解決できぬまま、英領インド最後の総督となったルイス・マウントバッテン卿（一九〇〇〜七九年）が四七年六月三日に「八月一五日に分離独立する」と声明を出し、その通りの結果になったわけである。一方、「憲法制定議会」選挙は四六年七月に行なわれ、同年一二月に開会した。（この制憲議会の開会中に、「自由国家・統一インド」の具体像を構想するガンディー流憲法の解説書、すなわち本書〔の原著〕がインドで出版されたわけである。）「憲法制定議会」が一九四九年十一月二十六日に制定した新憲法は、翌五〇年一月二十六日に施行された。

一九四七年八月十五日にインドが〝分離独立〟を果たすと、ネールーはその初代首相に就き、六四年五月二十七日に心臓発作で急死（享年七十四）するまで、その職を務めた。首相時代のネールーは、自《みず》らを「社会主義者」と称してソ連流の計画経済を押し進めた。その内容は、ガンディーの国家建設構想とは正反対の、重工業最優先の近代化路線であったが、結局、農村の発展を軽視したことでインド全体の経済発展を掴《つか》むことができず、「失敗」だったと評価されている。ネールー政権の指導のもと、新生インドは「世俗国家」建設の道を突き進んだ。これはパキスタンが「純粋なムスリム国家」を志向したのに対抗する〝戦略〟であり、ガンディーが構想した〝民族や宗派を超えた融合統一国家〟の方向性とは異なるものだったが、特定の宗教宗派を差別しない、という政治方針は、パキスタンとの領土紛争を潜在的に抱えるカシミール地方をインドに帰属させるうえで有利に働いた。ガンディーは、若きネールーを自《みづか》らの後継者に据えた。ネールーは――そしてガンディー暗殺ののち〝分離独立国家インド〟に取り残された国民会議派の古株たちは――〝今は亡き大聖《マハートマー》ガンディー〟を神格化したことで、国民会議派の権威と名声をも神格化することが出来たわけである。その結果、国民会議派は長期にわたって政権を掌握し続け、やがてネールーの娘のインディラ・ガンディー（一九一七～暗殺八四年、第五代・第八代首相）、その息子のラジーヴ・ガンディー（一九四四～暗殺九一年、第九代首相）と、ネールー家は三世代にわたってインド政界で支配的な力を発揮することになった。

第 14 章

（1）'Viscount Morley:Recollections,' Vol.2,p.325.（1917 年）

（2）"A new approach to the Communal Problem"（by Dr.Radhakumud Mookerji, p.4）からの引用

（3）ラハマト・アーリーは英国ケンブリッヂ大学に在学中だった 1933 年に、インド北部に「イスラム教徒の祖国」として樹立すべき "独立国" の名称として、「パンジャーブ（Panjab）」、「アフガニスタン（Afganistan）」、「ガシミール（Kashmir）」、「シンド（Sind）」、「バルーチスターン（Baluchistan）」の 5 地域の名にちなんだ「パキスタン（Pakistan）」という国名を創り出した。

（4）以下の 3 冊を特にお勧めしたい—① *"The Communal Triangle in India"*（Asoka Mehta,Achyut Patwardhan 共著）、② *"India Divided"*（Dr.Rajendrav Prasad 著）、③ *"Pakistan or Partition of India"*（Dr. Ambedkar 著）

（5）'Harijan, ' 1940 年 4 月 13 日号

（6）"The Future of India,"Part Ⅱ , p.108.（The Future of India. The Third Part of a Report on the Constitutional Problem in India Submitted to the Warden and Fellows of Nuffield College, Oxford.）

（7）'Harijan,' 1940 年 4 月 13 日号

（8）"Whither Minorities?"by M.N.Dalal, p.193.

（9）"The Case for Swaraj,"p.103.

第 18 章

（1）'Young India,' 1928 年 5 月 7 日号

第 19 章

（1）"Contemporary Social Problems"（by Dr. Harold Phelps）を参照せよ

（2）"Soviet Communism: A New Civilization"by Sidney Beatrice Webb, Vol. Ⅱ , pp.587-88

(47) 'Report of the Fact Finding Committee (Handlooms & Mills),' p.207 (India,1942年)
(48) 'Total Peace' p.193 (1943年)
(49) 'Time for Decision' (1944年)
(50) 'Where Do We Go From Here?' p.125
(51) 'A Guide to Modern Politics,' by Prof.Cole, p.370
(52) 'Mahatma Gandhi: Essays and Reflections on his Life and Work'
(53) 'Wisdom of Gandhi,' by Roy Walker, p.55〔訳注：正式書名は1943年出版の『The wisdom of Gandhi in his own words』と思われる。)〕
(54) 'The Good Society,' by Walter Lippmann, p.3 (1937年)
(55) 'Democracies of the East,' pp.363-4
(56) "The Hindu," 1945年6月22日号
(57) 'The Price of Peace,' p.87

第8章

(1) 'Outline Scheme of Swaraj' (by Deshbandhu Das and Dr.Bhagran Das,) の 第6章の注釈

第10章

(1) 'The Hindustan Times,' 1945年10月22日号

第11章

(1) Speech at the Round Table Conference.
(2) "Local Government in Ancient India" by Dr.Radhakumud Mookerji, pp.171-172.

第12章

(1) 'Harijan,' 1939年12月16日号
(2) 'India and Democracy' by George Schuster and Guy Wint, pp.365-66.

第13章

(1) 'Harijan,' 1940年7月6日号
(2) 'Young India,' 1920年8月11日号
(3) 'Young India,' 1925年5月7日号
(4) 'Harijan,' 1940年9月1日号

（21）‘Corporate Life in Ancient India,’ by R.C.Majumdar, p.141
（22）‘Local Government in Ancient India,’ by Dr.Radha Kumud Mookerji, p.10
（23）‘Industrial Arts of India,’ p.320
（24）‘Report,Select Committee of House of Commons,1832’
（25）Benoy Kumar Sarkar 博士は 1922 年の著者『*The Political Institutions and Theories of the Hindus: A. Study in Comparative Politics*』（1922 年）で、現代の「村落評議会（the Village Councile)」に該当する政治機構が中世の時代に《五賢評議会（Panchayats)》と呼ばれるようになった、と指摘している。
（26）‘India:Bond or Free?,’ p.29
（27）‘Swarajya-Shastra’（Hindi Edition）, p.47
（28）‘Democracies of the East,’ pp.xxv-vi
（29）‘The Communist Manifesto’（1848 年）
（30）‘Das Kapital’
（31）‘This Ugly Civilization’
（32）‘Harijan’, 1934 年 11 月 16 日号
（33）‘Today and Tomorrow,’ p.109
（34）‘Moving Forward,’ p.157
（35）‘The Culture of Cities,’ p.342
（36）‘Hind Swaraj,’ pp.87-88
（37）‘I Believe,’ p.70（1940 年）
（38）‘Young India,’ 1927 年 2 月 17 日号
（39）‘Young India,’ 1927 年 9 月 22 日号
（40）‘Young India,’ 1925 年 1 月 8 日号
（41）Harijan, 1940 年 1 月 13 日号
（42）Harijan, 1939 年 4 月 11 日号
（43）Harijan, 1939 年 2 月 11 日号
（44）‘Principles of Political Obligation’（1895 年）
（45）‘What is Ahead of Us?’ p.184（1937 年刊のこの論文集に収録された「Planning for human survival」と題するホグベン論文）
（46）‘Co-operative Democracy’ by J.B.Warbasse, p.4

（20）‘Democracy: The Threatened Foundations,’ p.6
（21）‘Modern State,’ p.84

第３章

（１）‘Reflection on the Revolution of Our Time,’ p.149
（２）‘Where Do We Go From Here?
（３）‘The State in Theory and Practice,’ by Prof.Laski, p.328
（４）‘Modern Democracies,’ Vol.II, p.535
（５）‘The Political Mad-House in America and Nearer Home,’ pp.25-26
（６）‘Principles of Politics,’ p.162
（７）‘The New World Order,’ p.123

第４章

（１）‘Modern Democracies,’ p.666
（２）‘Democracy Up-to-date,’ p.107
（３）‘Democracy Today and Tomorrow,’ p.212
（４）‘Everybody's Political What's What?,’ p.341
（５）‘Harijan,’ 1940 年 5 月 18 日号
（６）同紙 ,1938 年 11 月 12 日号
（７）‘Economic Planning in Soviet Russia,’ p.76
（８）‘Stalin's Russia snd the Crisis in Socialism,’ p.12
（９）‘On Liberty,’（Thinkers Library）,p.143
（10）‘Harijan,’ 1940 年 8 月 25 日号
（11）‘Modern Political Theory,’ pp.120-121
（12）‘A Guide to Modern Politics,’ p.532
（13）‘Ends and Means,’ p.63
（14）‘The Future of Economic Society,’ by Roy Glenday, p.251
（15）‘The Modern State,’ p.235
（16）‘An Introduction to Politics,’ p.53
（17）‘Modern Democracies,’ Part II, p.489
（18）‘The Democratic Process,’ pp.249-50
（19）‘Political Ideals,’ p.41
（20）‘The Economic History of India,’ by R.C.Dutt

原注

第１章

（１）‘One World,’ p.118（1943年）
（２）‘Asia and Democracy,’ p.16
（３）‘A Week with Gandhi,’ by Louis Fischer
（４）‘Dictatorship and Democracy,’ by John A. R. Marriott（1935年）p.9

第２章

（１）‘Dictatorship and Democracy,’ by John A. R. Marriott（1935年）p.217
（２）Aristotle's ‘Politics’（アリストテレースの『政治学』）
（３）‘Philosophy for our Times,’ by Prof.Joad, p.331
（４）‘Principles of Political Science,’ by Gilchrist,R.N.（Robert Niven）,p.460
（５）‘A History of Political Theory,’ by Prof.Sabine,G.H.（George Holland）,p.13
（６）‘Grammar of Politics,’ p.37
（７）‘The New World Order,’ p.122
（８）‘Arthashastra,’ p.38
（９）‘Acquisitive Society,’ by Prof.Tawney
（10）Essay ‘On the Rule of the Road’
（11）‘Everybody's Political What's What?’ by G.B.Shaw, p.341
（12）‘Ends and Means,’ p.63
（13）‘Inside Europe,’ p.574
（14）‘Swarajya Shāstra,’ Hindi ed.,pp.24-25
（15）‘The Moral Basis of Democracy,’ p.15
（16）‘Republic,Book III’
（17）‘The Social Contract,’ Ch.IV
（18）‘Everybody's Political What's What?,’ p.336
（19）‘Modern Democracies,’ Vol.I, p.50

訳者：佐藤 雅彦（さとう まさひこ）
1957年札幌生まれ。筑波大学で心理学・教育学・「心身障害学」その他の人間諸科学を学び、地方紙記者や雑誌編集者を経て現在は翻訳家・ジャーナリスト。関心分野は科学社会学・生命工学・政治学・政治史・情報論など。主な訳書は『メディア仕掛けの選挙』(1988)、『代理母：ベビーM事件の教訓』(1993)、『メディア仕掛けの政治』(1996)、『比較「優生学」史』(1998)、『突発出現ウイルス』(1999)、『米国の「経営者」がしでかしたとんでもないヘマ101 連発』(1999)、『エイズ患者のための栄養療法』(1999)、『遺伝子万能神話をぶっとばせ』(2000)、『オカルト探偵ニッケル氏の不思議事件簿』(2001)、『チーズはだれが切った？：激変を生き抜くための悪のおとぎ話』(2001)、『マグショット：ハリウッド犯罪調書』(2002)、『シークレット・パワー：国際盗聴網エシェロンとUKUSA同盟の闇』(2003)、『チョムスキー・フォー・ビギナーズ』(2004)、『尿療法バイブル：あなた自身がつくりだす究極の良薬』(2004)、『ハリー・ポッターの呪い：児童文学を襲うグローバリズムの脅威』(2006)、『女の平和』(2009)、『ヴァイブレーターの文化史』(2010)、『ソローの市民的不服従』(2011)、『黄金の泉――尿療法大全』(2015)。著書は『現代医学の大逆説』(2000)、『もうひとつの反戦読本』(2004)、『もうひとつの憲法読本――新たな自由民権のために』(2014) など多数。

自由国家インド実現のためのガンディー憲法案

2022年6月15日　初版第1刷印刷
2022年6月20日　初版第1刷発行

著　者　シュリマン・ナラヤン・アガルワル
訳　者　佐藤雅彦
発行者　森下紀夫
発行所　論 創 社
東京都千代田区神田神保町 2-23　北井ビル
tel. 03（3264）5254　fax. 03（3264）5232　web. http://www.ronso.co.jp/
振替口座　00160-1-155266
印刷・製本／中央精版印刷　組版／フレックスアート
ISBN978-4-8460-2186-3　